山东省自然科学基金面上项目阶段性成果（项目编号：ZR2023MG024）

旅游与服务企业 创业管理

孙平　马淑青◎编著

LÜYOU YU FUWU QIYE
CHUANGYE GUANLI

经济管理出版社
ECONOMY & MANAGEMENT PUBLISHING HOUSE

图书在版编目（CIP）数据

旅游与服务企业创业管理 / 孙平，马淑青编著.
北京：经济管理出版社，2024. -- ISBN 978-7-5243
-0163-9

Ⅰ. F590.65

中国国家版本馆 CIP 数据核字第 2025RC9170 号

组稿编辑：张　艺
责任编辑：申桂萍
责任印制：许　艳
责任校对：陈　颖

出版发行：经济管理出版社
　　　　　（北京市海淀区北蜂窝 8 号中雅大厦 A 座 11 层　　100038）
网　　　址：www.E-mp.com.cn
电　　　话：（010）51915602
印　　　刷：北京市海淀区唐家岭福利印刷厂
经　　　销：新华书店
开　　　本：787mm×1092mm/16
印　　　张：17.25
字　　　数：396 千字
版　　　次：2025 年 4 月第 1 版　　　2025 年 4 月第 1 次印刷
书　　　号：ISBN 978-7-5243-0163-9
定　　　价：98.00 元

目　录

第一章 创新、创业与旅游业高质量发展

【引入案例】

暴风新文化公司——"VR+文化旅游"①

2016 年 4 月，澳大利亚旅游局与中国 VR 产业引领者暴风科技集团正式启动战略合作，双方宣布达成全球范围内的战略合作伙伴关系，这是一场跨时代、革命性的合作。"VR+文化旅游"正在作为一个通过虚拟旅游体验的方式，改变着人们传统的文化旅游体验模式。

2017 年 1 月 12 日，暴风集团宣布成立新文化公司，公司以"科技+文化+旅游"为导向，专注于文化旅游等领域的 IP 投资、项目孵化和产品运营。以 VR、AR 为核心，整合人工智能、物联网、大数据、云计算等技术引擎和资本力量，挖掘当地人文、历史等文化 IP，让游客、品牌方及景区等文化产业链的上下游形成闭环联动，逐渐整合形成一个虚拟旅游体验的全新产业链，即通过线上平台体验，引导线下消费，实现旅游全生态嵌入，再造文旅超级 IP，打造文化地理数字系统。暴风新文化公司将为行业提供全方位文旅营销解决方案，构建智慧文旅平台入口，推动文化旅游产业转型升级，用科技力量"重现"文化传承与发展。

对于旅游行业而言，VR 融入所带来的影响是变革性的。最直接的需求就是身临其境的体验感，无论是景区，还是目的地城市、酒店，都可以通过 VR 系统实现"实地"体验。截至 2017 年初，VR 技术在旅游行业的应用多用于展示和营销，但在技术和设备上还存在瓶颈，内容上也有短板，导致"VR+文化旅游"的噱头常常大于实质，所以为了更好地实现融合，技术的革新非常重要，"VR+文化旅游"是暴风新文化公司在未来需要去专注研究的方向。

暴风新文化公司之"新"意在新技术、新模式、新体验和新产品，以最新的技术为基础，生成文旅产业全新的商业解决模式，帮助一些景区、政府、博物馆和文化 IP 等进行重现和改造，焕发新的生机，为消费者创造全新的游玩新体验和连接方式，衍生各种创新产品和商业机会。

---

① 依据网络资料改写：暴风刮入文化旅游产业，VR 技术重塑文化 IP［EB/OL］.［2017-01-13］. https：// baijiahao. baidu. com/s?id=1556363686395051&wfr=spider&for=pc.

"创新"是创业的关键,更是旅游创业活动的推动力,通过创新和创业,可以发现市场空白、丰富市场供需、引领消费升级、满足大众多样性的需求。自 1996 年如家、汉庭等连锁酒店的出现,1999 年携程、同程等在线旅游企业的兴起,旅游业在商业模式、管理模式和服务模式等方面不断创新,使长久以来被认为旅游业只有"生存性创业"的观念被打破,大量依托新兴技术、新兴市场而产生的旅游新业态企业不断涌现,成为旅游业高质量发展的热点。

第一节　创　新

一、创新概述

创新是人类特有的认知能力和实践能力,是推动民族进步和社会发展的不竭动力。习近平总书记在 2018 年中国国际进口博览会开幕式上提到:"各国应该坚持创新引领,加快新旧动能转换。各国要共同推动科技创新、培育新的增长点。"党的十九大报告强调,加快建设创新型国家。创新是引领发展的第一动力,是建设现代化经济体系的战略支撑。那么,什么是创新?

（一）创新的含义

"创新"一词最早出现在公元 554 年魏收撰写的《魏书》里:"革弊创新者,先皇之志也。"《周书》中有"创新改旧",《南史·后妃传上·宋世祖殷淑仪》中有"今贵妃盖天秩之崇班,理应创新",因此古人对创新理解为创造新的事物。在西方,英语中的"Innovation"一词源于拉丁语,它有三层含义:更新、创造新的或原来没有的东西、改变。1912 年,约瑟夫·熊彼特在其著作《经济发展理论》中提出创新的概念,他认为创新是把一种新的生产要素和生产条件的"新结合"引入生产体系中,以实现对生产要素或生产条件的新组合。熊彼特的创新概念包含的范围很广,各种能提高资源配置效率的新活动都是创新,既包括技术性变化的创新,如技术创新、产品创新、过程创新等,也包括非技术性变化的创新,如制度创新、理论创新、组织管理创新、商业模式创新等。①

具体来说,创新主要包括以下几种含义:

（1）创新的目的是解决实践问题,是一项活动。

（2）创新的本质是突破传统、打破常规。

（3）创新是一个相对的概念,其价值与时间、空间有关。

（4）创新可以在解决技术问题、经济问题和社会问题的广泛范围内发挥作用,它是每个人都可以参与的事业。

---

① ［美］约瑟夫·熊彼特. 经济发展理论［M］. 何畏,等译. 北京:商务印书馆,1990.

（5）创新以取得的成效为评价尺度。

综上所述，创新是指以现有的思维模式提出有别于常规或常人思路的见解为导向，利用现有的知识和物质，在特定的环境中，本着理想化需要或为满足社会需求，而改进或创造新的事物、方法、元素、路径、环境，并能获得一定有益效果的行为。

（二）创新的原则

真正意义上的创新是通过大量的研究分析、系统化的勤奋工作所产生的有目的的创新，要有一定的社会价值。创新应遵循的原则如下：

1. 科学原理原则

创新必须遵循科学技术原理，不得有违科学发展规律。为了使创新活动取得成功，在进行创新构思时，必须做到：

（1）对发明创造设想进行科学原理相容性检查。如果某一创新问题的初步设想，与人们已经发现并获实践证明的科学原理不相容，就不会获得最后的创新成果。所以，与科学原理是否相容是检查创新设想有无生命力的根本条件。

（2）对发明创新设想进行技术方法可行性检查。如果设想所需的条件超过现有技术方法可行性范围，则在目前该设想只能是一种空想。

（3）对创新设想进行功能方案合理性检查。一项设想的功能体系是否合理，关系到该设想是否具有推广应用的价值。

2. 机理简单原则

在科技竞争日趋激烈的今天，结构复杂、功能冗余、使用烦琐已成为技术不成熟的标志，所以在创新过程中要始终贯彻机理简单原则。为使创新的设想或结果更符合机理简单原则，需要考虑以下三个方面：

（1）新事物所依据的原理是否重叠，超出应有范围。

（2）新事物所拥有的结构是否复杂，超出应有程度。

（3）新事物所具备的功能是否冗余，超出应有数量。

3. 构思独特原则

我国古代军事家孙子在《孙子兵法·势篇》中指出："凡战者，以正合，以奇胜。故善出奇者，无穷如天地，不竭如江河。"所谓"出奇"，就是"思维超常""构思独特"。创新贵在独特，也需要独特。在创新活动中，关于创新对象的构思是否独特，需要考虑：①创新构思的新颖性；②创新构思的开创性；③创新构思的特色性。

4. 市场评价原则

创新要获得最后的成果，必须经受走向市场的严峻考验。爱迪生曾说："我不打算发明任何卖不出去的东西，因为不能卖出去的东西都没有达到成功的顶点。能销售出去就证明了它的实用性，而实用性就是成功。"创新设想经受市场考验，实现商品化和市场化要按市场评价的原则来分析。其评价通常是从市场寿命观、市场定位观、市场特色观、市场容量观、市场价格观和市场风险观六个方面入手，考察创新对象的商品化和市场化的发展前景。最基本的要点是考察该创新的使用价值是否大于它的销售价格，也就是看它的性能是否优良、价格是否合适。现实中，估计一种新产品的生产成本和销售价格不难，估计一种新发明的使用价值和潜在意义却很难。这需要在市场评价时把握住评价事物使用性能最基本的几个方面，并在此基础上作出结论。

5. 相对较优原则

创新产物不可能十全十美。在创新过程中，利用创造原理和方法，获得许多创新设想，人们需要按相对较优的原则，对设想进行判断选择。

（1）比较创新的技术先进性。可从创新设想或成果的技术先进性等方面进行比较分析，尤其是将创新设想同解决同样问题的已有技术手段进行比较，看哪个更加先进和超前。

（2）比较创新的经济合理性。经济的合理性也是评价判断一项创新成果的重要因素。针对各种设想的经济情况进行比较，看谁更加合理和节省。

（3）比较创新的整体效果性。技术和经济应该相互支持、相互促进，它们的协调统一构成事物的整体效果性。任何创新的设想和成果，其使用价值和创新水平主要通过它的整体效果体现出来。因此，对它们的整体效果要进行比较，看二者谁更加全面和优秀。

【阅读案例】

生姜酒店的创新①

生姜酒店是印度酒店集团旗下的一家连锁酒店。印度每天有大约 3400 万的商务旅行者，他们不愿支付高昂的豪华酒店费用，这些人群正是生姜酒店的目标客户。根据这些预算有限的商务旅行者的消费习惯和需求，生姜酒店创新性地推出了"实惠的基础服务"理念。酒店品牌设计的理念是简单，帮助客人以实惠价格获得基本舒适度。

1. 服务方面的创新

生姜酒店的目标客户是那些更在乎实惠的价格和基本舒适度，而不是奢侈感受的商务旅行者。正如考希克·慕克吉指出的，生姜酒店的房间比很多同类别的酒店要狭小，以降低每间房间的运营成本。同时，酒店仅提供顾客真正需要的功能与服务。其通过设立自助服务设施，如自动售货机、自动入住机、ATM 机、无线网络连接等，鼓励客户自我服务。这样不仅能为客人提供更好的价值，还能显著降低成本，洗衣和餐饮等附加服务则外包给合作伙伴。结账和入住登记都可以通过网络或"中央预订系统"实现，从而减少现场工作人员的数量。在现场的是经过培训、能够代表品牌的工作人员。

2. 配置方面的创新

生姜酒店从网络和构架上进行创新。在网络方面，生姜酒店允许合作伙伴将连锁店开设在酒店里。同时，酒店提供当地餐馆的外卖菜单，使入住的客人能很方便地叫到外卖。在员工构架方面，传统的商务酒店客房数量与员工数量的比例为 1 : 1.0~1 : 1.3,

① ［美］拉里·基利，等. 创新十型［M］. 余锋，等译. 北京：机械工业出版社，2014.

而生姜酒店的这个比例为 1 : 0.36。生姜酒店通过外包业务，如设备管理、洗衣、维修，以及食物和饮料服务等，维持最小的人员成本。

二、创新的类型

熊彼特将创新划分成五种类型：采用一种新产品或产品的新特征，也就是消费者还不熟悉的产品；采用一种新生产方法，即还没有通过检验的方法；开辟一个新市场，即没有开发过的市场，无论这个市场以前是否存在；获得新的供应来源，通过掠取或控制原材料或半成品来实现，无论这种来源以前是否存在；构建新组织。①

德布林咨询公司在研究了近 2000 个创新案例后，总结出以往所有伟大的创新都源于十种基本创新类型或其组合，由此提出了"创新的十种类型"框架：

（1）盈利模式创新。是指公司寻找全新的方式将产品和其他有价值的资源转变为利润。这种创新常常会挑战一个行业关于生产什么产品、确定怎样的价格、如何实现收入等问题的传统观念。例如，溢价和竞拍。

（2）网络创新。是指通过网络实现产品、服务方式的创新。在当今高度互联的世界里，没有哪家公司能够独自完成所有事情，网络创新让公司可以充分利用其他公司的流程、技术、产品、渠道和品牌。例如，悬赏或众包。

（3）结构创新。是指通过采用独特的、创新的方式组织公司的资产（包括硬件、人力或无形资产）来创造价值。它可能涉及从人才管理系统到重型固定设备配置等方面。例如，扩宽公司管理幅度使组织扁平化。

（4）流程创新。是指公司主要产品或服务在操作过程中的操作程序、方式方法和规则体系的创新。这类创新需要彻底改变以往的业务经营方式，使公司具备独特的能力，有效运转并迅速适应新环境，获得领先市场的利润率。流程创新常常构成一个企业的核心竞争力。

（5）产品性能创新。是指公司在产品或服务的价值、特性和质量方面进行的创新。这类创新既涉及全新的产品，也包括能带来巨大增值的产品升级和产品线延伸。例如，扫地机器人是把传统的吸尘器、扫地机、拖布的功能结合起来。产品性能创新常常是竞争对手最容易效仿的一类。

（6）产品系统创新。是指将单个产品和服务联系或捆绑起来创造出一个可扩展的强大系统。例如，Apple Store 提供与苹果系统配套的软件下载、用户反馈意见的渠道、相关产品的用户使用手册等。

（7）服务创新。是指保证并提高产品的功用、性能和价值。它能使一个产品更容易被试用和享用；它为顾客展现了他们可能会忽视的产品特性和功用；它能够解决顾客遇到的问题并弥补产品体验中的不愉快。例如，厦门航空"美人鱼"班组结合厦门机场 T4 航站楼"东情西韵""海洋风情"文化的人文机场主题定位，打造了国内第一

---

① ［美］约瑟夫·熊彼特.经济发展理论［M］.何畏，等译.北京：商务印书馆，2017.

个以海洋为主题的安检现场。

（8）渠道创新。是指在如何联系产品与顾客中进行创新。例如，电商平台、无人超市。

（9）品牌创新。品牌创新有助于保证顾客和用户能够识别、记住并忠于消费其产品。好的品牌创新能够提炼一种"承诺"，吸引买主并传递一种与众不同的身份感。

（10）顾客契合创新。是指要将公司产品性能和顾客的深层愿望联系在一起。顾客契合创新开辟了广阔的探索空间，帮助人们找到合适的方式把自己生活的一部分变得更加难忘、富有成效并充满喜悦。

总之，创新需要遵循一定的客观规律，呈现多层面、多样化。如何把多种创新融为一体，形成高效有价值的产业链体系，是亟待解决的议题。

三、创新思维概述

创新思维是指以新颖的独创的方法解决问题的思维过程，通过这种思维能突破常规思维的界限，以超常规甚至反常规的方法、视角去思考问题，提出与众不同的解决方案，从而产生新颖的、独到的、有社会意义的思维成果。

通常来说，具有创新功能的思维模式有：①发散思维，即思维从一个点出发，没有预先设定目标，任意向四面八方发散；②逆向思维，指敢于打破常规，从不同角度思考问题，甚至反其道而行之；③批判性思维，是一种基于充分的理性和客观性进行理论评估与客观评价，它不为感性和无事实根据的传闻所左右，具有批判性思维的人能在辩论中发现对方的漏洞并抵制毫无根据的想法；④形象思维，指根据生活中的各种现象进行选择、分析、整合，然后加以艺术塑造的思维方式。

21世纪是知识经济时代，知识经济的本质就是创新，培养创新思维是时代对当代年轻人提出的基本要求，也是年轻人必备的素质。创新思维的培养应着重从以下三个方面做起：

（一）充分激发创新思维潜能

1. 理论与实践相结合

古人云："读万卷书，不如行万里路。"唯有理论与实践相结合，理论才有意义。只有精通理论，才可能去提高实践能力；只有拥有丰富的实践经验，才可能产生新的理论。

2. 处处留心皆学问

学习无处不在，与他人交流是学习、上网是学习、看电视也是学习，其关键在于用不用心。例如，看古装电视剧，可以了解一些历史知识，如古人的习俗、衣着、饮食习惯、家具陈设及计谋等；看现代电视剧，可以了解当代年青人的所思所想所为等。

3. 精通所学，兴趣广泛

创新绝不是无源之水、无本之木，唯有牢牢掌握基础知识，才有可能创新。因此，应精通所学课程，并培养广泛的阅读兴趣。

4. 开拓创新斗志

强化自己的创新意识，应精神奋发，斗志昂扬，敢于打破对传统、权威、书本的迷信，敢走前人没有走过的路，敢创前人没有开创的新事业。

5. 打破砂锅问到底

培养自己的创新意识，应富有怀疑精神，探究各种事物的本源及其实质，培养"打破砂锅问到底"的精神。

（二）破除常规思维枷锁

与创新思维相对立的是定式思维，定式思维是通过重复或重复使用而巩固形成的思维方式，是机械的、封闭的和单一的思维。因此，创新思维是打破常规和习惯，以独特、新颖、灵活的方式思考问题的思维方式。

（三）积极投身社会实践

每一项的发明创造，都是无数次创新思维与实践过程的组合。通过实践经验的积累，可以提高自己的实际操作能力，马克思认为："实践是检验真理的唯一标准。"[①] 毛泽东曾说："读书是学习，使用也是学习，而且是更重要的学习。从战争中学习战争，这是我们的主要方法。"[②] 只有在实践中才能找出想与做的差距，只有在实践中才能将创新理念变为现实。

四、发明、创新与创业

（一）发明与创新

一般而言，发明是应用自然规律解决技术领域中特有问题而提出创新性方案、措施的过程和成果。产品之所以被发明出来是为了满足人们日常生活的需要，发明的成果或是提供前所未有的人工自然物模型，或是提供加工制作的新工艺、新方法。机器设备、仪表装备和各种消费用品，以及有关制造工艺、生产流程和检测控制方法的创新和改造，均属于发明。

人们经常把创新与发明混为一谈，约瑟夫·熊彼特给创新赋予了经济学的内涵之后，把创新与发明、创造区分开来。他认为，一种发明，只有当它被应用于经济活动时，才称为创新。[③] 所以，发明是创新的必要条件之一，但不是充分条件，对源于科技发明的技术创新来说，发明仅仅是创新过程中的一个环节。美国小企业管理局认为，创新是一种过程，这一过程始于发明成果，重点是对发明的利用和开发，结果是向市场推出新的产品或服务。

所以创新和发明虽有一定的联系，但也存在明显的区别：

第一，创新是一个经济学范畴的概念，必须有收益。如果根据新的思想，产生出新的产品，虽然很新颖，但不能应用，没有收益，这可以说是发明创造，但不能说是严格意义上的创新。

① 实践是检验真理的唯一标准 [N]. 光明日报，1978-05-11.
② 毛泽东选集（第一卷）[M]. 北京：人民出版社，1991.
③ [美] 约瑟夫·熊彼特. 经济发展理论 [M]. 何畏，等译. 北京：商务印书馆，2017.

第二，发明是一种技术上的概念，是一个绝对的概念，其结果是发现新事物，而创新是相对的概念。例如，一项发明创造申请专利时，先要考虑自己是不是第一个做的，若别人已经做过，就不可能再申请专利了。它在"首创"或"第一"问题上是绝对的。创新是个相对的概念，它不必像申请专利那样要查清楚是不是"首创"或"第一"。创新有个相对的范围，不必考虑过去有没有人做过，只需了解做的程度如何，有哪些进步，是否有收益。

第三，既有促进社会发展的积极创造，也有阻碍社会发展的消极创造，而创新必须是促进社会发展的积极创造。如计算机是积极创造，而计算机病毒是消极创造；核科学和技术的发展是积极创造，而核武器的发展是消极创造；生物和化学科学的发展是积极创造，而生化武器、毒品提炼技术是消极创造。没有人会将科学或假冒伪劣称为技术创新。

第四，发明强调是首创，可以是全盘否定的全新创造；创新则更强调无止境的更新，它不是对原有事物的全盘否定，通常是在辩证的否定中螺旋上升。

（二）创业与创新

创业本质上是一种创新性的实践活动。无论是何种性质和类型的创业活动，都有一个共同的特征，即创业是创业者的一种能动的、开创性的实践活动。创业者在创业过程中需要具有持续旺盛的创新意识和能力，才可能产生真正富有创意的想法和方案，才可能不断寻求新的商业模式和新的市场出路，最终获得创业成功。

创业者一定要了解发明、创新、创业三者之间的不同和关联性，现实中，很多创业者尤其是高技术创业者，更在意发明出来的产品本身，却往往忽略了市场的反应、消费者的需求。发明倾向于科学，创业倾向于应用，更加关注市场和顾客。而创新介于发明和创业之间，既可以从科学的角度理解，也可以从应用的角度理解[①]（见图1-1）。模仿甚至复制别人的经营模式也可以创业，但是基于创新的创业活动更容易形成独特的竞争优势，为顾客创造和带来新的价值，实现更好的成长。

创业离不开创新。创业与创新立足于"创"，"创"是共同点，是前提。创新在于所创之事业、产品、观念、机制能不能弃旧扬新，标新立异。创业过程中新产品的开发、新材料的采用、新市场的开拓、新管理模式的推行等都必须有广泛的创新思维作为先导，这样创业才能成功。没有创业实践，创新意识就无法转化为新的产品，创新就失去了意义。

创新是创业的源泉，是创业的本质。创新的价值体现在创业过程中把潜在的知识、技术和市场机会转化为现实生产力。在创业过程中需要具有持续旺盛的创新。有创新意识才有可能产生富有创意的想法或方案，才可能推动新发明、新产品或新服务不断涌现，寻求新的经营模式和出路。

① 张玉华，薛红志，陈寒松，等．创业管理［M］．北京：机械工业出版社，2021．

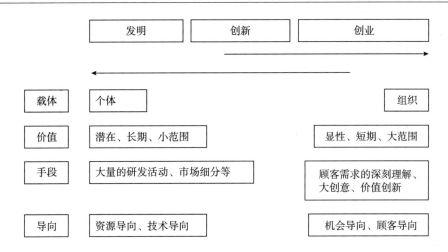

图 1-1　创新、发明、创业的区别与联系

资料来源：张玉华，薛红志，陈寒松，等．创业管理［M］．北京：机械工业出版社，2021．

总之，创新和创业相互联系，不可分割。只有坚持创新，才能与时俱进；只有坚持创业，才能改变面貌，壮大经济。所以，要想创业成功，并使所创企业长期发展下去，就必须将创新作为基础。

【阅读案例】

金东数创——开启文旅元宇宙新时代①

山东金东数字创意股份有限公司（以下简称"金东数创"）是一家以"数字科技+文化创意"为核心的高科技文化创意企业，也是中国领先的数字创意体验全产业链服务商。金东数创专注于数字创意产业在全球范围内的业务延伸，广泛服务于文旅文博、体验展馆、安全科普、数字海洋等领域，致力于创造更符合未来城市发展的数字科技、文化创意、沉浸体验及各类展览展示项目。

1. 数字科技与文化创意融合发展

近几年，数字创意技术呈现井喷式发展，元宇宙的"浪潮"更是催生出了千亿级的数字创意赛道。金东数创成立 20 多年来，积累了海量的片源和数字资产，为打造"数字科技+文化创意"提供了强大的核心竞争力。在传统文化方面，数字技术可以将传统文化以更好的方式进行呈现，也可以将文化内容更好地与其他产业相结合。在这个呈现与结合过程中，金东数创通过其特有的立体沉浸 AR、XR、AI 数字孪生等技术，为城市更新、艺术创意、文化旅游等众多的领域提供"数字科技+文化创意"的整体服务。例如，洛阳老君山景区沉浸式演艺秀、青岛中山路元宇宙城市街区改造、齐白石

---

① 专访：金东数创——"数字科技＋文化创意"新场景广泛涌现［EB/OL］．［2023-10-09］．https：//mp．weixin．qq．com/s？__biz＝MjM5MTA4ODU4MQ==&mid＝2656587375&idx＝2&sn＝ba3acc30aa6ee67f18573 08ee5657d05&chksm＝bd1604c58a618dd3dbff4f9d973c1b2f4ccb3bc9cb47b2ce94b1a3e199d8219d67b9bdbab833&scene＝27.

数字艺术展等。除此之外，金东数创的技术服务也应用在安全科普和教育领域，如合肥的公共安全馆、日照的人防科普馆等项目，都是通过"数字科技+文化创意"的方式有了生动的呈现。

2. 场景创新激发新活力、赋能新业态

第一，场景创新加速城市更新。金东数创通过数字技术，运用"线上+线下"一体化相结合的方式，打造了青岛市中山路城市历史街区元宇宙项目。

在线上场景创新中，利用青岛电视塔地标性建筑，通过 AR 灯光秀等方式，为青岛城市形象造势。AR 灯光秀的技术场景应用被众多的媒体和名人关注并转发，为青岛吸引了约 3 亿的媒体流量，大众也通过媒体视频对青岛有了更深的了解。另外，金东数创为青岛打造了一位旅游数字形象代言人——小嫚儿，她不仅可以在线上与大家互动交流，在线下，游客也可以通过手持设备，在小嫚儿的带领下走入历史街区，把原始的街区文化通过 AR 数字技术进行了完美的呈现。

在线下场景创新中，通过数字化沉浸式的方式，金东数创打造了夜游集市秀、地标建筑灯光秀等一系列活动。在百盛广场打造了中国北方地区最大的户外 3D 裸眼大屏，通过"白天+黑夜"深度体验方式，有效拉长了游客的游览时间。除此之外，在中山路街区打造了一个城市记忆馆，将老城的文化、历史在展馆里一一呈现；创作了一辆虚拟巴士，乘坐其中就像从老青岛穿越到现在的青岛，体验青岛的历史变化。

通过数字化场景创新的手段，老城区的游客量提升了约 10 倍，老城区周边的商户也获得了可观收益。这种创新获得了很好的经济效益和社会效益。

第二，场景创新激活传统文化生命力。金东数创利用沉浸式展演方式，在传统文化旅游方面进行了全新的尝试。旅游景区分淡季和旺季，一些展馆在旺季可以用真人演员加数字科技表演节目，为游客带来视觉盛宴。在淡季，用沉浸式展演方式吸引游客，通过光影的空间进行旅游打卡，从而不需要真人演员的参与。

洛阳的"知道·老君山"沉浸乐舞秀是金东数创的一个成功案例。首先，金东数创在洛阳老君山海拔 2297 米的金顶上，利用数字技术打造了一个天圆地方的八卦空间，将空间劣势变为优势，并使用少量的演员配合空间科技手段，把展馆活用起来，打造出传统文化数字体验新场景。其次，老君山主打的是老子的道家文化，金东数创通过数字技术把创新故事、演艺空间、真人表演相结合，创造出简短的 30 分钟数字化场景剧，不仅使晦涩的《道德经》变得简单且有趣，更让游客感受到了心灵的洗礼。

第三，场景创新促进数字艺术创新。金东数创、北京画院和中国对外艺术展览有限公司三方联合研发打造的齐白石沉浸式数字艺术展实现了数字艺术创新的突破，将这种高门槛、不易理解的传统艺术、小众文化，推向了大众视野。

首先，通过数字艺术的表达形式，把齐白石画作中的一些艺术内涵点进行重构再提炼，利用数字化方式展现出来，让普通游客更容易读懂作品的艺术内涵。其次，数字化传播路径能够达到更好的展览效果。传统画作真迹展对展出环境的要求比较高，而数字化技术为展览创造了"一花一世界""白石花园"等 5 个新场景，根据具体空间情况，提出了"5 个故事+5 个场景"的组合，将齐白石大师一生创作的作品和理念完美地在数字场景空间里面进行了展现和诠释。最后，数字展作为一种创新实践方式，可以将传统文化通过数字艺术的方式传播出去，进而走出国门，走向世界。

第二节　创业

创业是推动世界各地经济增长和促进就业的动力。在美国，一半以上的公民要么自己创业，要么在创业型中小企业工作。在英国，学生只要拿出富有创意的研究成果，就能获得权威金融机构认可的风险投资公司、政府或学校提供的资金支持。新加坡对于在本国创业的企业提供 50 万美元的天使投资，政府不仅会提供 1000 万新币的 A 轮投资，还会跟参与 A 轮投资的机构共担风险。我国号召"大众创业，万众创新"，实施创新驱动发展战略，极大地激发了青年人的创业热情。世界进入了创业经济时代，人们对创业及创业活动的认识也在不断加深。

一、创业概述

虽然创业活动和人类经济活动的历史一样漫长，但创业作为一个相对独立的范畴进入学术领域的时间很短。顺应全球创业发展趋势，学术界对创业的研究日益深入，不同学者对创业的概念赋予了其个人理论的色彩。哈佛大学教授霍德华·H. 史蒂文森（Howard H. Stevenson）把创业定义为不拘泥于当前资源条件的限制下对机会的追寻，将不同的资源组合以利用和开发机会并创造价值的过程。[①] 蒂蒙斯和斯皮内利（Timmons and Spinelli）认为，创业是一种思考、推理和行动的方法，它不仅要受机会的制约，还要求创业者有完整、缜密的实施方法和讲求高度平衡技巧的领导艺术。[②] 库拉特科提出，创业是憧憬、改变和创造的一个动态过程，需要投入精力及热情去创新并把新想法、新方案转变为现实。[③] 科尔（Cole）把创业定义为：企业发起、维持和发展以利润为导向的有目的性的行为。[④]

概括来说，创业的定义有狭义和广义之分。狭义的创业就是创建新企业的过程。广义的创业是指开创新事业的过程，在这个过程中，创业者不拘泥于当前的资源约束，发现并捕捉机遇，将各类资源优化整合，从而创造出更大经济价值或社会价值的行为过程。对创业概念内涵的理解，可以从以下四个方面阐释：

---

① Howard H Stevenson. New Business Ventures and the Entrepreneur [M]. Beijing：China Machine Press，1998.

② Timmons J A，Spinelli S. New Venture Creation：Entrepreneurship for the 21st Century [M]. New York：McGraw-Hill Higher Education，2008.

③ ［美］库拉特科. 创业学 [M]. 薛红志，等译. 北京：中国人民大学出版社，2014.

④ Cole A H. Meso-economics：A contribution form entrepreneurial history [J]. Explorations in Entrepreneurial History，1968，6（1）：3-33.

第一，创业需要发现、捕捉机遇。创业者必须优先识别和把握机会，探寻市场空间，才能生存、发展和获得潜在的收益。机遇的辨别，需要借助职业经验、商业知识，以及理性的分析和思考，去了解特定机会，进而判断其商业前景。所以，在对创业机会进行辨识之前，需要对创业机会进行界定。蒂蒙斯和斯皮内利（Timmons and Spinelli）在《21 世纪创业》一书里提出，好的商业机会有四个特征：吸引顾客、可行性、在机会窗口启动创业、具备相应的资源和技能。①

第二，创业需要突破资源束缚。创业作为一种社会实践活动，要能够有效解决某种需求或问题，需要一定资源作为条件保障。在创业初期，创业者所能筹措的资源往往是有限的，需要创业者通过资源获取和整合手段的创新，探索出创造性整合资源的新机制，进而实现创业目标。简单来说，创业者需要能够创造性地整合和运用资源，尤其是能够创造竞争优势，并带来持续竞争优势的战略资源，才能摆脱资源束缚的困境。

第三，创业必须进行价值创造。创业属于人类的劳动形式之一，劳动需要产生劳动成果，创业也需要创造劳动价值。价值实现是创业活动的特征及创业成果的具体表现，社会对某项创业活动是否成功的评价标准就是其创造的价值，它是创业成功的一把量尺。创业活动创造的是一种多向价值，而不仅仅是指创业者为自己创造的财富。它可以是新创事业对社会和普通人民生活与就业的帮助，也可以是政府的税收来源，甚至可以是影响后人对当今时代评价的关键因素。

第四，创业存在高度不确定性和风险。高度不确定性是创业最突出的特点，包括颠覆性、创造性与难以计划和预测的状况；顾客在哪里及顾客的需求等都是未知数；方案结果的模糊性和快速变化的情形。在这种不确定的环境中，创业的风险是持续存在的。企业家要善于应对模糊、混乱和不确定性，同时具有在充满不确定性的环境中降低风险的管理能力。

二、创业过程与要素

（一）创业过程

研究创业，需要剖析创业过程中所包含的所有活动和行为，早期关于创业过程的探索局限于从识别创业机会到完成组织创建的过程。如加特纳（Gartner）认为，创业过程就是新组织的创建。② 卡特等（Carter et al.）认为，创业过程包括从商业计划的制订到新企业的创建过程中所呈现的所有实践活动。③ 随着研究的深入，研究者发现创业过程是多种要素的集合。巴维（Bhave）认为，创业过程是一个理性的、非线性的、反

---

① Timmos J A, Spinelli S. New Venture Creation：Entroprenearship for the 21st Century ［M］. New York：McGraw-Hill Higher Education, 2018.

② Gartner W B. A conceptual framework for describing the phenomenon of new venture creation ［J］. Academy of Management Review, 1985, 10 (4)：696-706.

③ Carter N M, Gartner W B, Reynolds P D. Exploring start-up event sequences ［J］. Journal of Business Venturing, 1988, 11 (3)：151-166.

复修正的实际过程，包括内部和外部刺激的机会识别、产品生产线的建设、组织创建、市场交易及顾客反馈等活动。[①] 蒂蒙斯和斯皮内利（Timmons and Spinelli）认为，创业过程成功的关键在于机会、团队和资源之间的完美匹配和平衡，识别机会、获取资源和组建团队三元素的融合与协调是推进创业进程的核心。[②] 谢恩和维卡塔拉曼（Shane and Venkataraman）认为，创业过程的主线是创业机会，创业过程是围绕着机会的识别、开发、利用的一系列过程。[③]

从创业过程的相关概念来看，创业过程不仅包括新组织的建立，还涵盖了创业者在整个过程中进行的所有活动，包括商业机会的发现、新组织的创建、企业的成长三个关键阶段。

（二）创业过程模型和要素

在研究创业活动的过程中，人们一直致力于创业过程中影响规律和关键因素的挖掘，以组织创建或新组织的成长为主线，围绕所处环境的不同来构建模型，代表性的创业过程模型有加特纳创业过程模型、蒂蒙斯创业过程模型、萨尔曼创业模型、威科姆创业过程模型。

1. 加特纳创业过程模型

加特纳（Gartner）[④] 于 1985 年提出新企业创建的概念框架，进而提出了创业模型（见图 1-2）。加特纳认为，创业就是新组织的创建过程，也就是将各相互独立的行为要素组成合理的序列并产生理想的结果。

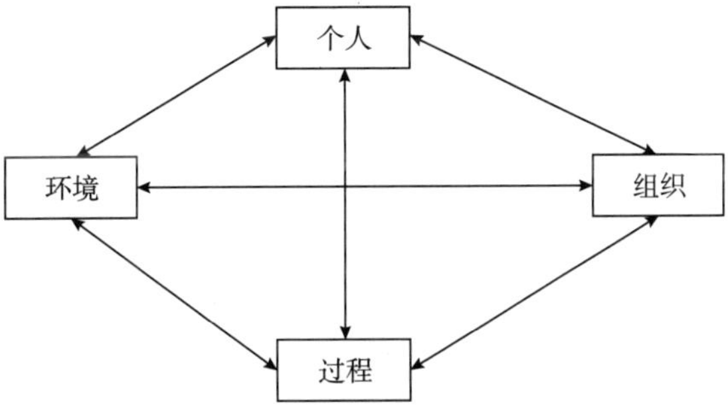

图 1-2 加纳特创业过程模型

资料来源：Gartner W B. A conceptual framework for describing the phenomenon of new venture creation [J]. Academy of Management Review，1985，10（4）：696-706.

---

① Bhave P M. A process model of entrepreneurial venture creation [J]. Journal of Management，1994，9（3）：223-242.

② Timmons J，Spinelli S. New Venture Creation：Entrepreneurship for the 21st Century [M]. Burr Ridge，IL：Irwin-McGraw-Hill Publishers，1999.

③ Shane S，Venkataraman S. The promise of entrepreneurship as a field of research [J]. Academy of Management Review. 2000，25（1）：217-226.

④ Gartner W B. A conceptual framework for describing the phenomenon of new venture creation [J]. Academy of Management Review，1985，10（4）：696-706.

描述新企业创立主要包括四个要素：

（1）个人：即创立新企业的个人。创业者需要具有如获取成就感的渴望、善于冒险以及丰富的经历等特质。

（2）环境：即围绕并影响组织的情势。主要是对创业活动产生影响的外部因素，包括政治因素、技术因素、供应商因素、交通因素和人口因素等。

（3）组织：即所创立的新企业。包括内部的机构以及组织战略的选择等多项变量。

（4）过程：指个人所采取的创立新企业的行动过程。主要包括发现机会、获取资源、生产产品、创建组织以及对政府和社会做出回应等步骤。

加特纳创业模型较为全面地总结了创业过程的关键因素，认为任何新企业的创立都是这四个要素相互作用的结果，只有充分研究这四个变量，并深入探究每个变量的维度与其他各个变量的维度的相互作用关系，才能够充分诠释新企业创建的全面性和复杂性。

2. 蒂蒙斯创业过程模型

蒂蒙斯于 1999 年在《新企业的创建》中提出了一个创业过程模型[①]，并在 2004 年进行了完善（见图 1-3）。他认为，创业过程是机会、资源和团队三个要素匹配和平衡的结果。创业过程由机会开始，在组成创业团队后取得必要资源，创业计划才能顺利开展。

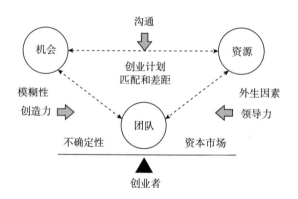

图 1-3 蒂蒙斯创业过程模型

资料来源：Timmons J. New Venture Creation ［M］. Chicago：McGraw-Hill Irwin Press，1999.

（1）机会。蒂蒙斯认为，创业活动的起点和核心都是机会，机会的形式、大小和深度决定了资源与团队所需的形式、大小和深度。一个好的创意并不一定就是一个好的机会，而市场需求是测量机会的关键因素，市场结构和规模有助于明确机会，利润率分析有助于区分机会和创意。

（2）资源。资源是创业过程的支撑要素，没有创业经验的人普遍存在一个错误的

---

① Timmons J. New Venture Creation ［M］. Chicago：McGraw-Hill Irwin Press，1999.

观念：要想创业成功，必须准备好所有资源，尤其是资金。其实，当创业者构思出一个有发展潜力的机会，并推动机会实现时，投资者就会带着资金出现。创业短缺的是高素质的创业者和机会，而不是资金。创业企业应着眼于设计创意精巧、用资谨慎的战略，最小化地使用资源并控制资源，而不是贪图完全拥有资源。

（3）团队。团队是具备高增长潜力创业企业的关键部分，也是能动性最强的要素。成功的创业团队总是由一个非常有能力的创业领袖领导，其团队展示出来的品质包括相关经验和创业记录，以追求卓越为动机，能够容忍风险、模糊性和不确定性，有创造力，适应性强，专注于机会，有领导力和勇气，善于沟通。

蒂蒙斯十分注重模型的平衡性和匹配度，强调创业是一个高动态性的活动，创业者必须合理调控这三个因素，使其处于平衡状态和最佳匹配度上。另外，模型具有较高的整体性，三个要素之间相互关联，彼此影响。如在创业初期，机会较大但是资源匮乏，从而出现失衡。随着企业的发展，企业的各种资源增多，但此时的机会可能变得有限，这就导致了另一种失衡，所以在创业过程中，资源与机会需要通过设计创业计划使资源和机会相匹配，从而满足机会对各种资源的需要。团队必须依靠自己的领导力、创造力和沟通能力发现和解决问题，灵活调整机会、资源、团队三者的组合搭配，保证企业的创建和成长。

蒂蒙斯的创业过程模型细致地解释了创业过程各个环节和关键要素，并重点突出了创业过程中需要抓住三要素之间的协调度，在众多创业过程模型中占据着重要的地位。

3. 萨尔曼创业模型

萨尔曼（Sahlman）于1999年提出了一个创业模型[1]，认为创业是人力资源、机会、环境、交易行为四个关键要素相互协调、相互促进的过程（见图1-4）。模型强调了环境的重要性，认为其他三个创业环境来源于环境并反过来影响营销环境。

（1）人力资源。指那些为企业提供服务或者资源的人，无论他们是否直接被企业雇用，如管理者、员工、律师、会计师等。这些人员所提供的资源包括个人的劳动资本，如工作经验、经营管理、企业运营相关能力、技术及个人拥有的关系。

（2）机会。指为了未来的回报，任何需要投入资源的活动。不但包括亟待企业开发的技术、市场，还包括创业过程中所有需要创业者投入资源的事务。

（3）环境。指无法通过管理来直接控制的因素，如资本市场利率水平、相关的政策法规、宏观经济形势及行业内的进入威胁等。

（4）交易行为。指企业与所有资源提供者之间完整的隐性和显性契约关系，既包括创业者与创业团队成员和员工之间的管理交易关系，也包括创业者与外部资源提供者之间的市场交易行为。其中要着重考虑融资对象和融资方式，实现风险共担。

---

① Sahlman W A. Some Thoughts on Business Plan：The Entrepreneurial Venture ［M］. New York：HBS Publication，1999.

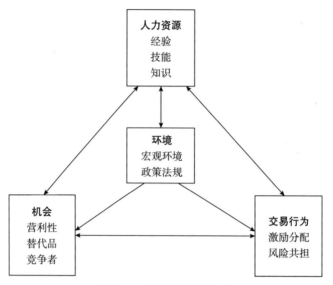

图 1-4　萨尔曼创业模型

资料来源：Sahlman W A. Some Thoughts on Business Plan：The Entrepreneurial Venture ［M］. New York：HBS Publication，1999.

4. 威科姆创业模型

威科姆（Wickham）于 1998 年提出了一个创业模型，认为创业主要包括创业者、机会、资源和组织四个要素。① 但与前几个模型不同，该模型强调创业者的核心作用。创业活动的成功开展需要创业者处理好资源、机会和组织三个要素，即有效识别创业机会、管理创业资源、领导创业组织的关系。另外，威科姆创业模型强调学习的作用，认为所创建的组织必须是一个学习型组织，只有通过不断的试错与学习，从每一次的成功与失败中吸取经验与教训，才能确保各要素处于动态的平衡之中，取得更大的创业成功（见图 1-5）。

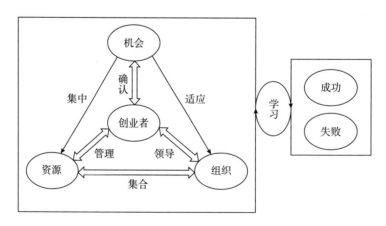

图 1-5　威科姆创业模型

资料来源：Wickham P A. Strategic Entrepreneurship ［M］. New York：Pitman Publishing，1998.

---

① Wickham P A. Strategic Entrepreneurship ［M］. New York：Pitman Publishing，1998.

（1）创业者。创业者是创业四要素中的核心因素。在创业活动和创业过程中，创业者承担着发现并确认机会、管理创业所需的资源、领导一个高效组织的工作。所以创业者在这种核心地位下，必须努力工作，协调好与其他三者之间的关系，以实现机会的价值。

（2）机会。创业机会是指创业者能够看到并利用的商业机会，包括市场需求、技术可行性和资源可获取性。其中，资源可获取性是创业者能够获取所需资源的能力。创业者需要考虑如何获取这些资源，以支持创业项目的开展。

（3）资源。资源是创业活动所需的各种投入，包括资金、人力、技术等。创业者需要合理地配置和利用资源，实现创业机会的利益最大化。

（4）组织。组织是通过资源的集合形成的，包括资本结构、组织结构、程序和制度、组织文化等。创业是一个不断学习的过程，所以组织是一个学习型组织，需要不断变换各要素间的关系，只有各要素实现动态平衡，才能创业成功。

（三）创业过程的环节

不同学者对创业过程的研究产生了各种观点，虽然创业过程和创业活动复杂多样，但基本过程主要包括五个环节：

1. 产生创业动机

一切创业都是从创业动机开始的，它首先取决于个人是否希望成为创业者。通常，一个触发事件会促使个人成为创业者，这就是创业动机的产生。这种触发事件一般受三个因素的影响：一是个人特质。每个人都具有创业精神，但创业精神的强度不同，强度的大小有遗传的成分，但更受外部环境的影响。二是创业机会。创业机会的增多会形成巨大的利益驱动力，促使更多的人尝试创业，创业机会增多的同时，创业门槛也会降低，进而促成更大的创业热潮。三是创业的机会成本。如果人们能够从其他工作中获得高收入和满足需求，创业意愿就低；反之，创业意愿就高。

2. 识别创业机会

识别创业机会是创业过程的核心环节。识别创业机会包括发现机会来源和评价机会价值。许多新企业的失败不是创业者不够努力，而是没有正确识别创业机会。成功的创业机会包括机会识别、可行性分析、产业分析及开发有效的商业模式，所以在这个环节需要解答四个问题：创业机会的来源在哪里、影响创业机会的因素是什么、创业机会具有的能被评价的价值是什么、通过什么形式或途径使机会变成实际价值。创业者识别机会的过程实际上就是收集、处理信息的过程，创业者需要凭借以往对市场产业或技术知识的积累等对收集的信息进行正确的分析与判断。实践证明，成功的创业者大多是准确把握了商机。

3. 资源整合

创业是一个烦琐复杂的过程，哪怕是开一家便利店，创业者也需要拥有一定的经济基础，同时需要处理进货渠道、店铺租赁、客户来源、员工管理等一系列问题，甚至有人认为创业的本质就是资源整合的过程。一般情况下，创业者可以直接控制的可用资源往往很少，创业几乎都会经历白手起家，从无到有的过程。所以，创业者在创业初期乃至新企业成长的很长一段时间里，都要把主要精力放在资源的获取上，人、财、物都是开展创业活动必需的基本生产要素。资源拼凑被视为初创企业突破资源约束的重要途径之一，即利用手中一切可利用的资源完成任务。如何进行资源配置则依赖创业者所处的行业、时代及其自身品质等因素。换句话说，资源配置并没有标准答案，而是需要创业者在实践中不断尝试与创新来建立并完善资源配置体系。

4. 创建新企业

创业者选择了商业机会并找到与之匹配的商业模式后，就可以考虑如何将商业机会转化为现实的企业。首先要确认是选择新建企业还是加入或收购现有企业。创建新企业包括企业制度设计、企业注册、经营地址的选择、确定进入市场的途径等。创业者创办新企业的目的是实现机会价值，并通过实现机会价值，成功收获回报。在这个过程中，需要注意企业的市场定位及建立竞争优势，许多创业者在创业初期由于生存的压力及对未来缺乏准确预期往往忽视这部分工作结果，给以后的发展留下了隐患。

5. 管理和发展新企业

对于优秀的创业者来说，建立企业不是创业的目标，而是创业成功的开始。维持企业生存是所有企业必须面对的问题，许多创业者将其视作初创企业价值实现的最终目标。彼得·德鲁克认为，管理是赋予企业生命、为企业注入活力的要素，管理的职能包括对企业经济、企业发展、企业内部员工的管理。[①] 企业管理是对创业企业发展到一定阶段而自然形成的要求，创业者如果希望自己的企业能够持续稳定地发展，就应该建立一套结合时代背景与企业所处行业状况的管理体系。

三、创业的类型

在创业初期，创业者会面临三个关键问题，即谁在创业、该怎样创业、创业成果如何。这些问题导致创业类型呈现多元化，可以从不同角度进行分类。

（一）基于创业主体的分类

1. 个体创业

个体创业指个人创业或团队的创业行为，创业者不依托于任何组织，独自创办自己的企业。商业概念来自创业者，企业由创业者自由掌控，决策迅速，但是个体创业也存在很大的风险，并且个体要承担全部风险，一次失误就可能意味着创业失败。由于个体或团队的能力有限，创业资源整合比较困难。

2. 公司创业

公司创业指现有组织发起的组织创新、创业活动。创业活动是由在组织中工作的个体或团队推动的。企业内的业务部门核心人才创业、企业通过创立子公司合伙人机制创业、企业内独立创业等都属于公司创业，它是企业内的"二度创业"。

个体创业和公司创业虽然都是创新、创业活动，具有一些共同的特征，如机会导向、创造性地整合资源、价值创造、超前行动、创新和变革等，但是在起初的资源、

---

① ［美］彼得·德鲁克. 管理的实践［M］. 齐若兰，译. 北京：机械工业出版社，2019.

组织形态、战略目标、承担的风险、决策速度、创业环境、创业成长等方面存在较大区别（见表1-1）。

表1-1　个体创业与公司创业的区别

个体创业	公司创业
创业者承担风险	公司承担风险
创业者拥有商业概念	公司拥有商业概念，特别是与商业概念有关的知识产权
创业者拥有全部或大部分事业	创业者或许拥有公司的权益，可能只是很少一部分
从理论上看，对创业者的潜在回报是无限的	在公司内，创业者所能获得的潜在回报是有限的
个体的一次失误可能意味着生涯失败	公司具有更多的容错空间，能够容忍失败
受外部环境波动的影响较大	受外部环境波动的影响较小
创业者具有相对独立性	公司内部的创业者受到团队的影响更多
在过程、试验和方向的改变上具有灵活性	公司内部的规划、程序和官僚体系会阻碍创业者的策略调整
决策迅速	决策周期长
低保障	高保障
缺乏安全网	有一系列安全网
在创业主意上，可以沟通的人较少	在创业主意上，可以沟通的人较多
至少在创业初期，存在有限的规模经济和范围经济	能够很快地达到规模经济和范围经济
严重的资源局限性	各种资源占有都有优势

资料来源：Morris M，Kuratko D. Corporate Entrepreneurship ［M］. New York：Harcourt College Publishers，2002.

（二）基于创业动机的分类

全球创业观察（GEM）于1999年通过全球创业调查，首次将创业类型按照创业动机划分为生存型创业和机会型创业。

1. 生存型创业

生存型创业是指创业者由于没有其他更好的谋生手段，或因为各种原因不能找到满意的工作，迫于生存压力不得不选择自主创业的一种创业形态。刚毕业的大学生、失业人群的创业大多属于生存性创业。从行业分布来看，生存型创业多为零售业、餐饮、旅馆和服装店等，这种创业模式一般起点低、规模小、风险小，但发展潜力也小。

2. 机会型创业

机会型创业是指创业者发现了市场机会并有强烈的愿望抓住机会、实现价值而进行的创业活动。它是主动的、有准备的一种创业形态，如季琦在顾客抱怨中看到了中国经济型酒店的市场需求，进而创办如家的创业行为就是机会型创业。机会型创业的起点较高，需要创业者有较高的素养和创业精神，创业之初就有清晰的目标和规划。

生存型创业和机会型创业并不是对立的关系，两者可以相互转化。初次创业的人通过生存型创业，积累足够的财富和经验之后，在合适的机遇下，可以向机会型创业转化。根据《全球创业观察 2016/2017 中国报告》，中国创业活动的质量在提高，机会型创业由 2009 年的 50.87% 提高到了 2016~2017 年的 70.75%。

（三）基于创业初始条件的分类

芝加哥大学教授毕海德（Bhide）[①] 认为，创业并不是只有创业者或创业团队创建新企业这种形式，大企业同样有创业行为。他从不确定性和投资维度构建了一个"投资—不确定性—利润"动态模型（见图 1-6）。投资量反映了资源约束，不确定性反映了风险程度，从这两个初始条件维度出发，将原始性创业概括为五种类型：边缘型创业、冒险型创业、与风险投资融合的创业、大公司内部创业、革命型创业。

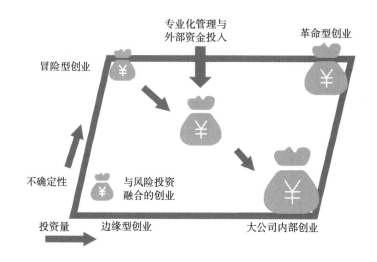

图 1-6 "投资—不确定性—利润"动态模型

注：钱袋的大小代表潜在利润的大小。

资料来源：Bhide A V. The Origin and Evolution of New Businesses ［M］. Cambridge：Oxford University Press，2003.

毕海德通过深入研究，并综合大量的调查数据和信息，对各种创业类型的特征进行了比较（见表 1-2），认为大多数企业属于边缘型创业，这类企业跟生存型创业相似，投资少、风险低、发展潜力不大。冒险型创业跟机会型创业相似，失败率高，但创造的价值较大。

表 1-2 不同创业类型特征的比较

因素	冒险型创业	与风险投资融合的创业	大公司内部创业	革命性创业
创业的有利因素	创业的机会成本低 技术进步等因素使创业机会增多	有竞争力的管理团队 清晰的创业计划	拥有大量的资金 创新绩效直接影响晋升 市场调研能力强 对 R&D 的大量投资	无与伦比的创业计划 集财富与创业精神于一身

① Bhide A V. The Origin and Evolution of New Businesses ［M］. Cambridge：Oxford University Press，2003.

续表

因素	冒险型创业	与风险投资融合的创业	大公司内部创业	革命性创业
创业的不利因素	缺乏信用，难以从外部筹措资金 缺乏技术管理和创业经验	尽力避免不确定性、又追求短期快速成长、市场机会有限 资源的限制	企业的控制系统不鼓励创新精神 缺乏识别和把握不确定性机会的能力	大量的资金需求和前期投资
获取资源	固定成本低 竞争不是很激烈	个人的信誉 股票及多样化的激励措施	良好的信誉和承诺 资源提供者的转移成本低	富有野心的创业计划
吸引顾客的途径	上门销售和服务 了解顾客的真正需求 全力满足顾客需要	目标市场清晰	信誉、广告宣传 关于质量服务等多方面的承诺	尽全力吸引顾客
成功基本因素	企业家及其团队的智慧 面对面的销售技巧	企业家团队的创业计划和专业化管理能力	组织能力，跨部门的协调及团队精神	创业者的超强能力 确保成功的创业计划
创业的特点	关注不确定性程度高但投资需求少的市场机会	关注不确定性程度低的、广阔而且发展快速的市场和新的产品或技术	关注少量的经过认真评估的有丰厚利润的市场机会，回避不确定性程度大的市场利基	技术或生产经营过程方面实现巨大创新，向顾客提供超额价值的产品或服务

资料来源：Bhide A V. The Origin and Evolution of New Businesses ［M］. Cambridge：Oxford University Press，2003.

（四）基于创业效果的分类

依据效果对创业进行分类也是一种常见的分类方法，它有助于创业者关注创业效果，不仅可以提升创业活动质量，也有助于提高创业活动的成功率。

Davidsson 和 Wiklund[①] 基于创业效果在组织层面和社会层面的产出效果对创业类型进行了研究（见图 1-7）。他们认为，组织层面的产出、社会层面的产出均为正的创业属于成功的创业，如星巴克公司在咖啡市场开创了一个全新的休闲行业；组织层面的产出为正、社会层面的产出为负的创业属于重新分配式创业，如我国钢铁行业的低水平重复建设现象；组织层面的产出为负、社会层面的产出为正的创业属于催化剂式创业，如万燕 VCD 的失败催化了一个新兴产业；组织层面的产出、社会层面的产出均为负的创业属于失败的创业，如一些皮包公司、传销组织、污染环境的企业等。其中，重新分配式创业是不可避免的，社会应该支持成功的创业和催化剂式创业，坚决抵制失败的创业。

---

① Davidsson P，Wiklund J. Levels of analysis in entrepreneurship research：Current research practice and suggestions for the future ［J］. Entrepreneurship Theory and Practice，2001，25（4）：81-99.

| 成功创业
组织、社会层面均为正 | 重新分配式创业
组织为正、社会为负 |
| 催化剂式创业
组织为负、社会为正 | 失败的创业
组织、社会层面均为负 |

图1-7 基于社会层面和组织层面的产出效果的分类

资料来源：Davidsson P，Wiklund J. Levels of analysis in entrepreneurship research：Current research practice and suggestions for the future ［J］. Entrepreneurship Theory and Practice，2001，25（4）：81-99.

Bruyat 和 Julien[①] 按照市场对个人和社会影响的大小把创业分为四种基本类型，即模仿型创业、复制型创业、冒险型创业和价值型创业（见图1-8）。

| 模仿型创业 | 冒险型创业 |
| 复制型创业 | 价值型创业 |

对社会的影响

图1-8 基于价值创造的创业类型

资料来源：Bruyat C，Julien P A. Defining the field of research in entrepreneurship ［J］. Journal of Business Venturing，2001，16（2）：165-180.

1. 复制型创业

复制型创业是对现有创业经营模式的简单复制。例如，在某酒店工作多年的大堂经理辞职之后，在其他商业街成立了一家经营风格与原公司相似的酒店。在实践中，一些商贸类企业因为缺乏创造性也属于复制型创业。这类创业十分简单，没有为社会带来新价值，通常缺乏创业精神，对个人的回报也不是太高，所以不属于创业学的研究对象。

2. 模仿型创业

模仿型创业是模仿现有的商业模式。例如，某服装公司的销售经理辞职之后，模仿海底捞创建了一家餐饮公司。模仿型创业是创业者跳出自己过去的经营范围，模仿国外或者其他行业的模式进行创业。中国的互联网公司基本都是模仿国外的模式，如腾讯模仿了ICQ、淘宝在创业初期采用的支付宝模仿了 eBay 的支付平台 PayPal。与复

---

① Bruyat C，Julien P A. Defining the field of research in entrepreneurship ［J］. Journal of Business Venturing，2001，16（2）：165-180.

制型创业不同，模仿型创业需要模仿的对象一般是具有更大挑战性、更高回报的行业，尤其是要拥有创新技术，所以虽然能给创业者带来较大的经济回报，但也要承担高风险和高试错成本。相对来讲，模仿型创业也是低难度的创业类型，创业者通过一定的学习和经验积累，就有机会获得回报。

3. 价值型创业

价值型创业是那种旨在为社会创造新价值的创业类型，创业者从事的活动不是单纯的创建公司，而是能为社会和顾客带来价值的创新活动。其投入和回报可能不成正比，创业难度较高，但成功之后能为社会带来巨大贡献。很多连续创业者在创业成功后会继续进入新领域创业，这类创业虽然对自身的改变较小，但是可能会给社会带来较大的新价值。

4. 冒险型创业

冒险型创业既能够对创业者个人有较大影响，也能够为社会创造较多的新价值。对于创业者而言，虽然冒险型创业具有较大的风险，失败的概率较高，但这种创业的预期回报较高，对于那些充满创业精神的人来说仍具有相当大的诱惑力。

四、创业逻辑与创业思维

在创业实践中，创业逻辑和创业思维起着至关重要的作用。明确的创业逻辑和创业思维可以帮助创业者识别市场机会和客户需求，从而制订精准的商业计划，应对市场变化和风险，帮助创业者获得更多的资源和支持。

（一）创业逻辑

创业逻辑是创业者在进行创业活动时，应遵循的一套思维方式和方法论，它是决定创业企业能否生存和顺利发展的关键因素。很多创业企业在早期阶段就遭受失败，越来越多的研究者开始重视分析创业早期阶段创业者的创业管理心理和行为，尤其是创业早期阶段创业者的决策逻辑，其中效果逻辑与因果逻辑得到了广泛讨论。

1. 因果逻辑

在创业过程中，因果逻辑的决策过程是：首先进行市场调查，对市场进行细分并找到目标细分市场；其次制定营销策略和财务规划、撰写商业计划，整合资源，组建团队并搭建新企业。简言之，因果逻辑是在目标确定的情况下，围绕这一目标选择相应的战略组合做出一系列努力的过程。由于因果逻辑强调必须依靠精确的预测和清晰的目标，因此也被称为预测逻辑。

2. 效果逻辑

效果逻辑最早由威廉·詹姆斯提出。萨阿斯瓦斯在西蒙的有限理性假设和奈特的不确定性的基础上，提出了创业情境中的效果逻辑理论。效果逻辑的思路是创业者整合现有的资源，从可承受损失的角度出发，获取投资商、供应商等利益相关者的支持和承诺，充分利用各种突发事件转化为创业机会，从而实现新企业的成立和发展。效果逻辑的特点是：第一，以手段确定为前提。先明确自己有哪些手段，如个人特质、掌握的资源、社会关系网络等。第二，强调联盟合作。积极寻找社会关系网络的支持，从而构建市场。第三，选择损失最小的战略。根据自己的承受能力来做出决策，从而规避决策早期的各种不确定性。第四，善于利用各种意外事件来创造更多价值。所以效果逻辑也被称为非预测逻辑。

如表1-3所示，通过比较发现，成熟的企业已具备丰富的资源、完善的机制及处理危机的能力，在预测风险和确定既定目标方面较为容易，更适合因果逻辑，而大部分新创企业由于缺乏资源和外部环境的不稳定，无法做出理性决策，从而更适合效果逻辑。

表1-3 因果逻辑和效果逻辑的对比

	因果逻辑	效果逻辑
对未来的看法	预测：可以对未来进行有效的预测	控制：无须预测，关注可控的未来
决策标准	收益分析：在利益最大化下做出最优决策	成本分析：在可承受的损失下做出满意决策
前提条件	目标：从总目标开始，总目标决定子目标，子目标决定要采取哪些行动	手段：从现有的手段开始，设想能够利用这些手段采取什么行动，实现什么目标；这些子目标最终结合起来构成总目标
路径的选择	既定承诺：根据对既定目标的承诺来选择行动路径	偶然性：选择现在的路径是为了使以后能出现更多更好的路径，因此路径可能随时变换
对风险的态度	预期的回报：更关心预期回报的大小，寻求能使利益最大的机会，而不是降低风险	可承受的损失：在可承受的范围内采取行动，不冒险采取超出自己承受能力的行为
对利益相关者的态度	竞争：强调竞争关系，根据需要对顾客和供应商承担有限责任	合作：强调合作，与顾客、供应商、潜在的竞争者共同创造未来的市场

资料来源：Read S, Sarasvathy S D. Knowing what to do and doing what you know：Effectuation as a form of entrepreneurial expertise ［J］. Journal of Private Equity，2005，9（1）：45-62.

（二）创业思维

创业思维依附于创业基础，是一种如何利用不确定的环境，创造商机的思考方式。创业思维的主体是创业者，表现为主体对创业行为的构想，以抓住机会、实现更大的价值为目标进行的有计划和有安排的尝试。创业思维是创业者对创业活动和行为的系列设想和思考，是关于创业的系统化、理论化的逻辑体系及观点总和。对于创业者来说，创业思维就是走一条不同于自己既往的或者前人的道路，其出发点和落脚点是"业"。

"创业教育之父"杰弗里·蒂蒙斯和小斯蒂芬·斯皮内利将创业者能够通过训练获得的创业思维归纳为六大类①。

---

① ［美］杰弗里·蒂蒙斯，小斯蒂芬·斯皮内利. 创业学 ［M］. 周伟民，吕长春，译. 北京：人民邮电出版社，2005.

1. 责任感与决策力

创业者应具备的第一要素就是勇于做出决断并承担责任。拥有高度的责任感，能够帮助创业者克服难以想象的困难，并在一定程度上可以弥补其他不足。

2. 创造、自控和适应能力

成功的创业者是持续的创新者，他们不会满足也不会仅停留于现状。他们喜欢发现问题并主动解决问题，通过创新和创造实现生存与发展。成功的创业者有很强的适应能力和恢复力，面对困境时能迅速调整状态冷静思考，从错误及失败中获取经验，并对未能预知的情况做出及时的反应。

3. 超越他人的进取心

在强烈的进取心的驱动下，成功的创业者希望同自己定下的目标竞争，追寻并达成富有挑战的目标。处在创业初期阶段的创业者对地位和权力的需求不高，他们从开拓事业的挑战和兴奋中产生个人满足。

4. 对风险及不确定性的承受力

创业过程中总伴随着高风险、对未知的不确定性，成功的创业者需要承担风险及不确定性所带来的压力。创业者几乎将所拥有的资产投资于自己的事业中，但他们不是不顾一切的"赌徒"，而是有计划、有安排地冒风险，并且让其他人和他们一同分担财务和商务上的风险。

5. 领导力

成功的创业者无需凭借组织授予的权力就能对别人施加影响，这就是领导力。他们在不同场合使用不同的交流策略，将以理服人和以情服人合理利用，善于把握决断分寸，懂得何时该妥协，何时寸步不让。

6. 对创业机会的执着

对创业机会的执着，是成功创业者可贵的创业思维之一。他们的目标是不断寻求并牢牢抓住商机，将其变成有价值的东西。因此，创业者需要保持敏锐的市场洞察力，及时发掘各种需求，能够区分辨别各种创意和机会的价值。

创业思维可以通过四个方式进行培养①：

1. 唤起创业机会鉴别意识

鉴别机会是创业行为产生的基本要求，也是创业者最重要的任务。创业者必须能够从繁杂的信息中区分蕴含高市场价值的信息，并为下一步行动确定方向。创业机会鉴别意识的形成包含两个阶段：一是内部确认，即创业者从心理上认可"机会就是财富"，并相信自己有鉴别创业机会的潜能；二是外部确认，即创业者对捕捉到的机会持续跟踪，同时结合其他信息对其商业价值进行预判。

2. 强化个体的创业灵敏性

创业学家 Kirzner 认为，创业灵敏性是"创业者卓越洞察力的闪现"，凸显了创业

---

① 史秋衡，王春．大学生创业思维培养的现实价值、内涵环节与实践路径［J］．中国高教研究，2021（4）：64-68+95.

者捕捉机会的意识和能力。① 灵敏性高的创业者具有以下几个鲜明特征：对创业保持激情，热衷于从当前商业行为中寻找新的获利途径；寻求最有前途的创业机会，只有当创业机会与个体的竞争优势相匹配时才会对其进行确认；减少创业机会的时间成本，迅速将创业机会变为创业行动；具有公平开放意识，承诺每个人都有参与和追求创业机会的权利。

3. 增强个体的创业行动力

创业行动力是创业机会鉴别意识和创业灵敏性的现实表现。在实现创业目标的过程中，创业行动力表现为超强的自制力及清晰的战略规划，它推动着创业者不惧艰险，勇敢面对各种复杂局势和难题。创业行动力包括以下三种重要的能力：管理不同信息源的能力、在复杂性增加时做出及时判断的能力、识别后续重要机会的能力。其中，管理不同信息源的能力是后两者的基础，后两者是信息管理能力在具体情境中的运用。

4. 提升创业风险管理技能

一项关于创业风险的研究表明，创业风险管理的效果取决于个体的风险认知偏差，但这种偏差的产生不在于风险本身，而在于创业者在决策过程中所依赖的认知分析路径。所以要对创业风险进行客观评价和理性分析，尽量避免做出情绪化和冲动性的决定。

第三节 旅游业高质量发展

一、旅游业的发展历程

19 世纪以前，社会上层少数人出于非经济目的长途旅行，到 19 世纪中叶以后的近代旅游活动，再到第二次世界大战后的现代旅游活动等，由多个历史阶段发展演变而来。

(一) 古代人类的旅行活动

远古人类在极为原始、严酷的生存条件下，曾经历了漫长的"逐水草而居"式的迁徙活动。这种迁徙，唯一目的是寻找更好的食物、水源地和生存环境，与现代人类出于娱乐、消遣目的的旅游不可同日而语。这个阶段，除以部落或族群为单位的整体迁徙外，也有少数人的长途旅行活动出现。近年来，大量的考古发现和历史文献证明，人类的最初旅行活动远不是消遣和度假活动，而是原始社会生产和生活的一部分，主要形式有渔猎旅行、宗教旅行、探险旅行和经商旅行等。

综观人类早期的旅行活动，以求生存、求发展为主要目的，带有极强的事务性

---

① Kirzner I. How markets work：Disequilibrium，entrepreneurship and discovery［R］. Great Britain：The Institute of Economic Affairs，1997.

（为与现代旅游活动的消遣娱乐性目的相区别，故称之为"旅行"）。渔猎旅行、经商旅行是社会经济生产活动的一部分，探险旅行的目的也是扩展生存空间，当时属于非经济目的的旅行只有宗教旅行。但不论何种旅行，包括整个族群的迁徙活动，都对当时人类社会发展起到了保障生存、促进经济、拓展空间、传播文化的积极作用，同时也推动了古代旅行活动的发展，非经济目的、非事务性的旅行活动由此出现，并日趋丰富。

（二）19世纪中叶以前的主要旅游活动

19世纪中叶以前，在世界各地、各国的少数社会上层人士中，出现了具有一定消遣娱乐目的的外出旅游活动。这里所讲的古代旅游活动，主要是指19世纪中叶以前，出现在人类文明发源地如埃及、印度、巴比伦、中国、古希腊和古罗马，以及资本主义诞生地欧洲等地的旅游活动，主要有商务旅游、宗教旅游、帝王巡游、古代中国的士人漫游、古代西方的娱乐观光、考察旅游、探险旅游、教育旅游、节庆游乐、公务旅游等。

（三）近代旅游活动的发展

至19世纪中叶，大规模、远距离、有组织的近代旅游行为，开始取代个体、分散、无组织的传统旅游行为；旅游活动的规模、时空跨度、消费层次发生巨大变化；旅游服务接待活动开始成为一项社会经济活动，并逐渐发展成为一个独立的、新兴的行业——旅游业。具体表现如下：

1. 旅行社或类似专业机构的建立

19世纪下半叶，欧美及亚太地区的一些国家纷纷开始成立旅行社或类似专业机构。托马斯·贝奈特于1850年设立了一个名为"旅游组织者"的机构，专门为单个游人提供旅游日程安排，负责为游人预订马匹和住宿房间，并供应各种给养。之后，英国开始出现专业性的组团旅游机构。1850年，美国运通公司开始兼营旅行代理业务。1890年，法国、德国成立了观光俱乐部，随后，日本、意大利等国家也分别成立了旅行社。到20世纪初，英国的托马斯·库克旅游公司、美国的运通公司和以比利时为主的铁路卧车公司成为世界上旅游代理业的三大公司。1923年8月，上海商业储蓄银行设立了"旅行部"，开始经营旅游业务，成为中国人自己经办的第一家旅行社。1927年，"旅行部"改组成立专业性的旅游服务机构——中国旅行社，总部设在上海。

2. 交通运输业介入旅游经营活动

产业革命及科学技术的迅猛发展，带动了交通工具的革新，蒸汽火车、远洋邮轮取代了马车和舢板船，成为新的旅游交通工具。不仅如此，交通运输业也积极开拓新业务，涉足旅游服务经营活动。1833年，从伦敦出发的轮船第一次尝试做游览旅行广告，到1841年，轮船游览已在英国十分盛行。1909年，美国捷运公司正式跻身伦敦旅游界，1便士乘1英里①路的火车票价，吸引了大批旅游者前往海滨和其他游览胜地。

3. 旅馆、饮食业开始关注旅游者的消费需要

自19世纪后半叶起，英国、德国、法国、美国等国家陆续建成了一批豪华旅馆。

---

①　1英里约等于1.609千米。

伦敦白厅、海德公园附近出现了月牙形宏伟旅馆群；1855 年，皇宫式旅馆——"卢夫勒饭店"在巴黎落成；1860 年，中国第一家新型西式旅馆礼查饭店落户上海；1863 年，天津利德饭店开业；1880 年，拥有 300 间客房的斯塔特勒饭店在美国纽约州开张。同时，为了满足一些短途旅游者的需要，各地开办了一些价格实惠的餐馆、茶室、咖啡室。20 世纪初，世界各国开始建造满足旅游者基本需要（如安全、清洁、卫生、方便、舒适）的商业饭店，各地饮食业也开始注重考虑旅游者的口味；19 世纪 60 年代，在伦敦的外国旅游者可以品尝到法国大餐或美国特色的餐饮。

4. 旅游金融服务初始

随着国际旅游的发展和托马斯·库克旅馆联券的广泛使用，1879 年银行外汇兑换业务正式向旅游界开放；1882 年，在银行的配合下，美国捷运公司拥有了自己的旅行汇票；1891 年，美国运通公司发售旅行支票，并进而出台了旨在解决国际旅游支付困难的措施。

5. 旅游资源开发、景点建设成为一项投资经营活动

社会经济的发展，旅游需求的增长，促使旅游地的开发、建设进入一个新的发展阶段。旅游景点一改过去少有雕琢、单调的风格，开始注重人文景观与自然景色的融合；城市内或景点附近兴建大量的旅游设施，如游乐场、音乐厅、散步场、运动场、赌场、浴场、跑马场等；原来专供皇亲贵族享乐的风景区、海滨浴场，成为常年开放的公共旅游活动场所。

总之，至 20 世纪上半叶，受欧美一些经济发达国家带薪假日的法治化、世界性旅游组织成立等多种因素的推动，近代旅游活动开始有了一定的普遍性，旅游业作为一个产业已初见端倪，近代旅游活动开始走向成熟，迈向现代旅游。

（四）现代旅游活动的发展

第二次世界大战以后，各国经济开始持续稳定地发展，交通状况稳步改善，旅游业也得到快速发展。与以前相比，世界旅游业更具有社会性的特点，旅游队伍由社会上层人士逐步扩大到百姓人家，旅游活动真正成为一种大众性活动，成为人们日常生活不可缺少的一部分。旅游需求持续稳定的增长，促进旅游供给不断扩大，各地区、各国之间的旅游竞争也越来越激烈，与此同时，旅游需求的增长，推进旅游方式的改变，在传统度假旅游的基础上，各种新兴旅游活动层出不穷，如生态旅游、绿色旅游、探险旅游等，这些特征共同构成了现代旅游。

我国自改革开放以来，旅游业从外交事业的延伸与补充，发展到写入国家发展战略，成为国民经济的战略性支柱产业，旅游业已经深入国民大众的日常生活，我国正从世界旅游大国走向世界旅游强国。

二、旅游业高质量发展的特征

联合国世界旅游组织质量支持委员会对旅游质量的概念进行了界定：旅游质量是旅游过程的结果，这一结果意味着在可接受的价格水平上，符合相互接受的合同条款和基本的质量要素，如旅游产品和服务要具有功能安全性与心理安全性、可进入性、

透明性和原真性，旅游活动与所涉及的人文和社会环境的和谐性，做到使顾客对所有合法（合理）产品和服务需要的满意。何建民依据我国旅游体系的现状和政策目标，参照联合国世界旅游组织对"旅游质量"的诠释，界定了旅游业高质量发展的概念①：我国旅游业高质量发展系统是旅游活动利益相关者、旅游活动利益相关者追求的各自利益与资源、社会人文环境和自然环境之间相和谐的合法（合理）的诸要素相互作用的综合体。主要体现在以下八个方面：

（1）旅游业发展方式由粗放、外延向集约内涵转变。

（2）旅游产业结构由供求不平衡、低端化向合理化与高度化转变。

（3）旅游业增长动力由要素投入转变为更注重创新与创意驱动。

（4）坚持质量第一、效益优先的原则，使游客、旅游企业、旅游社区居民多方的利益在旅游业发展与市场交易中都能得到公平实现。

（5）按照上述要求实施旅游供给侧结构性改革，推动旅游业发展质量变革、效率变革、动力变革，提高全要素生产率。

（6）加快建设旅游实体经济、科技创新、现代金融、人力资源协同发展的旅游产业体系。

（7）着力构建旅游市场机制有效、微观主体有活力、宏观调控有度的经济体制。

（8）不断增强我国旅游业的创新力、竞争力和可持续发展力。

旅游高质量发展既包括旅游经济增长、效率提升、结构优化等，也包括旅游消费升级、企业经营增效、旅游可持续发展等丰富内涵。旅游高质量发展是能更好地满足人民追求美好生活的切实需要，同时有利于保护资源环境，实现节能环保和绿色增长，既是遵循科学发展规律、充分贯彻新发展理念的科学发展模式，也是体现旅游发展模式优化、产业结构升级、驱动动力调整的高效发展模式。面对旅游业高质量发展的新要求，还需要在体制机制创新、体验场景创新、技术应用创新、产品融合创新、业态融合创新、国际交流传播、融合发展保障等方面持续发力。

三、文旅融合时代的旅游业创业

随着科技发展突飞猛进，文化产业的繁荣发展赋予了旅游产业新的内涵和灵魂，在文旅融合时代，衍生出了旅游新业态和旅游新经济，也为很多创业者带来了新的机会和挑战。

（一）旅游业创业

旅游业创业是围绕旅游相关领域的创业，是一种"旅游+创业"的模式。旅游业是天然的集群经济，具有较明显的关联集群消费特征，蕴含着极大的细分机会，每一次再细分都意味着全新的创业空间。同时，旅游需求的多样性及市场细分的多元性使旅游业创业门槛具有多层次性。社会配套设施与服务的不断完善、旅游需求的不断提升，又进一步降低了旅游业创业的门槛。旅游被公认为是"投资小，见效快，效益高"的

---

① 何建民. 新时代我国旅游业高质量发展系统与战略研究 [J]. 旅游学刊，2018，33（10）：9-10.

产业，旅游业的创新创业一般集中在以下三个方面：

1. 要素

旅游业由传统的"吃、住、行、游、购、娱"六要素，发展到现在的"商、养、学、闲、情、奇"新六要素，突出了现代旅游体验的特点，强调了现代旅游业多样化和个性化的发展趋势，这也是旅游生产经营要素及创新创业的重要发展方向。

2. 区域

区域首先是一个有边界和范围的地理概念。冯德显和翟海国认为，区域创新需要从开发理念、发展理念、发展模式、空间组织模式、体制机制和区域协作模式六个方面进行，其中首先需要形成区域旅游格局，这是旅游企业创业机会识别的动力源泉。①在这个过程中，通过融合发展，刺激旅游在区域内的创业，形成相互作用发展区域旅游的网络系统，并进一步推动区域旅游发展。

3. 技术

随着云技术、大数据技术、区块链、人工智能等信息技术在旅游领域的推广，这些技术对旅游业发展的影响与日俱增。"互联网+旅游"和"智慧旅游"是旅游创业的外生驱动力之一，2023 年《政府工作报告》提出的"强化科技创新对产业发展的支撑""大力发展数字经济"也为发展智慧旅游提供了重要机遇。

【阅读案例】

旅悦集团——XPMS 系统②

据 2022 年中华人民共和国文化和旅游部发布的数据来看，民宿出售和订单量呈现增长趋势——2022 年春节期间独栋民宿订单量比 2021 年春节上涨约 56%。北京乡村民宿数据喜人，与 2021 年同比增长 1.4 倍，呈现"一房难求"态势。

对于民宿市场的火热，有从业者表示"一花独放不是春，百花齐放春满园"，由此旅悦集团 CEO 周荣在上任时就表示将推出"线上运营联盟""悦管家"智慧酒店管理系统，通过模块化功能管理，全渠道直连等资源技术优势，让更多品牌民宿酒店享受到科技互联网的红利。

2019 年，旅悦集团就在旗下民宿品牌"花筑"运用了 XPMS 系统，也就是"线上运营联盟""悦管家"主要依托的 XPMS 系统。XPMS 能够帮助酒店进行前台、餐饮、数据、财务和客户管理；在智能硬件方面，智能门锁、客控系统、POS 机、入住机、公安系统、身份证阅读器、电子房价牌等都可接入系统进行统一管理。同时还能对分销渠道、供应链采购和运营成本进行统一管理，极大地节省人力成本，达到智慧互联的运营联盟。

2021 年，旅悦集团做了很多新的尝试和挑战，虽然其中不乏失败的例子，但在大

---

① 冯德显，翟海国 . 区域旅游产业创新发展若干问题研究 ［J］. 地域研究与开发，2006（4）：65-70.

② 打破"数据孤岛"，更开放的大住宿业来了 ［EB/OL］. ［2022-02-10］. https：//www. pinchain. com/article/265795.

环境的趋势和行业发展的情景之下，"线上运营联盟""悦管家"智慧酒店管理系统已在多地的民宿酒店中运用。

旅悦集团秉持全行业共同进步发展的原则，在2021年后，将XPMS系统逐渐推向整个民宿业。不仅如此，旅悦集团顺应全球化趋势和经济互联、科技互联的时代潮流，推出全球"CDN"加速计划，旨在将"线上运营联盟"推向全球，旅悦集团的XPMS系统着眼全球，可为全球酒店用户提供多语言、多时区、多币种、多税收等策略，满足全球用户需求。同时，基于SaaS+Pass服务及B/S架构，实现云端服务，节省了用户服务器的维护成本。其中，SaaS系统是一个由旅游集团与北森合力开发的人力资源智慧管理系统。

这样一来，住宿业"数据孤岛"的现状即将被打破，并且将形成一个共享的数据库和人才网络，这也是旅悦集团在技术创新方面为民宿业带来的突出贡献之一。

创新是整个酒店业发展的动力，只有不断地创新才能在市场上存活。旅悦集团背靠携程数据库和数千家门店的数据优势进行内部技术创新和升级——联合系统化管理（"线上运营联盟"、XPMS系统），成功解放了大部分酒店劳动力，改变了传统民宿业流程管理、人力资源管理、财务管理等各个部分都需要大量劳动力的现状，让酒店得以节能降耗、提质增效。在市场的不断催动中，旅悦集团发现了管理系统的不足，以此为创新点切入，利用技术创新从内部系统升级拓展到用系统联盟外部企业，通过"共享""智慧互联"促进了整个行业的发展。

（二）中国旅游业创新创业的发展

目前，我国旅游业围绕"推进全域旅游、引导大众休闲、体制机制改革、美丽乡村建设、生态绿色发展、旅游扶贫富民、旅游公共服务体系、旅游投融资、产业创新与文化创意、'旅游+'与跨界合作、休闲品质与特色品牌、市场治理与信息化建设"等方面大力开展"大众创业、万众创新"，旅游领域的创新创业活动纷纷涌现。

1. 我国旅游业创业的模式

随着科技的进步和旅游业创新创业的热潮，大量不同行业背景的创业者基于各自拥有的资源和经验，分别在旅游平台及不同的细分领域寻找到切入口，其中依托互联网大数据和人工智能的智慧旅游方向在这几年尤为突出。

（1）基于旅游产业价值链的创新创业。旅游六大要素"吃、住、行、游、购、娱"各方面几乎都出现了相应的旅游创业企业，涵盖了旅游产业链条从供应到最终消费的的各个环节，趋于细分化、专业化。例如，关注"游"的马蜂窝、Touch Ching等；关注"综合类打包产品"的驴妈妈、八爪鱼等；关注"住"的松果网、蚂蚁短租等。

（2）基于平台战略的创新创业。依托技术手段将"吃、住、行、游、购、娱"六大要素的产品资源进行整合，提高渠道运营商收益，丰富消费者体验，使产业结构得到优化。

（3）基于跨界融合的创业创新。以不断变化的需求为中心，利用先进技术，不断吸纳其他产业的生产或服务类要素，实现资源的优化配置。例如，"旅游+农业""旅游+医疗"等。

2. 我国旅游业创业的趋势

（1）以 C 端为导向。现阶段对酒店或景区提供平台服务的企业，无论是 B2B 还是 B2B2C，最终都要服务 C 端客户。在一个缺乏差异化的竞争环境中，"补贴""返现"是拉流量的最有效的手段，"低价策略""封杀"更是被众多的在线旅游巨头奉为打击竞争对手和创业公司的法宝，然而，这些手段只能是短期行为，优质的旅游产业生态体系恰恰需要返璞归真。随着互联网和智能手机应用的不断普及，用户的行为转向了内容、社交和直播等方式，无论是前几年强调的"流量"还是近几年强调的 IPH 和 AI，最终决定旅游者购买的关键因素还是"供应链""客户服务"。

（2）旅游业创业正转向"内生驱动"。从过去强调"技术驱动、资本驱动"到如今重视"用户体验和深度运营"，我国旅游业创业驱动力正由外部直接刺激转向内生动力驱动。近两年，文旅融合的民宿类、亲子研学类是最受关注的旅游创业产品。教育部将研学旅行纳入中小学教育教学计划，并明确要求学校搭建一套完善的研学旅行活动课程体系，这是把握"旅游+教育"创业的新机会。在这个过程中，新的消费热点、消费模式不断涌现，"内功"逐渐凸显其重要性。

（3）基于市场的商业逻辑因素成为旅游创业重要的保障因素。当前旅游创业正逐渐形成规范的市场竞争，特别是基于移动互联网技术的旅游企业的创业实践，对整个竞争环境的优化起到了重要作用。旅游企业的创业方式不再是传统的人脉关系，而是将商业模式、资金、市场分析与营销等作为重要因素，这不仅在回归理性，企业的行为也随之规范。

（三）旅游业创业注意事项

文旅产业细分领域和产业链环节众多，进入门槛不高，天然有利于创业企业的发展。国家统计局的数据显示，2024 年上半年，在全国规模以上文化及相关产业企业中，中小型企业占据了主体，包括旅行社、民宿、文创企业等各类业态。在产业跨界融合领域，也多是创业型企业先行。这些小而美的创业型企业是文旅产业发展活力的最佳体现，是行业发展不可或缺的力量。

对于创业型企业而言，一定要选好产品和服务的突破口，锚定一个方向集中使劲，在资源、资金和人员都有限的情况下，切不可多元化、多条战线出击，否则大概率会失败。企业在打磨自身产品和服务能力的同时，也要注重与平台型企业或大型文旅集团合作。对于初创企业来说，资源、资金和人才都处于短缺状态，而这些可以通过合作或股权出让的方式得到补偿。

除此之外，旅游业创业还需要注意以下五个方面：

1. 顺势而为

小米总裁雷军曾经说过，"站在风口上，猪都能飞起来，要找最有可能有风口的地方，做一头会接力的猪"。对于文旅产业来说，风口来自政策、市场需求和信息技术结合的外部环境。首先，在政策方面，把握好国家已经出台的一系列法律法规，借助国家政策和扶持的优势，找到文旅创业机会。其次，挖掘市场需求，旅游者需求的多样化、个性化趋势，不断促使旅游业创业企业走向产品细分化、模式多样化的道路。最后，关注互联网、物联网等信息技术，找到与旅游融合的渠道。

2. 具备平台战略思维和治理创新理念

旅游业创业企业要产生革命式变化就需要具有平台战略思维，并对所在平台治理结构进行整合与优化。具体到旅游电子商务企业，旅游产品的特殊属性决定了旅游生态圈的复杂性，也就决定了"平台治理创新"对于旅游企业来说具有天然的优势。对于具有以开放、平等、共享等互联网精神的新一代旅游创业家和企业家，可以考虑通过某种方式或技术，以开源、平等、互惠的方式创立旅游企业联盟平台，并与高校、行业协会、政府相关部门、其他相关行业企业，建立多渠道、多方式的互动关系。从互联网企业发展历史与趋势来看，小企业即使技术再高精尖、产品再漂亮时尚、商业模式再完美，如没有平台思想，早晚会抵不住"大佬"进入行业后采用的"免费和开放"的平台策略。因此，尽管考虑平台设计和治理创新并不会对当前企业具体经营有直接的指导作用，但具有远大理想和超前意识的企业家可以在这一方面进行思考。谁找到了这个方向，谁就会走在整个行业脱颖而出。

3. 颠覆性创新思维

旅游企业是否能够摆脱传统旅游企业思维定势的影响，决定了旅游创业企业未来能否走出一条创新之路。因此，需要强化创业者颠覆性创新思维的培养，使创业者在深入挖掘旅游者需求的基础上具有创新性、颠覆性"心智模式"。创业者只有对产品定位与设计、商业模式、营销方式等方面进行颠覆式思考，才会在激烈的市场竞争和动态能力外部环境下得以生存发展。在产品设计与商业模式方面，需要挑战传统价值观念、传统惯性思维。例如，煎饼一定只是属于路边摊，难登大雅之堂的食品吗？曾经成功地开在北京 CBD 煎饼店的黄太吉表明，煎饼店可以成为白领在星巴克和必胜客这些洋餐饮之外"高大上"的选择。另外，还可以在营销方面颠覆式思考，从产品的定位、营销的渠道与方式等方面进行创新。如"一串烧烤带火一座城"的淄博、冰雪季大放异彩的哈尔滨，都是通过新媒体营销，打造出属于自己的特色"IP"，最终带动了整个城市旅游产业的发展。

4. 基于科学试错法的快速决策

决策速度决定了企业存亡。盲目轻率的决策和传统的、基于稳妥出发的决策均不适用于创业企业的决策。因此，创业企业需要基于试错法的快速决策。在新产品、新服务或新设计阶段，经过排除法选定了 2~3 个备选方案后，没有必要花大力气和时间去论证哪个产品或服务更合适，而是应该直接采用试错法，在市场中小规模地试制产品或服务，探测市场的反应，再决定选择哪一个。正如商业畅销书《精益创业实战》所言，精益创业之路的三个阶段包括：开始阶段开发最小可行产品；加速阶段不断科学试错，推出新产品，加速学习循环；确定阶段刨根问底解决问题。① 其中，加速阶段中不断地科学试错是最重要的环节。把想法变为产品，投入最小的金钱和精力开发出

---

① ［美］阿什·莫瑞亚. 精益创业实战［M］. 王小皓，译. 北京：人民邮电出版社，2023.

体现核心价值的产品，当产品得到用户认可后，创业者需要把控局势，在不断地反馈和循环中尝试产品，快速做出调整和改变，迭代优化产品，挖掘用户需求，达到爆发式增长。在精益创业方面，Airbnb、Uber 等均做过大胆尝试。

5. 随时准备变化

目前，各行各业的市场结构和竞争态势变化很快，创业企业最大的考验就是必须不断挑战自己的应变能力。对于拥有好的技术、创意、人脉或资本的创业者来说，很容易陷入早期的成功喜悦中，忘记了自己的成功可能只是暂时的，还不稳固甚至是一些假象。能否具有应对随时变化的能力，与创业者个人能否具有开放的心智模式有直接关系。企业从小到大的创业过程实则就是创业者不断调整心智模式（如何认识外界的竞争、如何认识创业伙伴和员工、如何认识自己的过程），这一调整过程走不好，企业很难适应外界环境的快速变化。

【案例讨论】

机票盲盒①

2021 年 3 月 4 日，同程旅行推出了"目的地盲盒"，98 元购买盲盒即可获取一张指定出发地、随机目的地、随机日期的国内单程机票，如果拆出来的盲盒机票不喜欢，可以全额退款。

在没有彻底火爆之前，退款几乎是秒到账，为机票盲盒的火爆树立了良好的口碑。同程旅行相关负责人表示："即便进入清明假期后，参与人数增多，工作人员也是争取第一时间处理退票，保障用户尽快退款。"

同程旅行相关负责人在接受中新经纬客户端采访时称，"机票盲盒背后的主要运营模式是，当用户锁定机票后，由平台按照市场价格为用户购买机票，票价中高出 98 元的部分，全部由同程旅行承担。从第一期的数据来看，在锁定机票的用户中，出行率还是很高的，达到了 98% 以上"。

在央视新闻报道"超千万人抢购 98 元机票盲盒"冲上了微博的热搜榜后，机票盲盒真正做到了成功"出圈"。有了第一期机票盲盒作为试水，2021 年 4 月 22 日~26 日，全网疯抢的同程旅行 98 元机票盲盒第二期活动火爆来袭。此次机票盲盒活动覆盖国内 200 多个城市的机场，出行时间包含了最热门的"五一"小长假，还加入了用户呼声最高的双人机票、往返机票、公务舱等"隐藏款"，等待用户来解锁。

相比市场上其他模仿跟进的旅行盲盒产品，同程旅行的机票盲盒在产品设计上玩法更简单，优惠更直接，无任何捆绑销售，也没有好友下载 App 助力解锁等"套路"。

除此之外，同程机票盲盒第二期活动还为每个用户提供 2 次购买机会，用户可以在同程旅行 App 和小程序上各开启一个机票盲盒。同程旅行机票盲盒产品负责人介绍：

---

① "目的地盲盒"火爆，98 元开一张机票是否稳赚不赔？［EB/OL］．［2021-04-09］. https：//www. jiemi-an. com/article/5929810. html.

"在上次活动中，有很多用户反馈想要再开一次盲盒，同程旅行也希望最大限度地满足用户需求。"

同程旅行相关负责人还表示："对于购买机票盲盒的游客来说，旅行的乐趣从点开盲盒的瞬间就已经开始了。""机票盲盒"系列活动通过新鲜的玩法设计，延长了用户旅游消费体验的链条，让用户能够感受更多线上旅游消费的乐趣。未来，同程旅行也将深度探索中国游客的旅游消费需求，通过产品设计和营销活动，为用户带来更丰富的旅游服务和产品体验。

讨论：

为何"机票盲盒"能够顺利"出圈"？为何说这次"机票盲盒"是一个非常成功的营销创新？其本质目的是什么？

【思考题】

1. 发明、创新、创业之间的关系是怎样的？
2. 创业的概念内涵是什么？
3. 简述蒂蒙斯的创业过程模型及核心要素。
4. 创业有哪几种类型？
5. 在创业者的决策逻辑中，因果逻辑和效果逻辑的异同点是什么？
6. 旅游与服务行业的创业模式有哪些？未来的发展趋势是怎样的？

【实训练习】

1. 请找到国内外知名文旅行业企业家的创业故事，并总结其创业的成功要素。
2. 请为每种创业类型找到三个现实中对应的旅游与服务企业案例，并进行分享。
3. 辩论赛：大学生应当先就业后创业还是直接创业？

第二章　创业者与创业团队

【引入案例】

唐僧团队的成功秘诀①

《西游记》中的唐僧师徒四人，性格迥异，却历经百险，团结一致，坚定地朝目标前进，终于求取真经，如果说《西游记》是一部伟大的创业史，那唐僧团队就是一个从白手起家到创业成功的团队类型。它是由不同风格成员组成的团队，尽管会发生矛盾，但他们之间优势互补且目标一致，更容易取得成功。简言之，唐僧团队主要包含四种角色：德者、能者、智者、劳者，德者领导团队，能者攻克难关，智者出谋划策，劳者执行有力。

优势互补的角色：

德者居上——唐僧虽然能力不是最出色的，但是能作为团队里面的领导人和核心，主要取决于以下几点：第一，目标明确、信仰坚定。唐僧一直都以取经为首要目标，能够用他所能贯彻上级命令和指示，不让团队方向有所偏离。这同样适用于企业领导，制定目标和贯彻落实是最开始也是最重要的一步。第二，以权制人、权威无私。在孙悟空不听指令时，及时使用紧箍咒制服他，但又不滥用权力。同样，企业领导要一切以团队利益为准，树立权威，必要时使用权力制衡员工的反抗。第三，品德高尚、人性管理。他不惧困难和危险，敢于承担责任，对待他人真诚善良，凭其人格魅力感化徒弟，让徒弟心服口服。作为企业领导，利用规章制度、金钱利诱来约束和管理员工是短期低效的，只有以其人格魅力、企业文化来感染员工，增强员工归属感和忠诚度，才能从根本上让员工心甘情愿地为企业和团队服务。

能者居前——孙悟空是团队中的技术骨干。他拥有超强的智慧和能力，能为团队提供技术支持和解决方案，善于运用外部人脉资源，执行能力强，也很敬业、重感情。但是欠缺自我约束力、团队合作精神和全局决策能力。所以孙悟空无法成为领导者。因此，在企业中，对待孙悟空这种能力超强的人才，重点是要懂得管理以及提升他的忠诚度，这就需要制定明确的规章制度和硬性约束，同时还需要日积月累的企业文化和领导艺术。

智者在侧——猪八戒好吃懒做，善拍马屁，忠诚度不高，但是工作保质保量，大

<hr/>

① 唐僧团队的成功秘诀［EB/OL］.［2013-05-23］. https：//www.ceconline.com/leadership/ma/8800067194/01.

是大非面前有坚定立场，尤其是善于调节团队气氛，善于沟通和交流，协调能力是孙悟空和沙僧所不具备的，是团队中的关系协调员。所以团队里不能缺少八戒式的员工，他在团队中是最重要的作用就是协调各方，为整个团队的工作氛围带来活力。这类型员工虽然没有宏大目标、过人能力，但也能按时按质完成工作任务，并且给团队增添活力和欢乐。

劳者居下——沙僧能力有限，内向寡言，但他忠心耿耿、工作踏实、任劳任怨、心思缜密，并且有良好的团队合作精神。他能够为团队提供良好的后勤保障和支持，重视细节和执行力，企业中离不开沙僧这样能够勤勤勉勉、兢兢业业完成每一项工作的员工。

唐僧团队成功原因如下：首先，团队有一致的目标。取得真经让团队每个成员了解并认同团队的价值和意义，并为之付出努力，唐僧始终坚定团队的目标，并通过发挥自己的领袖魅力带领大家走向正确的方向。其次，团队成员要优势互补。唐僧师徒四人正是由于性格不同、优势不同、技术不同，才实现了团队职能的最大化。最后，团队精神。优秀的领导者会使团队成员产生归属感和使命感，唐僧师徒四人始终团结合作，一起对抗取经路上的妖魔鬼怪。所以，成功的团队必须要每个成员有一致的目标，在性格、能力上形成优势互补，在领导有效的带领下明确分工，形成团结一致的工作动力，坚定向目标前进。

唐僧师徒四人西天取经的故事，也是一个历经艰难险阻，最终创业成功的过程，创业者是企业前行的领航员，创业者的特质关系着企业文化和前进方向，创业团队是企业的支柱，团队的好坏决定了企业的兴衰成败。所以，创业企业应该重视创业者的素质培养和创业团队的建设。

第一节　创业者

一、创业者概述

（一）创业者

创业是当今社会最受欢迎的话题之一。每个人心中都怀揣着一份梦想，希望有一天能成为一名成功的创业者。创业者一词来源于法语 entreprendre，现在英文表述为 entrepreneur，意思是"间接购买者"或"中介"。1755 年，法国经济学家坎蒂隆第一次将"创业者"的概念引入经济学领域。1880 年，萨伊首次给出了创业者的定义，创业者是将劳动、资本、土地三个要素结合起来进行生产的第四项要素，是把经济资源从生产率较低、产量较少的领域转移到生产率较高、产量较大的领域的人。① 英国经济学家马歇尔认为创业者是不同于一般职业阶层的特殊阶层，他们的特殊性是敢于冒险和承担风险。② 1934 年，著名经济学家熊彼特提出，创业者是创新的主体，需要具备发现和引入新的、更好的、能赚钱的产品、服务和过程的能力。③ 管理学大师彼得·德鲁克 1985 将创业者定义为赋予资源以生产财富的人，创业者善于创造或发现机会，并创办起有高度发展潜力的企业，其思想和行为与众不同。④

随着创业学术研究的深入和经济的发展，创业者的内涵逐渐丰富。结合当前国内外有关创业者的概念，可以把创业者分为狭义的创业者和广义的创业者。狭义的创业者是指参与创业活动的核心人员，即组织和管理企业并承担风险的人。广义的创业者是指参与创业活动的全部人员，包括所有主动寻求变化并对变化做出反应活动的人。所以，创业活动的发起者、领导者甚至跟随者，以及企业创办者、企业内创业者、个体劳动者、自由职业者、项目合作者等从事创新性活动的人，都被称为创业者。

随着创业活动的不断活跃，创业的外延不断扩大。通常所说的创业者是广义的创业者，即包括参与创业活动的所有人员和所有从事创新性活动的人员。

（二）创业者的类型

创业是一种复杂的社会活动和职业行为，可以从不同的角度对创业者类型进行划分。

（1）按照创业的目标，可以划分为生存型创业者、资源型创业者、主动型创业者。

①生存型创业者：指迫于生活压力且没有其他就业选择而从事创业活动的创业者。这类创业者大多为失业人群、失去土地或不愿困守农村的农民，以及毕业未找到工作的大学生。

②资源型创业者：在原单位积累了大量资源的人，当他们在时机成熟时，辞掉工作创建自己的公司，将自己的资源变现。目前，也有国企搭建创业平台，支持员工创业，并提供各种支持，这类创业者具有其他类型创业者不具备的先天优势。

③主动型创业者：具备开创新事业的激情和冒险精神，具备解决和处理创业活动中各种挑战和问题的知识与能力，从而积极展开创业活动的人。在主动型创业者里又分为盲动型创业者和冷静型创业者。盲动型创业者极为自信，做事冲动，容易出现赌徒心态。冷静型创业者更加理性，会客观评估成败概率，通常经过充分准备和思考后展开创业活动。

（2）按照创业者的角色，可以划分为独立型创业者、团队创业者。

①独立型创业者：自己出资、自己管理的创业者。独立创业者可以充分发挥想象力、创造力开展自己的事业，完全由自己掌握创业行为，主观能动性较强，但是可能会因为缺少资源、缺乏经验而面临较大的生存压力。

① ［法］让·巴蒂斯特·萨伊. 政治经济学概论［M］.陈福生，陈振骅，译. 北京：商务印书馆，1963.
② ［美］马歇尔. 经济学原理（上）［M］.朱志泰，译. 北京：商务印书馆，1964.
③ ［美］约瑟夫·熊彼特. 经济发展理论［M］.何畏，等译. 北京：商务印书馆，1990.
④ ［美］彼得·德鲁克. 创新与企业家精神［M］.蔡文燕，译. 北京：机械工业出版社，2009.

②团队创业者：这种情况往往是一个创业团队，团队中有主导型创业者和跟随型创业者，带领大家创业的领导者是主导型创业者，其他团队成员就是跟随型创业者，也叫参与型创业者。

（3）按照创业内容，可以划分为传统创业者、技术创业者。

①传统创业者：对传统的行业，如餐饮、房地产、服装等筹集资金，建立工厂，生产产品，为顾客提供产品或服务的创业者。

②技术创业者：以突出技术为主，创办的企业一般比较小，产品技术含量较高，附加值较高，利润空间较大。技术创业者又可以进一步划分为研究型、生产型、应用型和机会主义者四种类型。研究型技术创业者，具有很强的科研知识背景，一般在高等教育机构或非商业化的实验室担任学术职位，掌握某种技术，有强烈的欲望把科研成果转换成生产力。生产型技术创业者，具有企业的生产技术或产品开发背景，常常直接从事商业化技术或者产品开发，掌握了某种先进的技术。应用型技术创业者，具有企业的外围技术背景，掌握了一定的应用技术，一般从事技术销售或支持工作，有一定的销售渠道资源。机会主义创业者，没有企业的技术专业背景和经验，或者只有非技术组织的职业经验，但是善于识别技术机会，有创业的点子，又有一定资金支持的创业个体。例如，高校中的教授以自己的科研成果为核心，筹集资金，创办实体，属于研究型创业者；而 MBA 学生具有管理知识和管理实践经验，他们捕捉到了某个机会，自主创业，属于机会创业者。

【延伸阅读】

有关创业者的误解[①]

对于谁是创业者以及什么因素激励他们创建企业以开发他们的创意，存在许多误解，以下揭示了几个有关创业者的误解以及经过研究总结的现实情况。

误解 1：创业者是天生的，并非后天培养

现实：大量有关创业者心理和社会构成要素的研究得出一致结论，即创业者在遗传上并非异于其他人。没有人天生就是创业者，每个人都有成为创业者的潜力。某个人是否成为创业者，是环境、生活经历和个人选择的结果。即使创业者天生就具备了特定的才智、创造力和充沛的精力，这些品质本身也不过是未被塑形的泥巴和未经涂抹的画布。创业者是通过多年积累相关技术技能、经历和关系网才被塑造出来的，这当中包含着许多自我发展历程。

误解 2：创业者是赌徒

现实：其实创业者和大多数人一样，是适度风险承担者。成功的创业者会精确计算自己的预期风险。在有选择的情况下，他们通过让别人一起分担风险、规避风险或

---

① ［美］杰弗里·蒂蒙斯，小斯蒂芬·斯皮内利．创业学［M］．周伟民，吕长春，译．北京：人民邮电出版社，2005.

将风险最小化来影响成功的概率。他们不会故意承担更多的风险，不会承担不必要的风险，当风险不可避免时，也不会胆小地退缩。

误解3：创业者主要受金钱激励

现实：虽然认为创业者不寻求财务回报的想法是天真的，但是，金钱很少是创业者创建新企业的根本原因。有些创业者甚至警告说，追求金钱可能会令人精神涣散。泰德·特纳曾说："如果你认为金钱是真正重要的事情……你将因过于害怕失去金钱而难以得到它。"

误解4：创业者喜欢单枪匹马

现实：事实表明，如果哪个创业者想完全拥有整个企业的所有权和控制权、那就只会限制企业的成长。单个创业者通常最多只能维持企业生存，单枪匹马地发展一家高潜力的企业是极其困难的。聪明的创业者会组建起自己的团队。

误解5：创业者喜欢公众的注意

现实：虽然有些创业者很喜欢炫耀，但绝大多数创业者避免公众的关注，大多数人会提到微软的比尔·盖茨，无论他们是否寻求公众注意，这些人都常出现在新闻中。但人们很少有人能说出谷歌、诺基亚或盖普公司创建者的姓名，尽管人们经常使用这些企业的产品和服务。这些创业者如大多数人一样，或避开公众注意，或被大众传媒所忽略。

误解6：创业者承受巨大的压力，付出高昂代价

现实：做一个创业者是有压力的、辛苦的，这一点毫无疑问。但是没有证据表明，创业者比其他无数高要求的专业职位承受更大的压力，而且创业者往往对他们的工作很满意。他们有很高的成就感，据说认为自己"永远也不想退休"的创业者是公司中职业经理的三倍。

误解7：钱是创立企业最重要的要素

现实：如果有了其他的资源和才能，钱自然而来，但是如果创业者有了足够的钱，成功则不一定会随之而来。钱是新企业成功因素中最不重要的一项。钱对创业者而言就像是颜料和画笔对于画家那样，它是没有生命的工具，只有被适当的手所掌握，才能创造奇迹。

二、创业者的特征与素质

创业是一项具有挑战性的活动，具有高度的复杂性和综合性，所以要求创业者具备能顺利完成创业活动的素质特征。综观国内外成功的创业者，他们身上都拥有着一些与众不同的特质，这些特质在他们的创业之路上发挥着极其重要的作用，甚至有时远远超过创业项目本身和创业资金的状况。究竟具备怎样的素质特征才能成功创业，是很多人一直在探讨的问题。杰弗里·蒂蒙斯和小斯蒂芬·斯皮内利通过对哈佛商学院杰出创业者学会的第一批21位学员的跟踪研究，总结出成功创业者表现出一些共同

的创业特质①，他将其归纳为"六大特质""五种天赋"。六大特质是"可取并可学到的态度和行为"，包括责任感和决心；领导力；执着于商机；对风险、模糊性和不确定性的容忍度；创造、自我依赖和适应能力；追求卓越的动机。五种天赋是"其他人向往的，但不一定学得到的态度和行为"，其中隐含着创业者品质一部分是天赋，另一部分是后天学习形成的含义。包括精力、健康和情绪稳定；创新和创造力；智力；激励能力；价值观。美国学者亚瑟·布鲁克斯提出了创业者区别于一般人的六项特征：创新、成就导向、独立、掌控命运的意识、低风险厌恶、对不确定性的包容。② 美国佛罗里达中央大学的布鲁斯·R. 巴林格和杜安·R. 爱尔兰认为，成功的创业者应该具备四种特征：创业激情；不怕失败、坚韧不拔；产品/顾客聚集；执行智能（将商业创意变成可行企业的能力）③（见图 2-1）。

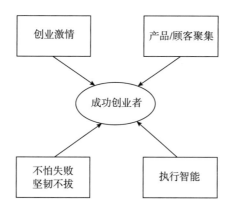

图 2-1 成功创业者的四个主要特征

资料来源：［美］布鲁斯·R. 巴林格，杜安·R. 爱尔兰. 创业管理：成功创建新企业［M］. 张玉利，王伟毅，杨俊，译. 北京：机械工业出版社，2006.

总体而言，成功的创业者具有相对共性的个性特征和能力特征。

（一）创业者的个性特征

1. 成就需要

成就需要是创业者必须具备自我实现、追求成功的创业意识。成功的创业者受到内心强烈愿望的驱动，追寻并达到富有挑战性的目标，他们从创业的挑战和兴奋中产生个人动机，不仅是为了获得社会承认或声望，更是为了获得个人内在自我实现的满足感。事实上，成就意识强烈的人，可以帮助创业者克服创业道路上的各种艰难险阻，从而不惜代价闯出一番事业。

① ［美］杰弗里·蒂蒙斯，小斯蒂芬·斯皮内利. 创业学［M］. 周伟民，吕长春，译. 北京：人民邮电出版社，2005.

② ［美］亚瑟·布鲁克斯. 社会创业［M］. 李华晶，译. 北京：机械工业出版社，2009.

③ ［美］布鲁斯·R. 巴林格，杜安·R. 爱尔兰. 创业管理：成功创建新企业［M］. 张玉利，王伟毅，杨俊，译. 北京：机械工业出版社，2006.

2. 勇于冒险

创业总是伴随高风险和不确定性，成功的创业者对瞄准的目标敢于起步，选定的事业敢冒风险，勇于承担行为后果。他们对事业总是表现出一种积极的心理状态，不断地寻找新的起点并及时付诸行动，表现出自信、果断、大胆和一定的冒险精神。勇于冒险不是盲目冲动、任意妄为，而是建立在对主客观条件科学分析的基础之上，成功的创业者还要具备评估风险程度的能力，具有驾驭风险的有效方法和策略。

3. 坚持不懈的毅力

创业之路不是一蹴而就的，在成功的路上会遇到很多的艰难险阻，想要度过这些艰难险阻就要有坚持不懈的毅力，成功的创业者一旦确立了创业目标，就会坚持不懈、永不言弃，他们坚信"失败是成功之母"，会用超强的毅力来应对创业过程中所遭受的重大挫折和失望。创业过程中会有很多变化与选择，可能是来自行业内大企业的邀约或其他诱惑，但创业者仍会坚持自己的决定，继续创业。

4. 责任心

责任心是指一个人对不得不做的事或是一个人必须承担的事所表现出的态度。责任心和使命感是驱动创业者一往直前的力量之源。创业活动是社会性活动，是各种利益相关者协同运作的系统。每个创业者在创业过程中会遇到各种困难和问题，这就需要创业者对自己、对家庭、对员工、对投资人、对顾客及对社会有高度的责任心和使命感，才能赢得人们的信任与支持，才会在创业过程中不断战胜困难和解决问题，最终获得成功。著名管理学家德鲁克曾经指出，企业家应当承担三个责任：一是取得合理的经济效益；二是使企业具有生产性，并使员工有成就感；三是承担企业的社会影响和社会责任。在当今中国企业界，最出色的企业家往往是社会责任履行的最好的企业家。

5. 控制源

控制源是指创业者相信自己控制人生的程度能帮助他克服创业道路上的各种艰难险阻，将创业目标作为自己的人生奋斗目标。研究表明，创业者相信是自身而不是他人决定自己的创业能否成功。他们经常有很强的控制欲，对创业活动有较大的影响，总是希望把创业过程掌握在自己手中。

6. 不确定性容忍度

在创业过程中会遇到各种意想不到的困难，如资金周转困难、商品不畅销、员工管理不到位等，而一定程度的不确定性容忍可以对一个创业者的成功起到积极的影响作用。对上述问题处理不当就有可能导致经营失误，因此，要做好随时应对困难的思想准备，迎接不断出现的挑战，始终朝着既定的目标，坚持不懈地努力。一个创业者，若勇于忍受困苦、艰难，克服阻挠、障碍，并保持旺盛的斗志，终将成为一个出色的创业家。

（二）创业者的能力特征

1. 创新能力

创新能力是运用知识和理论，在科学、艺术、技术和各种实践活动领域中不断提供具有经济价值、社会价值、生态价值的新思想、新理论、新方法和新发明的能力。创新能力是民族进步的灵魂、经济竞争的核心，是企业生存与发展的命脉，是企业进步的不竭动力，是企业竞争力的重要源泉。创业者必须具备创新能力，只有不断用新的思想、新的产品、新的技术、新的制度和新的工作方法来替代原来的做法，才能使企业在竞争中立于不败之地。

2. 机会识别能力

创业是发现市场需求，寻找市场机会，通过投资经营企业满足这种需求的活动。机会对于创业者来说，无疑是最重要的外部因素。在稍纵即逝的"机会"面前，能敏捷捕捉、明知决断，是创业者创业的思维基本功，而成功的创业者大多能够正确地认识和把握稍纵即逝的机会。

3. 专业技术能力

专业技术能力是创业者掌握和运用专业知识进行专业生产的能力具有很强的实践性。许多专业知识和技巧要在实践中摸索，逐步提高、发展和完善。创业者既要重视从书本、创业成功者、专业技术培训中提高专业技术能力，更要注重创业过程中知识积累的专业技术方面的经验和职业技能的训练。只有这样，创业者才会不断地提升专业技术能力。

4. 经营管理能力

经营管理能力包括经营能力、管理能力、理财能力、用人能力。经营管理能力是一种较高层次的综合能力，是运筹性能力，它包括团队组建与管理能力、市场定位与开拓能力、企业文化设计与培育、应付突发事件能力等。经营管理也是生产力，它不仅会影响创业活动的效率，甚至会影响创业的成败。因此，经营管理能力的形成要在学会经营、学会管理、学会用人、学会理财等几个方面去努力。

5. 领导决策能力

领导决策能力是根据既定目标认识现状、预测未来、决定最优行动方案的能力，是管理者的素质、知识结构、对困难的承受力、思维方式、判断能力和创新精神等在决策方面的综合表现。一个创业者首先要成为一个领导决策者，他要具有感召力和决策力，统揽全局，组织协调。在复杂困难的情况下，他能比其他人更快、更准确地发现问题并及时妥善地处理问题。从某种意义上说，一个企业或创业活动成功与否，取决于核心创业者的领导决策能力，创业者的领导决策能力能帮助创业者在创业过程中遇到纷繁复杂的问题或是难以解脱的困境时，做出正确的决断。

6. 人际沟通能力

在社会分工日益细化的今天，创业者依靠个人的单打独斗很难获得成功，必须具备良好的人际沟通能力。创业者应该做到妥当地处理与公众（政府部门、新闻媒体、客户等）之间的关系，能够协调下属各个部门成员之间的关系。沟通协调能力实际上是一种社会实践能力，需要创业者在实践活动中不断学习和积累，要敢于同不熟悉的人和事打交道，要养成观察和思考的习惯，也要处理好各种关系。创办中国第一家民营包机公司的王均瑶曾因买不到火车票，从而想到了包机的业务，便找到湖南民航局，要求承包温州到长沙的航线，遭到拒绝后，又承诺"先付钱、后开飞"等协议，前前后后跑了无数个部门，盖了无数个公章后，终于开通了温州至长沙的包机航线，由于民航业的特殊性，王均瑶在经营主动权方面非常受限，他又开始了"当家做主，入组航空"的攻垒行动，抓住武汉航空公司改制的机会，与"武航""东航"及武汉市政府所属的武汉高科集团公司进行合作接触，向国家民航总局与武汉市政府以及"东航""武航"恳切表达自己的入股心愿，并充分宣传自己的合作优势，最终赢得了"武航"、国家民航总局与武汉市政府的信任。

【延伸阅读】

创业者的品质①

创业者的品质可归纳为三大类：创业倾向、适应性调整的能力和获取资源的能力。可以说，具备创业倾向的人员，在实践中积累了足够的适应性调整的能力，并积累了足够的资源或掌握了能够获得资源的能力，就可以进行创业活动了。

人与人的创业倾向不同，具有较强创业动机的人往往具备较多的创新精神、更多的成就导向、更加独立自主、属于内控性人格特质、低风险厌恶并对不确定性有很多的包容。这类人出于自己当老板、追求自己创业或者获得更多财务回报的动机，就会更多地从事创业活动。

而适应性调整的能力和获取资源的能力往往表现在创业者控制内心冲突的能力、发现因果关系的能力、应变能力、洞察力进而销售技巧等方面。如果上述相关能力创业者在过去的积累中锻炼得较好，在创业动机的驱动下就可以进行创业了。大量事实证明创业者的一些能力是先天的素质，但是随着后天的不断磨炼和教育，创业者的许多态度和行为可以发生更多的改变。因此，有创业追求的人应该在实践中积累并积极接受创业教育，以求获得更好的创业结果，实现职业生涯发展的飞跃。

三、创业者的创业动机

创业动机是指引起和维持个体从事创业活动，并使活动朝向某些目标的内部动力，它是鼓励和引导个体为实现创业成功而行动的内在力量。学术界普遍认为创业动机对创业行为具有重大的影响作用，关于为什么有人想要创业，他们给出了不同的观点。

（一）巴林格的观点

布鲁斯·R. 巴林格和杜安·R. 爱尔兰在《创业管理：成功创建新企业》一书中总结了人们创业的三个动机②：

---

① ［美］阿玛尔·毕海德. 新企业的起源与演进［M］. 魏如山，等译. 北京：中国人民大学出版社，2004.
② ［美］布鲁斯·R. 巴林格，杜安·R. 爱尔兰. 创业管理：成功创建新企业［M］. 张玉利，王伟毅，杨俊，译. 北京：机械工业出版社，2006.

1. 自己当老板

这是最常见的原因，但这并不意味着创业者与他人难以共同工作，或他们难以接受领导权威。实际上，许多创业者想成为自己的老板，或是因为他怀有要拥有一家自己的企业的恒久梦想；或是因为他们厌倦了传统工作；还有一些渴望独立的人们，他们通过拥有自己的企业、做自己的老板而获得满足。

2. 追求自己的创意

有些人天生机敏，当他们认识到新产品或服务创意时，就渴望实现这些创意。有些人通过爱好、休闲活动或日常生活，认识到市场中有未被提供的产品或服务需求，如果创意非常可行且能够支撑一个企业，他们就会付出大量时间和精力去将创意转变为一家兼职经营或全职经营的企业。如果发现创意的人所在企业阻碍其创新，员工会带着未实现的创意离开企业，开创自己的企业并将其作为开发自己创意的途径。

3. 获得财务回报

这种动机与前两种动机相比是次要的，它也常常不能达到所宣称的那种目的。平均来看，与传统职业中承担同样责任的人相比，创业者并没有赚取更多的金钱，创业财务的诱惑在于它的上升潜力，一些成功创业者从创建企业中获得了数以亿计的收入，但这些人坚持认为，金钱并非他们的创业动机。

（二）推拉说

关于创业动机的另一种解释是"推拉说"。推力因素包括为了增加家庭收入，对以薪金为基础的现有工作的不满，找不到一个适合自己的好工作和能够灵活的担负家庭责任。拉力因素包括追求独立、实现自我价值、改善现状和提高自己在社会中的声望。

1. 生存推动型

生存推动型创业动机是指企业家创业行为的动机出于别无其他更好的选择，即不得不参与创业活动来解决其所面临的困难。机会的存在与否不是这类创业者进行创业活动的关键因素。这种生存推动型创业动机的核心在于创业者的活动是一种被迫选择，而不是个人的自愿行为。

2. 机会拉动型

创业动机指创业者个人抓住现有机会的强烈愿望，在出现的商业机会可能带来的巨大超额利润与抓住机会的个人强烈愿望的共同作用下，创业者会承担一定的风险，并表现出超常的进取心。对这类创业者而言，创业活动就是一种个体偏好，并将其作为实现某种目标（如实现自我价值、追求理想等）的手段。

总之，创业动机可分为内部动机和外部动机。内部动机主要集中在创业者追求个人独立和成长动机方面，包括认知、挑战、刺激、成长、成就感，如做自己的老板、自主地控制自己的将来、完成目标的满足感以及拥有控制力等。外部动机主要集中在利益驱动方面，包括个人财富、机遇等，比如增加自己的收入、创造就业机会、得到社会的认可等。

【阅读案例】

途牛网的创业者们①

1. 相识

2001 年，东南大学在 99 周年校庆之际，开通校园门户网站"先声网"并在全校范围内招兵买马，这时痴迷于计算机的数学系大二学生于敦德跑去面试，结识了排在他前面的金融系大一新生严海峰。

相谈甚欢的两人，当即约定"要是有一人选上，另外一人落选了，那选上的人就要给落选的人开小灶，无偿分享在先声网的工作心得"。其实，面试先声网对于于敦德来说没什么难度，智商超过 130 的他在计算机方面极有天赋，就连那些计算机系同学都叫苦连天的 C++编程，他反而觉得太过简单，没有一点挑战。果不其然，一周后两人同时收到了"先声网"的录取通知书，且都被分在了新闻频道。

2. 初步合作

毕业之后，于敦德跟博客网的创始人方兴东去了北京发展，负责产品和技术。当时的博客网还很小，只有 7 个人，但发展空间足够大也足够吸引人。短短一年时间，于敦德就帮助博客网从 3000 名一跃进入全球百名榜，成为中文第一博客，并成功拿到 1000 万美元的融资。这段经历让他尝到互联网的甜头，同时领悟到"做业务不能多而杂，一定要专而精"。

2005 年，严海峰也从东南大学毕业，他邀请于敦德回南京一起加入一家初创型公司——"儿童研究院"，一个任 CTO，另一个任 COO。一进入这家公司，他们就把公司名称改为"育儿网"，而且网站、论坛、博客统统冠以"育儿"。这种看似平常的改名字实则大有文章，因为这样一改，育儿网的搜索流量迅速上涨。

3. 途牛网的诞生

2006 年底，两人密谋出来创业，但对于做社区还是电子商务犹豫不定，后来严海峰跟于敦德说："再也不想做社区了，因为不赚钱，压力太大了，每天都烧钱，睡不着觉。我们要做就做有现金流的生意，让我们每天可以收到钱，这样心里会比较踏实。"于敦德当即决定做电子商务，他认为，目前国内在线旅游市场中，大多数旅游电商愿意做酒店和机票的预定服务，而专业做旅游路线预定的网站非常少。途牛网的出现，就是把握了这一机会，避开了携程、艺龙等知名网站在酒店、机票预订等业务上的行业竞争，将旅游线路市场做得更加细致，实现了差异化的经营。2007 年 1 月 1 日，途牛正式上线，做旅游行业的电子商务，两人分工跟以前一样，一个是 COO，另一个是 CTO。

---

① 途牛"双星"创始人：于敦德与严海峰［EB/OL］．［2018-12-13］．http：//www.dingjijiudian.com/wenhua/jdrw/33742.html.

4. 互补的合作模式

途牛刚开始的商业模式，两人的逻辑高度一致地决定"大部分人往左走时，我们一定要往右走"。靠着"景点库、路线图、拼盘"三大创新玩法，途牛的业绩开始有起色。但是，挣钱速度还是赶不上烧钱速度，到了2008年初，100万元的启动资金很快见底，同时还要支付30多名员工的工资，网站也急需升级。严海峰只好硬着头皮去融资，结果金融危机之下所有投资人都捂紧口袋，被七八十位投资人拒绝后，终于在戈壁投资拿到了200万美元的A轮融资，此后融资越来越顺。价值观和工作方法都相同的两人，一路走来非常默契，含蓄内向的于敦德负责"踩刹车"，外向奔放的严海峰负责"踩油门"，一个负责技术另一个负责融资，于敦德认为，两人都觉得对的地方，往往就不会错；如果两人有不一致的观点，那这件事很可能就是有问题的。

掌舵途牛旅游网的十年，于敦德引领途牛旅游网创下中国在线旅游市场多个"第一"，网站每年的成长速度颇佳，高达300%，2010年公司的年销售业绩已经接近4亿元。2014年5月9日，途牛网登陆纳斯达克，以"要旅游、找途牛"的口号亮相世界，成为美股市场上第一家专注于在线休闲旅游的中国公司。

5. 途牛网的发展模式

途牛网的发展模式有以下四点：第一，将旅游线路作为核心产品。在途牛网的商业定位上，于敦德认为应当与其他大型知名旅游网站有所区别。游客在选择旅游在线消费时，预订酒店和机票已经难以使旅游变得更加有趣，而如果针对用户开展旅游线路的预定，则可以让用户根据自己的需求选择合适的旅游线路，这种商业模式在当时的业界是没有人做的。因此，途牛网将旅游线路预定作为主打产品，经过十几年的发展，不断扩大上游供应商数量和产品类型，丰富了旅游线路的选择，建立了独特的市场竞争优势。第二，用竞价排名扩大市场知名度。在线旅游行业是脱胎于传统旅游行业的新型互联网行业，而目前愿意进行在线旅游消费的人群大多是具有一定消费能力的白领阶层，这些用户对互联网具有比较高的信任度。但是，由于在线旅游网站数量很多，用户在进行消费之前通常要进行对比和选择。因此，途牛网利用搜索引擎竞价排名的方式开展网络营销，让途牛网在众多旅游网站中脱颖而出，提高了网站的曝光度和知名度，吸引了更多消费者的青睐。第三，吸引战略投资。途牛网建立伊始启动资金不足100万元，旅游网站要想做大做强没有充足的资金是不行的。因此，途牛网加大了吸引投资的力度，与戈壁投资建立了合作关系，并以此为突破口，吸引了多家风投公司的注资，缓解了公司创办时资金困难的局面，为途牛网规模的扩大和后续经营的完善提供了充足的资金保障。第四，强化用户服务体验。在线旅游行业从本质上说仍然是服务行业，服务行业与用户的感知度和满意度密切相关。途牛网在创立初期就将为客户提供优质的服务体验作为核心经营目标，并将这一目标贯彻到公司内部管理的各个环节。为了确保服务质量，公司制定了严格的管理制度，如果客户对公司的产品和服务投诉，经过查实，项目负责人和供应商都会受到相应的处罚。正是由于途牛网高度关注用户体验，才使当前的途牛网在服务上得到了大多数用户的赞同和认可，赢得了广泛的市场支持与信赖。

讨论：

1. 于敦德为什么要创立途牛网？

2. 从于敦德和严海峰身上可以看到创业者有哪些人格特征？

四、企业家精神

（一）企业家精神的含义

"企业家"这一概念由法国经济学家理查德·坎蒂隆于 1800 年首次提出，即企业家使经济资源的效率由低转高，进而带来经济效益。[①] 后来，人们将企业家具有的某些特征归纳为企业家精神。企业家精神是高度综合的精神特质，具有丰富的内涵。奈特把企业家看作创新和冒险的提出者，企业家精神是在不确定条件下，以最能动的、最富有创造性的活动去开辟道路的创造精神和风险精神。[②] 米勒认为创业者表现出创新、承担风险和主动进取的行为，那么他就具有企业家精神。[③] 熊彼特看重企业家的创新能力，认为创新精神和能力是企业家精神的内涵。[④] 米塞斯认为企业家拥有竞争精神就能捕捉到市场上的利润机会，提高企业获取超额利润的能力，从而壮大企业规模。[⑤] 2017年 9 月出台的《中共中央　国务院关于营造企业家健康成长环境弘扬优秀企业家精神更好发挥企业家作用的意见》将企业家精神系统概括为"爱国敬业、遵纪守法、艰苦奋斗，创新发展、专注品质、追求卓越，履行责任、敢于担当、服务社会"。

具体来说，企业家精神是指一些人具有的开创性的思想、观念、个性、意志、作风和品质等，是在各类社会中刺激经济增长和创造就业机会的一个必要因素。

（二）企业家精神的要素

1. 创业精神

创业精神是创业者在创业过程中起着动力作用的个性倾向，包括需要、动机、兴趣、理想、信念和世界观等心理成分。创业意识支配着创业者的态度和行为，规定着创业者态度和行为的方向、力度。创业的过程总是困难重重、艰辛曲折，创业者需要具备极大的创业激情、创业意愿，才能支撑创业者一步一步走下去。当创业的需要越强烈，动机越纯正，理想越切合实际，信念越坚定，创业精神就越持久、越稳定，有了这种持续稳定的精神支持，创业活动才会持之以恒。创业精神包括三个重要内容：第一是对机会的追求，尤其是尚未被人们注意的趋势和变化；第二是创新，包含变革、革新、转换和引入新方法、新产品、新服务、新商业模式等；第三是增长，创业者不满足停留于现有的规模上，他们在不断寻找一切创造更多社会价值的可能性。

①　[爱] 理查德·坎蒂隆. 商业性质概论 [M]. 余永定，徐寿冠，译. 北京：商务印书馆，1986.

②　[美] 弗兰克·奈特. 风险、不确定性与利润 [M]. 郭武军，刘亮，译. 北京：华夏出版社，2011.

③　Miller D. The correlates of entrepreneurship in three types of firms [J]. Management Science, 1983, 29（7）：770-791.

④　[美] 约瑟夫·熊彼特. 经济发展理论 [M]. 何畏，等译. 北京：商务印书馆，1990.

⑤　Mises L. Human Action：A Treatise on Economics [M]. New Haven：Yale University, 1949.

2. 创新精神

创业精神的核心是创新精神。熊彼特认为企业家是从事"创造性破坏"的创新者，凸显了企业家精神的实质和特征。创新是企业家活动的典型特征，从产品创新到技术创新、市场创新、组织形式创新等。企业也好，国家也好，他们发展最大的隐患就是创新精神的消亡，企业家精神在于充分发挥创新精神，引导整个企业挖掘发展潜能，为企业提供源源不断的精神动力。创新精神的主要含义为创新，也就是创业者通过创新的手段，将资源更有效地利用，为市场或者社会创造出新的价值。创新精神的核心是摈弃旧的事物和思想，但是创新的前提必须遵循客观规律，恰当的创新精神是社会发展和企业发展的动力，创新精神提倡的是新颖和独特，但是必须在一定的价值观和道德观的制约下，才能转化为创新成果。

3. 冒险精神

创业成功者一般都有鲜明独特的个性品质：敢冒风险，敢于走别人没有走过的路，这样更容易抓住创业机会，创造出自己独特的东西。企业家具有冒险意识，是塑造企业家精神的基础。对于创业者来说，没有冒险精神，创新活力就损失一半。敢于承担风险就意味着有可能把握机遇，冒险看似是一种投机，实际上和投机有着本质的不同。事实上，投机是对冒险的亵渎，冒险看似是无规则的冲破，实际上是在理性分析上做出的一种判断。尽管这对市场、产品和企业自身能力来说，是建立在超越性的判断之上，但从长远看，冒险的主流是基于科学的一种判断。

4. 合作精神

现代社会，不再是单打独斗的社会。天时、地利、人和是企业发展的必要条件，没有合作精神，单纯依靠个人的力量创业会非常困难，具备合作精神才能够寻找到更多的创业机会，拥有更多的创业资源。成功的合作必然要具备很多条件。首先，成功的合作需要共同的目标。其次，合作还需要有相互信任的合作氛围，只有合作伙伴的相互理解和相互依赖，才是有效合作的重要条件。最后，合作必须要有统一的认识和规范，在统一的目标中才能完成企业发展的目标。合作是一种群体的规范，企业家必须要有一种团队的意识，只有团结一致，形成合力，才能创造更大的价值。

5. 学习精神

学习是企业发展的灵魂，企业家的学习精神可以带动整个企业以整体性的态势实现持续学习、全员学习、团队学习和终身学习的目标。学习，是一种态度，也是一个艰苦的过程，需要坚持；学习，是一种修养，也是一个寻根探底的过程，需要虚心发问。在世界经济一体化的趋势下，企业要在国际市场上走得更远需要更广阔和深度的学习。对于企业家来说，最容易忽视的就是学习，然而，企业的发展和企业家的决策是息息相关的，在市场经济中，企业家是否掌握最新的知识决定了企业在未来竞争中的格局，因为其无法保证在创业初期拥有的知识技能在两年后仍然有效，这就要求创业者要有超强的学习能力，只有随时准备更新自己的知识与信息库，才能跟上时代的步伐，保证创业的成功。

6. 诚信精神

一个创业者或一家企业，没有诚信就无法在竞争残酷的市场立足，良好的商业道

旅游与服务企业创业管理

德是成功创业者的共同特征。作为创业者，首先强调诚实守信。通过欺瞒诱诈获得资本的创业者或许能取得一时的"成就"，但这种有缺陷的人格将失去作为市场主体应当具备的基本要件——商业信用。失去商业信用的创业者要继续生存和经营下去是不可能的。因此，创业者应当按照"先做人，后做事"的良训，只有树立好良好的道德素质，才能在今后的创业历程中获得市场信任和长足发展。

【延伸阅读】

企业家精神①

在西方语境中，企业家精神这个概念既有精神属性，即有思想意识方面的含义；也有功能属性，包括企业家履行职能所需能力。国外多数学者认为，企业家精神最关键、最核心的内涵特质是"承担风险与不确定性""创新"。新发展阶段的中国企业家精神不仅需要具备承担风险和不确定性进行创新的学理特点，还需要结合新的环境要求，实现学理内涵和环境内涵的统一。2014年，习近平主席在亚太经合组织工商领导人峰会开幕式上指出："市场活力来自于人，特别是来自于企业家，来自于企业家精神。"2020年7月21日，在企业家座谈会上，习近平总书记又从爱国、创新、诚信、社会责任、国际视野五个方面，全面阐述了新时代企业家精神的内涵及培育要求。

第一，勇于创新。创新是企业家的标志，熊彼特和德鲁克等学者都明确了创新与企业家之间的关系，从某种程度上看企业家精神可以当做一种推动社会发展的创新精神，创新就是谋求新的变化，在变化中寻找更多的机会。在创新过程中，大多数企业家会面临各种各样的"冷嘲热讽"，列举各种困难，劝说成功之不易。因此，企业家就需要有强大的内心，要有持续改变的意愿和决心。

第二，勇于承担社会责任。彼得·德鲁克认为"行善赚钱"是21世纪企业社会责任的新内涵，也就是通过创造对社会有益的商业活动实现商业价值和社会价值的统一。一方面，企业自我价值的实现构成了企业为社会创造更大价值的基础；另一方面，企业的社会价值是实现企业自我价值的基础，没有社会价值，企业的自我价值就无法存在。

第三，爱国。家国情怀是中国固有的商业文化，从春秋时的弦高退秦师、西汉时的卜式捐家财，到近代民族危亡关头，工商巨擘张謇、范旭东、卢作孚等的"实业救国""实业报国"。再到近年来，越来越多企业家投身各类公益事业，主动为国担当、为国分忧，无一不体现出优秀企业家的精神境界。

第四，诚信。诚信守法是企业家的基本素养，是营造风清气正营商氛围所需要的重要文化软环境，市场经济的良序运行须臾也离不开诚信守法的企业自觉与自律。社会主义市场经济是信用经济、法治经济。企业家要同方方面面打交道，调动人、财、

---

① 新时代中国企业家精神：特点与培育［EB/OL］．［2020-12-09］. http://www.rmlt.com.cn/2020/1209/601038.shtml.

物等各种资源，没有诚信寸步难行。法治意识、契约精神、守约观念是现代经济活动的重要意识规范，也是信用经济、法治经济的重要要求。

第五，拓展国际视野。对正致力于深化改革扩大开放、积极融入世界经济体系、参与国际竞争的中国企业家来说，把国际视野纳入企业家精神范畴具有客观必然性。企业家要着眼和统筹国内国外两个大局，把握国际市场需求、研判国际市场动向、提升国际市场影响力、防范国际市场风险，在更高水平的对外开放中不断发展壮大企业。

第二节 创业团队

一个好的管理团队对于企业的成功起着举足轻重的作用，没有团队的企业并不一定会失败，但要建立一个没有团队而具有高潜力的企业极其困难。俗话说，"一人智谋短、众人计谋长"，很多成功的创业企业背后都有一个创业团队的黄金组合：谷歌的双子星、新东方三驾马车、携程四君子、腾讯五虎将、百度七剑客、阿里巴巴十八罗汉……创业团队不仅是人数上的增多，其素质的高低也至关重要。只有找到合适的搭档，各取所长，优势互补，才能发挥出团队最优的效果。所以，如何组建成功的创业团队，使团队实现有价值的成功创业，是每个创业团队需要深入思考的问题。

一、创业团队概述

（一）创业团队

1. 群体和团队的区别

对创业团队概念的理解首先来自对群体和团队两个定义的把握。

群体是为了实现特定的目标，两个或两个以上相互作用、相互依赖的个体的组合。团队是由少数具有技能互补的人组成，他们认同于一个共同目标和一个能使他们彼此担负责任的程序，并相处愉快，乐于一起工作，共同为达成高品质的结果而努力。所以，①在协作方面，群体的成员不需要相互依存，只进行信息共享。团队成员需要相互协同、相互依赖，从而共同完成目标。②在责任方面，群体成员只承担个人责任。团队成员不仅要承担个人责任，同时对团队目标一起承担成败责任。③在技能方面，群体成员的技能可以是不同的，也可以是相同的，对成员技能的搭配没有特别的要求。团队成员的技能相互补充的，把不同技能的人组合在一起形成角色互补。④在绩效方面，群体的绩效是以个人表现为依据，他们的绩效仅仅是每个群体成员个人贡献的总和。团队的绩效以团队整体表现为依据，团队成员相互协同，从而使群体的总体绩效大于个人绩效之和。⑤在成员作用方面，群体的成员很大程度上可以互换，离开谁都无所谓。若团队成员的作用是互补的，则离开谁都不行。

2. 创业团队的概念

不同学者从不同角度界定了创业团队。Kamm 等认为，创业团队是基于共同的愿景和兴趣，联合创立企业的两个或两个以上的个体。① Cooney 在此基础上进一步扩展，认为创业团队是积极参与企业发展且有重大财务利益的两个或更多的人，创业团队成员可以在企业的任何阶段加入或离开，处在公司关键岗位，掌握企业核心业务、投资决策、财务管理和发展战略等重大事项，且对企业发展负责。② Schjoedt 和 Kraus 结合利益角度和团队理论，认为创业团队由具有财务或其他利益，对新企业做出过承诺且未来能从新企业获取利益的两个或更多的人构成。③ 朱仁宏等从公司治理角度出发，提出创业团队是由两个或以上的创业者构成的，具有共同愿景和目标，共同创办企业，并拥有一定股权且直接参与战略决策的人组成的团队。④ 郑鸿和徐勇综合了以上观点，把创业团队定义为由两个或两个以上具有一定技能和资源的成员组成，成员互相承诺、互相依赖，通过沟通和互动、资源和能力相辅相成，并在创业过程中相互负责、共同受益。⑤

创业团队可以从狭义和广义上来界定，狭义的创业团队指由一群才能互补、责任共担的人组成的特殊群体，他们为着共同的创业目标相互协作，共同担当。广义的创业团队不仅包含狭义的创业团队，还包括与创业过程有关的各种利益相关者，如风险投资商、供应商、专家咨询群体等。

3. 创业团队的构成要素

狭义的创业团队应具备五个重要的构成要素，各要素之间相互影响、相互作用，缺一不可。

（1）目标。对于创业团队来说，应该有一个既定的共同目标，目标永远是对团队成员最好的激励，它可以为团队成员导航，明确团队的努力方向。一般来说，创业团队的目标就是通过实施创业计划来实现预期的目标，从本质上来说创业团队的根本目标在于创造新价值，以创业企业的远景、战略等形式体现。团队目标设定必须遵循SMART 原则，即团队目标必须是具体的、可以衡量的、可以达到的、与其他目标具有相关性和明确的期限。

（2）人员。人员是构成创业团队最核心的要素。两个及两个以上的人就可以构成团队，在一个创业团队中，人力资源是所有创业资源中最活跃、最重要的资源，目标是通过人员来实现的，所以人员的选择是创业团队中非常重要的一个部分。通常在团

① Kamm J B, Shuman J C, Seeger J A, et al. Entrepreneurial teams in new venture creation：A research agenda [J]. Entrepreneurship Theory and Practice, 1990, 14 (4)：7-17.

② Cooney T M. Editorial：What is an entrepreneurial team? [J]. International Small Business Journal, 2005, 23 (3)：226-235.

③ Schjoedt L, Kraus S. Entrepreneurial teams：Definition and performance factors [J]. Management Research News, 2009, 32 (6)：513-524.

④ 朱仁宏，曾楚宏，代吉林. 创业团队研究述评与展望 [J]. 外国经济与管理, 2012 (11)：11-18.

⑤ 郑鸿，徐勇. 创业团队信任的维持机制及其对团队绩效的影响研究 [J]. 南开管理评论, 2017, 20 (5)：29-40.

队创建初期，创业团队人数不宜过多，能满足基本的需求即可。在创业团队成员选择上，通常要综合考虑各成员在能力和技术上的互补性，建立优势互补的创业团队是保持创业团队稳定性的关键，也是规避和降低团队组建风险的有效手段。

（3）定位。创业团队的定位包含两层意思：一是创业团队的定位。包括创业团队在企业中处于什么位置，由谁担任主要负责人、决定团队成员人选，团队采取什么方式激励下属等。二是成员定位。包括各成员在创业团队中扮演什么角色，承担什么责任，是制订计划还是具体实施或评估。这种定位往往影响创业实体的组织形式是合伙企业或是公司制企业。

（4）计划。这里的计划有两层含义：一是指达成创业目标的一系列具体的行动方案，它规定了团队成员在不同阶段的目标及达到目标的具体工作程序；二是指计划可以保证创业团队的工作进度。只有在计划的操作下，创业团队才会一步一步地贴近目标，从而最终实现目标。计划不仅要确保团队目标的实现，而且要从众多的方案中选择最优方案，从而使创业团队资源得到充分的利用，也能为创业企业今后的管理活动提供一定的依据，使创业团队今后的发展与目标要求尽量保持一致，从而使创业企业发展得更加顺利。

（5）权力。权力是根据执行创业计划的需要，具体确定每个团队成员所要担负的职责以及享有的权限。创业团队当中领导人的权力大小与其团队的发展阶段和创业实体所在行业相关。一般来说，创业团队越成熟，领导者所拥有的权力相应越小，在创业团队发展的初期阶段，领导权相对比较集中。由于创业过程所面临的环境是动态而复杂的，会不断出现新的问题，团队成员可能不断更换。因此，创业团队成员的职权也应根据需要不断地进行调整。

广义的创业团队的构成要素范围要更广一些，包括创建者、核心员工、董事会、专业顾问。

（1）创建者。创建者是由在创业初期就投资并参与创业行动的多个个体组成。创建者的特征及其早期决策，会对新创企业的发展道路和创业团队形成的风格产生重要影响。其中，创建者团队规模和素质是最重要的两个方面。已有研究表明，团队创建的企业要比个人创建的企业更具优势，多人所带来的才能、创意要远远多于个人创业者所能做到的，尤其是团队成员给予的心理支持影响企业的发展，团队的知识、技术和经验，往往是企业所需要的、最有价值的资源。所以，人们经常通过评估初始合伙人团队的素质，来预测企业未来发展的前景。这些素质特征包括受教育程度、前期创业经历、相关产业经验和社会网络关系等。

（2）核心员工。一旦决定创办新企业，创建者就要开始组建管理团队和招聘核心员工，可以利用关系网络来为关键岗位挑选合适人员，也可以通过猎头公司帮助企业进行招聘，猎头公司可以帮助创建者更迅速地挑选人才，同时能借助猎头公司的专业经验和关系网络为新创企业发现合适人选。

【阅读案例】

星巴克核心员工的招聘①

星巴克创建者霍华德·舒尔茨首批招募的成员之一就是戴夫·欧森,他是西雅图大学区一家非常有名的咖啡店老板,而西雅图正是星巴克诞生的地方。舒尔茨在他的自传中回忆起如何招募戴夫的事情:会面那天,舒尔茨向戴夫展示了他的计划和蓝图,并和戴夫谈起了他的创意。戴夫马上就心领神会了。10多年来,戴夫一直穿着专业围裙、站在柜台后面为顾客提供蒸煮的浓咖啡。无论在自己的咖啡馆还是在意大利,戴夫都亲身体会到人们对蒸煮咖啡的喜爱。他不必说服戴夫相信这个创意有巨大潜力。戴夫从骨子里就理解他的想法,他们之间有一种不可思议的默契。舒尔茨的优势在于外部:推介愿景、吸引投资者、筹集资金、寻找房产、设计店面、创建品牌并为未来做计划。而戴夫深谙内部工作:经营咖啡厅的具体细节、招聘和训练"咖啡师"(咖啡调配师)、确保高质量咖啡。

戴夫后来成为星巴克新创企业团队的核心成员。

(3) 董事会。如果创业者计划创建一家公司制企业,就需要按规定成立董事会:由公司股东选举产生,以监督企业管理的个人小组。如果处理得当,公司董事会能够成为新创企业团队的重要组成部分,它可以通过提供指导和增加资信来帮助新创企业有一个良好的开端,并形成持久的竞争优势。

(4) 专业顾问。创业者还需要依靠一些专家顾问,获取重要的建议和意见,这些专家顾问也是创业团队的重要组成部分,他们在外围发挥着重要作用,具体类型如下:

①顾问委员会。顾问委员会是企业管理者在经营过程中,向其咨询并能得到建议的专家小组,对企业不承担法定责任,只提供不具约束性的建议,

②贷款方和投资者。贷款方和投资者会为企业提供有用的指导和资信,并保证发挥基本的财务监管作用。

③咨询师。咨询师是提供专业或专门建议的个人。当企业开展可行性分析研究或某行业深入分析时,咨询师起着十分关键的作用。

(二) 创业团队的作用

在非洲的草原上如果见到羚羊在奔逃,那一定是狮子来了;如果见到狮子在躲避,那就是象群发怒了;如果见到成百上千的狮子和大象集体逃命的壮观景象,那是什么来了呢? 行军蚁。行军蚁喜欢群体生活,一般一个群体就有一二百万只,它们会排成密集及规则的纵队,而有些军蚁采取广阔的横队前进。在发现猎物时,就分支再分支,包抄并围攻猎物。主力部队前进时,前卫线和两翼是长着巨颚的兵蚁,中间是工蚁。

---

① [美]布鲁斯·R. 巴林格,杜安·R. 爱尔兰. 创业管理:成功创建新企业 [M]. 张玉利,王伟毅,杨俊,译. 北京:机械工业出版社,2006.

大军前进时如汹涌的潮水，有人看见过15米宽的军蚁队列，猎物立即会被淹没掉。在当今经济社会中，创业已非纯粹追求个人英雄主义的行为，与个体创业相比较，团队创业具有多方面的优势和作用。

1. 促进团结和合作，提高员工的士气，增加满意度

创业团队成员在创业初期把创建新企业作为共同努力的目标，在集体创新、分享认知、共担风险、协作进取的过程中，形成了特殊的情感；通过坦诚的意见沟通形成了团队协作的行为风格，能够共同地对拟创建的新企业负责，具备一定的团队凝聚力。

2. 创业团队工作绩效大于所有个体成员独立工作时的绩效之和

创业团队是由具有不同机会识别能力的创业者组成，团队内每一位成员具有不同的知识结构、处理信息方法和机会评价的标准，同时建立信息分享机制也有利于团队所有成员实现对机会的共同认知。所以，团队能够集中各个成员的创造性并形成强大的创造力，团队绩效基于每一个团队成员的不同角色和能力而尽力产生的乘数效应，是单独创业所不具备的。

3. 分散创业风险

成员队伍多样化，通过创业团队成员之间的技能互补可以提高驾驭环境不确定性的能力，从而降低新创企业的失败风险。

4. 快速应对外部环境变化

创业团队能够使新创企业更好地适应内外环境的变化，更迅速、更准确地对千变万化的市场做出反应；能够在企业内部建立合作、协调机制；能够适应市场需求多样化的要求，变大规模生产为灵活生产，变分工和等级制为合作与协作，发挥整体优势。

【延伸阅读】

创业团队：找对人就成功了90%①

建立一个有使命感的团队，包括以下内容：

1. 找对人就成功了90%

任何事情都有一个key point，抓住它就可以解决90%的问题。在建立团队的使命感这件事情上，key point就是找对人。曾经一位产品总监说过：“务虚的人在一个务实的团队当中活不下来，反之亦然。”每个团队都有它的气质，就像每个人都有自己的性格。味道对的人，第一天来上班就会让人感觉他已经来了很久。味道不对的人，总有一天要离开。

即使通过培训也未必能改变一个人的思维方式，可能会付出90%的时间而只能获得10%的效果。团队文化塑造工作，90%取决于面试的那几十分钟。

团队成员需要具备这样一些特点：

---

① 创业团队：找对人就成功了90% [EB/OL]. [2023-06-03]. http://www.sohu.com/a/681892500-121/23710.

自我驱动，有强烈的愿望成为一个出类拔萃的人，而非安安稳稳过小日子；专注纯粹，愿意对所做的事情投入 100%的精力，而非总是想着给自己留条后路；勇敢乐观，敢于挑战高难度的任务，而非畏首畏尾；善于学习，拥有持续进步的能力，而非坐吃山空；有责任心，看到问题能够指出问题并解决问题，而非视而不见或者抱怨别人。有人可能会说，没有这么多完美的人，但实际是：好的人才总是扎堆聚集的，因为他们很难在一个平庸的团队里生存，这就叫物以类聚、人以群分。如果创业者的要求很高，就会有越来越多的高素质人才。如果创业者让平庸的人进入团队，最终会让整个团队平庸。

2. 使命感是激发出来的，不是灌输进去的

没有人会为了别人的事业卖命，所以，创业者能做的仅仅是激发员工对于成就感的渴望，然后帮助员工去实现它。

可以问自己的团队这几个问题——你的梦想是什么？你想获得什么？要获得这些东西，你会怎样做？

当员工自己回答完这几个问题之后，就已经知道自己该怎么做了。他们在实现自己梦想的同时，也会帮助公司实现自己的梦想。

3. 远景目标要足够大，短期目标要比能力高一点

当出现机会的时候，90%的人会因为害怕失败而放弃，但只要做了，就直接打败90%的人。所以，要获得足够大的成就，先要有足够大的梦想，然后勇敢地尝试。创业者需要给团队设定一个伟大的目标，如果不给大家一个遥不可及的梦，大家怎么有动力跟着创业者去改变世界呢？

远景目标是用来憧憬的，它的作用是给团队指明方向。短期目标是用来激励的，它的作用是给团队加满油。对员工最大的激励不是薪水和职位，而是成长。如果给了团队一个高于他们现在能力的目标，帮助他们完成了，让他们获得了成长，那种感觉是极其美妙的。

4. 信任驱动而非 KPI 驱动

谁都不愿意像个提线木偶那样被摆弄，就像开车的人不希望副驾驶的人对他指手画脚一样。如果想让员工把工作当作自己的事情来做，就要把他当成年人对待，给他足够的信任，管理他的工作目标而非工作过程。如果给员工 KPI，那只能收获 KPI 的结果。如果给他信任，那会收获更多。

5. 打破权威，分散决策

团队必须要有领导，但是最好不要有权威。没有人是全知全能的，一个人是无法承担所有决策责任的。

树立权威对团队的伤害是非常大的，它会让团队成员放弃独立思考的能力，放弃自己的责任，甚至在失败时，会把责任推卸给领导，所以勇敢地把权力分散下去，那不会带来多少损失，却会带来极大的收益。信任下属比自己更加专业，他们的信息比自己更全面和及时。最关键的是，只有给了下属权力，他们才愿意承担责任。例如，google、腾讯、小米均采用此方式。

6. 同甘共苦的经历

共同的经历和回忆，是一个团队最好的精神黏合剂。

7. 足够的物质回报

财散人聚，财聚人散。再多的钱可能也买不到员工的使命感，但是没有足够的钱，员工一定没有使命感。

8. 足够的上升空间

好的人才离开，无非就是两个原因，一是钱没给够，二是做的事情没有挑战。原地踏步会让人没有安全感，员工害怕自己没有进步而被职场淘汰，只有不断进取才会感觉到安全。员工和公司其实是在赛跑。公司跑得快，员工会被淘汰；员工跑得快，公司会被淘汰。

9. 信息的充分透明

在科层制的组织架构下，信息壁垒处处可见——部门和部门互相不了解，领导和一线员工互相不了解，员工和员工互相不了解。如果团队成员互相都不熟悉，怎么可能有共同的使命感呢？如果说信息壁垒严重的公司像一个乐高积木搭建起来的建筑，那么信息互通的公司就像一个流淌着信息血液的有机体。

10. 超越工作的伙伴关系

当前面这些条件都做到的时候，这个团队一定就不是简单的工作关系了，它一定是超越工作的伙伴关系，每个人都会开心地喊出"I love my team"！

（三）创业团队的类型

根据创业团队的组成者进行划分，创业团队可分为星状创业团队、网状创业团队和虚拟星状创业团队，这是目前较为普遍的分类方法。

1. 星状创业团队

这种团队在形成之前，一般是核心人物有了创业的想法，然后根据自己的设想进行创业团队的组织。因此，在团队形成之前，核心人物已经就团队组成进行过仔细思考，根据自己的想法选择相应人员加入团队，这些加入创业团队的成员可能是核心人物以前熟悉的人，也可能是不熟悉的人，但这些团队成员在企业中更多时候是支持者的角色。

星状创业团队具有以下特点：

第一，组织结构紧密，向心力强，核心人物在组织中的行为对其他个体影响巨大。

第二，决策程序相对简单，组织效率较高。

第三，容易形成权力过分集中的局面，从而使决策失误的风险加大。

第四，当其他团队成员和核心人物发生冲突时，因为核心人物的特殊权威，使其他团队成员在冲突发生时往往处于被动地位，冲突较严重时，一般都会选择离开团队，因而对组织的影响较大。

2. 网状创业团队

这种创业团队的成员一般在创业之前都有密切的关系，如同学、亲友、同事等。

他们在交往过程中共同认可某一创业想法，并就创业达成了共识以后，共同开始创业。在创业团队组成时，没有明确的核心人物，大家根据各自的特点进行自发的组织角色定位。因此，在企业初创时期，各个成员基本上扮演的是协作者或者伙伴角色。

网状创业团队具有以下特点：

第一，团队没有明显的核心，整体结构较为松散。

第二，一般采取集体决策的方式，通过大量的沟通和讨论达成一致意见，因此，组织的决策效率相对较低。

第三，由于团队成员在团队中的地位相似。因此，容易在组织中形成多头领导的局面。

第四，当团队成员之间发生冲突时，一般都采取平等协商、积极解决的态度消除冲突，团队成员不会轻易离开。但是，一旦团队成员间的冲突升级，使某些团队成员退出团队，就容易导致整个团队的涣散。

3. 虚拟星状创业团队

虚拟星状创业团队是由网状创业团队演化而来，基本上是前两种的中间形态。在团队中，有一个核心成员，但是该核心成员地位的确立是团队成员协商的结果，因此核心人物从某种意义上说是整个团队的代言人，而不是主导型人物，其在团队中的行为必须充分考虑其他团队成员的意见，不如星状创业团队中的核心主导人物那样有权威。

二、创业团队的组建

（一）组建原则

1. 目标明确原则

创业团队要有共同的目标，只有成员个人目标与团队的发展一致，才能凝聚大家的力量，目标必需明确并切实可行，要让每一名团队成员清楚认识到他们的共同奋斗方向。同时，设定的目标必须清晰、合理、可行，这样才能即便在遇到困难时，大家也有攻坚克难的决心和勇气，矢志不渝地朝着既定目标前进。

2. 能力互补原则

创业过程涉及很多领域，而每个人拥有的技能都是有限的，只有当团队成员相互间在知识、技能、经验等方面实现互补时，才有可能通过相互协作发挥出"1+1>2"的协同效应。同时，通过团队成员之间技能互补能提高创业者驾驭环境不确定性的能力，从而降低新企业的经营失败风险。

3. 精简高效原则

创业初期，团队的各种资源有限，为了减少运作成本、最大限度地分享成果，创业团队人员构成应在保证企业能高效运作的前提下尽量精简。一般而言，创业中管理、技术和营销活动是核心任务，所以团队至少需要这三个方面的人才，最好控制在3~5人为宜。

4. 动态开放原则

创业过程是一个充满了不确定性的过程，外部环境和个人的原因会导致团队人员出现流动，有人会离开，也有人会加入，因此创业团队应该预见这种变动，成员的构成应注意保持动态性和开放性，制定一套成员流动规则，使真正完美匹配的人员能被吸纳到创业团队中来。

5. 分工明确原则

创业团队需要根据每个成员的特长进行明确分工，保证创业过程中的每一项工作都由最合适的人完成，不会出现交叉、遗漏的情况，并且需要每个成员清晰自己的职权范围和承担的工作责任，避免出现相互推诿或相互抢功的情况，最终提高工作效率。

6. 权益合理分配原则

分工明确之后，要保证权责利对等。成员要有明确的责任，为了更好地完成自己的任务，必须要配备相应的权力，最后权益的分配是最为敏感和至关重要的，创业团队需要在创建之初就以规范的形式确定利润分配方案，尤其是股权、期权和分红权等，以免出现后期人员冲突问题。

（二）组建程序

不同创业者的资源、能力等存在差异，组建创业团队的方法和过程也不尽相同，但创业团队的组建程序有较大的相似性，一般包括以下步骤：

1. 确立目标与愿景

创业团队的总目标就是要通过完成创业阶段的技术、市场、规划、组织、管理等各项工作实现企业从无到有、从起步到成熟。总目标确定之后，为了推动团队最终实现创业目标，再将总目标加以分解，设定若干可行的、阶段性的子目标。创业者的目标与企业目标是密切相关的。所以，创业者需要自我评估，确定个人目标之后，才能清楚建立什么样的企业目标。

2. 制订商业计划

创业计划是在对创业目标进行具体分解的基础上，以团队为整体来考虑的计划，创业计划确定了在不同的创业阶段需要完成的阶段性任务，通过逐步实现这些阶段性目标来最终实现创业目标。因此，通过撰写创业计划书，使创业者进一步理清思路，对自己的优劣势和掌握的资源有一个清晰的认识，也为寻找合作伙伴奠定基础。

3. 招募核心团队成员

首先，招募合适的团队成员是组建创业团队最关键的一步。团队成员应有相同的价值观，这样才能保证一个团队能顺利度过创业初期的艰难坎坷。成员可以是自己身边的熟人，以便在未来的合作中迅速展开活动，提高效率。其次，团队成员在能力、性格、技术上应有一定的互补性，减少未来风险的发生，提高团队的战斗力。最后，团队规模应适度，从而保证团队高效运转。招募团队成员的主要形式有亲友组合型、同学组合型、志趣相投型、志同道合型。

4. 明确职权划分

根据执行创业计划的需要，具体明确每个团队成员所要担负的职责以及享有的权限。团队成员间职权的划分必须明确，既要避免职权的重叠和交叉，也要避免无人承担造成工作上的疏漏。此外，创业环境是动态复杂的，不断会出现新的问题，团队成员可能随之更换，因此创业团队成员的职权也需要不断调整。

5. 确定合作方式

团队成员的合作方式可以有两种：一种是合伙制，即团队成员共同订立合伙协议，成立合伙企业，共同出资、合伙经营、共享收益、共担风险，并对合伙债务承担无限连带责任、运用合伙企业的运作机制及形式进行合伙创业。另一种是公司制，即团队成员以股东身份投资入股，制定公司章程，设立有限责任公司或股份有限公司，公司以其全部财产对公司的债务承担责任，股东以其认缴的出资额（认购的股份）为限，对公司承担责任，运用公司的运作机制及形式进行合作创业。

6. 构建创业团队制度体系

创业团队制度体系包括约束制度和激励制度。一是通过各种约束制度，如纪律条例、组织条例、财务条例、保密条例等，避免成员做出不利于团队发展的行为，保证团队的稳定秩序。二是通过有效的激励机制，如利益分配方案、奖惩制度、考核标准、激励措施等，充分调动成员的积极性、最大限度发挥团队成员作用。

7. 团队的调整融合

创业团队一开始就成功且稳定是不现实的，它需要一个动态渐进的演变融合过程。当团队的人员匹配、制度设计、职权划分等方面的不合理之处逐渐暴露出来，就需要对团队进行调整融合，以保持团队成员之间的有效沟通与协调，培养和强化团队精神，提升团队士气。

【阅读案例】

美团创业团队的组建原则①

一、美团简介

美团的使命是"帮大家吃得更好，生活更好"。创始人王兴将共同富裕建立在美团的基因里。作为中国领先的生活服务电子商务平台，公司拥有美团、大众点评、美团外卖等消费者熟知 App，服务涵盖餐饮、外卖、生鲜零售、打车、共享单车、酒店旅游、电影、休闲娱乐等 200 多个品类，业务覆盖全国 2800 个县区市。

当前，美团聚焦"零售+科技"战略，和广大商户与各类合作伙伴一起，努力为消费者提供品质生活，推动商品零售和服务零售在需求侧和供给侧的数字化转型。美团将始终坚持以客户为中心，不断加大在科技研发方面的投入，更好地承担社会责任，更多地创造社会价值，与广大合作伙伴一起发展共赢。

二、创业团队

王兴是一个勇敢的人，2005 年他从美国中断学业回来后，就一直在从事互联网相关的创业，2005~2009 年，他的创业都以失败而告终，2010 年再次创业。王兴是典型的模仿者，看到 Facebook 有前途，就想着把这个模式搬到中国，成立了校内网；看到

---

① 依据网络资料改写。

Twitter 的模式有前途，就成立了饭否；看到 Groupon 代表未来，就成立了美团。王兴是一个很注重沟通的平易近人型的领导，在他看来加强沟通很重要，无论是对投资人、同事、用户、监管部门，还是合伙人，沟通可以解决很多问题。

王慧文喜欢变化和挑战，美团外卖是他一手带起来的，在美团或亲历或负责过团购、外卖、酒旅、打车等诸多业务。同时王慧文有极强的战略落地能力，加入美团后，和王兴的分工十分明确，王兴专注于思考愿景、战略和公司管理，而他负责具体业务的执行。美团的另一位创业伙伴赖斌强曾说到"从创业开始，王兴是提供想法和想象空间的人，王慧文和团队则是执行"。

王嘉伟做事的风格就是喜欢多想一步，他加入美团之后，建立了奖励机制，将美团内部的晋升评优机制改变为业绩为王的基调。同时，他将阿里的"铁军"精神带入到美团的管理机制中，最终帮助美团赢得了千团大战，并且使美团占取的市场份额达到了 60%。

三、创业团队建立原则

1. 目标明确合理原则

目标必需明确，美团创始团队的成员基本都是创始人大学合作过的同伴，他们具有很强的凝聚力，同时十分认可创始团队的大目标，团队成员清楚地认识到共同的奋斗方向是什么。与此同时，美团的创立是根据国外相同网站来打造的，目标具有可行性，同时目标也是合理的，可以让团队真正达到激励的目的。

2. 互补原则

创业者之所以寻求团队合作，其目的就在于弥补创业目标与自身能力间差距。只有当团队成员相互间在知识、技能、经验等方面实现互补时，才有可能通过相互协作发挥"1+1>2"的协同效应。美团创始团队成员负责的板块各不相同，创业初期有人负责市场、有人负责技术、有人负责拉拢投资。创业成功后，在美团业务扩张阶段，创始团队初始成员开始负责新型板块的建立。

3. 精简高效原则

为了减少创业期的运作成本、最大比例地分享成果，创业团队人员构成应在保证企业能高效运作的前提下尽量精简。美团创业初期团队并没有设置法务和财政方面的位置，一个刚刚起步的创业企业只需要核心位置面面俱到，美团做到了人员精简，在每个核心位置上，创业初期都只有一个人负责。

4. 动态开放原则

创业过程是一个充满了不确定性的过程，因为能力、观念等多种原因，团队中不断有人离开，同时有人要求加入。因此，在组建创业团队时，应注意保持团队的动态性和开放性，使真正完美匹配的人员能被吸纳到创业团队中来。美团创业过程中，创始人不断吸引人才，从阿里等企业中吸引精尖人才加入团队，保持了团队的开放性，从而促成创业的成功。

三、创业团队的管理

创业团队管理的重点是在维持团队稳定的前提下发挥团队的多样性优势，随着时间的流逝和企业的成长，权力分配、理念分歧、利益冲突等问题就会浮出水面，创业团队需高度重视并妥善解决这些问题，确保团队的稳定，使团队不断改善、不断革新、不断发展和增强，达到"1+1>2"的效果。一个有效的创业团队应该有一个强有力的核心人物，一支优势互补的队伍，一个透明沟通的平台，一套规范的运作，一种创业企业的文化，一种有效的执行能力。所以进行创业团队的管理，需要注意以下几个方面：

（一）设置创业团队的组织结构

从人力资源管理的角度来看，建立成员优势互补的创业团队，设置好团队组织架构是保持创业团队稳定的关键。设置创业团队的组织结构时，必须以团队的战略任务和经营目标为依据，具体要注意以下几点：

1. 权责分明

团队的任何一项工作都离不开其他人的配合，只有协作配合好，才能顺利完成管理工作。对于初创的创业团队，人员分工比较粗放，很多事情不分彼此，一起决策、共同实施。但一定要注意落实责任、权责分明，避免出错或者失误后互相推诿，造成团队成员之间的矛盾。

2. 分工适当

分工并不是越细越好，分工过细会导致工作环节的增加，往往引起工作流程延长，会削弱分工带来的好处。解决事情的关键是整个团队或成员要在团队精神的指导下相互协调，以完成总体目标。

3. 适时联动

适时联动是为了完成特定任务，成立打破部门分工、跨越部门职能的专门工作小组。小组成员具有双重身份，既要向本部门主管汇报工作，又要对跨部门小组组长负责。这种模式适用于已经具有一定规模的创业企业。创业团队初期由于没有专门的跨部门功能小组，各成员各司其职，在企业规模不是很大的情况下，运行状况还比较好。但是，随着企业规模的不断扩大，尤其在新产品更新速度不断加快和一些比较重大的项目上，缺乏全盘的统筹和协调，会造成企业运转困难。因此，一个专门负责新项目或一些重大项目的组织协调工作的机构就显得尤为重要。

（二）创业团队的冲突管理

当创业之初的热情与激情如"热恋"消退，取而代之的是彼此之间在企业管理、权力分配、理念分歧等问题，团队冲突随之产生。创业过程中发生冲突在所难免，冲突的发生是企业内外部某些关系不协调的结果，一般表现为冲突行为主体之间的矛盾激化和行为对抗。有效的创业团队应知道如何做好冲突管理，从而使冲突对组织绩效的改善产生积极贡献。在无效或低效的创业团队中，团队成员在一起总是极力避免冲突的形成，默认或者允许冲突对团队有效性和组织绩效的提高形成的消极影响。

1. 认知性冲突

认知性冲突是指团队成员对有关企业生产经营管理过程中出现的与问题相关的意见、观点和看法所形成的不一致性。通俗地讲，认知性冲突是论事不论人。本质上讲，只要是有效的团队，这种团队成员之间就生产经营管理过程的相关问题存在分歧是一种正常现象。一般情况下，这种认知性冲突有助于改善团队决策质量和提高组织绩效，还能够促进决策本身在团队成员中的接受程度。

所以，认知冲突是有益的，有助于改善团队有效性，通过鼓励开放和坦率的沟通，改善决策质量和提高成功执行决策的概率，认知冲突不但能增强成员对团队的责任感，更有助于提高团队绩效。

2. 情感性冲突

基于人格化、关系到个人导向的不一致性往往会破坏团队绩效。冲突理论研究者共同把这类不一致性称为"情感性冲突"。通俗地讲，情感性冲突是论人不论事。情感性冲突会阻止人们参与影响团队有效性的关键性活动，团队成员普遍不愿意就问题背后的假设进行探讨，从而降低了团队绩效。情感性冲突培养起了冷嘲热讽、不信任和回避的风气，会阻碍开放的沟通和联合程度。当它发生时，不只是方案质量在下降，团队本身的义务也不断地受到侵蚀，因为团队成员不再把自己与团队活动相联系起来。

创业者要注意利用激励手段鼓励正面冲突，让团队成员感受到在通过知识分享实现创业成功后，能获得相应的收益和价值，把团队成员之间的观点争论控制在可管理的范畴之内，而不是演化为团队成员之间的矛盾，避免发生情感冲突，创业者要理性判断团队存续的可能性，通过替换新成员来及时化解情感冲突，这比维持旧成员更加有效。

3. 所有权分配冲突

创业团队管理的实质是利益关系管理。俗语讲"亲兄弟，明算账""买卖好做，伙计难搭"，许多创业团队的离散解体都是因为利益分配出现冲突。在创业过程中，创业者会遇到这样的问题：谁该分配多少股权？在创业初期，可能大家不会太在意这个问题，但当企业规模壮大后，这必定是创业者面临的首要挑战。如果创业者太贪婪，过分强调控制权，把公司大部分所有权都揽在自己手里，而不与其他创业团队成员共享一块蛋糕，那企业就会面临分崩离析的境遇。蒙牛的牛根生曾说过"财聚人散，财散人聚"，现实中，这样的例子数不胜数。

创业者要表现出自己的心胸和气度，不要在持股百分比的问题上斤斤计较，而是应该与团队成员一起分享蛋糕，并且把蛋糕做大。首先，要有契约精神，在团队创立初期，要以法律文本的形式把最基本的责权利界定清楚。其次，按照贡献大小决定所有权分配比例，尤其是对于没有资金投入但持有关键技术的团队成员，要在自己和技术之间做出合理权衡。最后，控制权与决策权统一，否则，决策者的权威会受到威胁，进而引发团队矛盾和冲突。

【延伸阅读】

职场中常见的五大争执①

类型一：专业争执

常规情景：常见于不同专业领域、不同部门的人，对同一问题不同的看法，各执己见，互不相让。

处理原则：我可以不同意你的观点，但我誓死捍卫你发表观点的权利。

类型二：工作争执

常见情景：专业争执，其实多数是为了真理或者是为了术业尊严，而工作争执则是为了利益的争执，这涉及谁少做一点、谁多拿一点的问题。

处理原则：大家都是为了工作，对事不对人。

类型三：正面冲突

常见情景：两人各自叉腰，宁静的办公室里突然传来犀利的高八度，以及凝眉怒目的神情，迫使胆小的人远远驻足，生怕被流弹击中。

处理原则：表现出相当高姿态，淡然一笑而去。

类型四：上司向下属发难

常见情景：老板因为某事或某人的错误行为或触犯自己底线而恼羞成怒，大声指责、呵斥下属。

处理原则：不能把发脾气当成沟通方式。

类型五：下属向上司挑衅

常见情景：当上司给下属的压力达到一定程度，下属认为自己的尊严和利益受到过多侵犯时，也会指着上司的鼻子大骂，然后拂袖而去，留下一个呆若木鸡或者暴跳如雷的上司。

处理原则：三思而后行。

（三）创业团队的领导

要确保创业团队的稳定和健康发展，仅靠团队成员之间亲情、友情是远远不够的，必须在团队创建之初就考虑如何对创业团队进行科学领导，保障创业团队的长期良性发展。

1. 团队领袖的领导艺术

大量创业案例显示，有团队领袖主导的创业团队更为稳定，团队领袖的凝聚力和领导艺术更好地保证了紧密的组织结构和较强的向心力，使团队成员的远景目标保持一致，并明确指出团队未来的努力目标和方向。对于新创企业来讲，团队领袖的领导

---

① 职场中最常见争执模式及处理法［EB/OL］．［2013-08-16］．https：//jingyan.baidu.com/article/d169e1869ccb1e436611d83f.html.

艺术不仅是公司决策、执行中的决定性力量，更是团队与整个公司的支柱和精神领袖，是创业团队的灵魂。

团队领导者在不同时期要采取不同的领导方式。在团队刚成立时，各方面不稳定，领导者的核心任务是快速让成员融入团队，让成员理解团队目标和个人目标的相互依存性。在凝聚期，日常事务走上正轨，团队有序开展工作，领导者需要培养核心成员的能力，建立更广泛的授权和更清晰的职权划分。在发展期，主要培养团队的自主能力。在成熟期，注意保持团队成长的动力。

创业团队的领袖要将想象力、动机、承诺、激情、执着、正直、团队合作与洞察力注入企业，有完整、缜密的实施方案和讲求高度平衡技巧的领导艺术，才能够建立起一支拥有互补技能、具有团队合作精神的团队。

2. 创业型领导

创业型领导是创业团队领导者的新角色，是一种影响他人对资源进行战略性管理的能力，它既关注寻求机会的行为，也关注寻求优势的行为。这种领导方式是努力创造一个愿景，以此号召、动员下属，并使下属承诺对战略价值创造进行探索。它包括两个挑战维度，即情境扮演和任务扮演。情境扮演是在当前的资源约束条件下，预想和创造那些一旦被抓住就可以对当前的处理方法进行彻底变革的机会。任务扮演是使潜在的追随者和公司的股东确信在这个情境下，通过整合资源，转变当前的处理方法是可以成功实现预期目标的。

创业型领导的独特之处在于：首先，创业型领导者号召下属实现最优绩效的能力是建立在公司对不确定性环境的适应性之上的。其次，与强调英雄式和非凡的个人特性的魅力型领导理论不同，创业型领导者需要拥有远见能力和认知能力来迎接挑战和适应不确定性，在这里创业型领导者被看作是反英雄主义者，他们更强调通过可控制的行动来取得成功，而不是依靠崇高的理想取得成功。再次，在不确定性环境下，创业型领导者必须不断地精心设计角色定义，强调通过路径清晰地进行机会探索和价值创造。最后，创业型领导者强调利用积极的、创造性的发现导向掌控环境所带来的机会，关注顾客、产品、取得预期的结果以及价值创造。

3. 建立良好沟通机制，化解团队冲突

作为团队领导者，必须及时认识到团队内部的矛盾，并且找出产生矛盾或冲突的原因，进而合理地解决问题。良好和持续的沟通是创业团队管理的基础，"功之成，非成于成之日，盖必有所由起；祸之作，不作于作之日，亦必有所由兆"。持续沟通是把团队成员联系起来以实现共同目标的手段。团队领导要实行正式定期沟通（如会议、公告、论坛、拓展训练）和随时的非正式沟通（聚餐、散步、谈心、节日贺卡等），形成畅所欲言、信息流畅的创业文化。努力避免因沟通和交流不充分导致的彼此猜忌和相互不信任，导致创业团队成员产生冲突。

（四）创业团队的股权设计

组建创业团队，最核心的还是利益分配。如何合理地分配股权是一个非常重要且需认真思考的问题。若给其中一位创业者较低的股权，则其能动性就无法完全发挥，影响到全身心投身创业的过程；如给予股权比率太高，则其犯错误的成本就很大，可能面临创业公司无法承担的风险。股权设计是指如何将适当的股权分配给合适创业者的安排和规划。股权分配，又称所有权分配。科学合理地分配股权，建立利益分配机制，实现利益共享，是维护创业团队长期稳定的重要举措。通过分配股份，把成员的利益同团队的利益联系起来，以此激发各个成员的能动性，促使团队成员为团队的长期利益考虑，从而使每个成员的利益长期化，同时避免和减少不必要的矛盾。

在股权结构设计时，要注意遵循三个原则：第一，重视契约精神，在创业之初，以法律文本的形式把最基本的责权利界定清楚，尤其是股权、期权和分红权，此外还要包括增资、扩股、融资、撤资、人事安排、解散、议事规则、争议解决途径等与团队成员利益密切相关的事宜都要立据在案。第二，遵循贡献决定权利原则分配所有权比例。在现实操作中，依据出资额来确定所有权分配是常见的做法，对于没有资金却持有关键技术的团队成员，则需要谨慎考虑技术的商业价值，在资金与技术之间做出合理的权衡。有时候完全按照出资比例分配股权并不一定合适，相当于根据当前的贡献去分配公司未来的利益，很容易出现有钱但没有创业能力和心态的合伙人变成大股东，没钱但有创业能力和心态的合伙人变成创业小伙伴，从而导致后期的矛盾。第三，控制权与决策权统一原则，所有权分配本质上是对公司控制权的分配方案。实践中，股份比例最大的团队成员在不拥有公司控制权的条件下，在创业初期非常危险，因为他在心理上会比其他成员更看重创业和新企业，更容易去挑其他成员的决策错误，甚至挑战决策者的决策权威，进而容易引发团队矛盾和冲突。

【分析案例】

火锅店的股权分配①

A、B、C三人合伙想开家火锅店。A是个厨师，拥有独家祖传秘方，让人吃了一次他做的火锅还想吃第二次，念念不忘。B富有而且熟悉各种工商流程，愿意提供大部分的启动资金和负责初期的开店注册手续。C是个年轻IT小伙，觉得目前移动互联台风刮得呼呼的，想用互联网思维来为餐饮业创造更可观的利润，有IT，会做微信平台开发，也提出了一个全新的商业模式，听起来前景诱人。

三个人都没有什么运营餐饮行业的经验和经历，但决定开店后共同经营管理股权怎么分？如果笼统划分：A40%、B40%、C20%，则每个人都可能会觉着自己吃了点亏，所以一起商量股权分配的事情。

A说，餐饮其实没什么壁垒，人人都能做，但味道好坏是招徕顾客的第一要素。所以厨师的手艺是很重要的，B和C都同意。

B说，厨师的手艺是很重要，不过光有手艺也不能把事业做起来，开店要一大笔

---

① 创业团队的股权（股份）应该怎么算？［EB/OL］．［2017-10-13］．https：//www.sohu.com/a/198003003_756211.

启动资金，一开始的资金投入也是非常重要的，A 和 C 没有任何异议。

C 说，满足以上两点也赚不到大钱，我提出的这套商业模式结合好的推广，一定能帮我们提高很多营业收入！

A 和 B 琢磨了下，觉得这新的模式因为谁都没有去验证过，风险很大，运营方面 C 也没有特别多的经验，于是跟 C 说，我们暂时认可如果能按你预想的那样，我们可以得到更多的营收，但要等我们做起来之后，发现你的方法确实有效果带来了额外的营收和利润，再给你兑现这部分股权，你这部分贡献是预期的，所以相应部分现在你要先拿期权。

C 觉得这样做比较合适。经过一番友好的商讨之后，他们把 100% 的权重分为手艺 25%，合伙人出资 55%，商业模式和运营 20% 三个部分。然后 A、B、C 三人以 0~5 分为标准，各自对这三项进行打分。表 2-1 是他们的最终商讨结果。

表 2-1 股权权重统计   单位：分

项目	A	B	C
手艺 25%	5	0	1
资金 55%	2	5	1
商业模式和运营 20%	1	2	5
总股权	37.10%	39.40%	23.50%

接下来，他们还约定了与权力相对应的职责和义务，对应股权相应的责任约定为：烹饪方面，A 主要负责调料制作和烹制，C 打下手，B 不参与；出资方面，A、B、C 出资比为 2：5：1；运营方面，A 因为主要负责烹饪，只会参与重大决策；B 会参与部分；C 主要负责。除此以外，C 与 A、B 还有个类似"对赌协议"一样的承诺：一年以后 C 提出的运营模式要初见成效，为了便于判断还约定了一个数额，如未达到这个数字则按情况稀释相应数量股权。同时，他提出 A 也要保证自己的手艺确实能得到顾客的认可，可以招来很多回头客才好兑现相应部分股权。最后在股权分配协议上，细化了每个人的权益和责任，并提出了可考量的指标，以三个月、六个月和一年为期限，逐步兑现相应的股东权益。

（五）打造团队创业精神

创业团队的创新创业精神通常由四个基本维度构成。

1. 集体创新

具有创业精神的团队必须具备创新精神，这样企业才能长远地发展。这就要求团队组织具有更高的标准：一是要求创业团队内部能够正确对待个体成员之间所发生的冲突。二是要求团队内部个体成员与组织之间能够在相互信任关系的基础上形成有利于企业成长的心理契约关系。在此基础上，创业团队可以凝聚全体团队成员的力量，并通过这种团队成员对团队组织的向心力来推动创新方案的形成和创业决策方案的执行。

2. 分享认知

不同的团队成员具有不同的知识和个性特征，可以通过集体利益掌握更多的创业机会的认知，不同的团队成员可以在不同的创业角度对创业风险和创业收益进行科学评估。同时，团队成员分别掌握着不同的社会关系，从而为团队获得更多的创业机会和创业资源。

3. 共担风险

作为一支富有企业家精神的创业团队，在共担风险维度上至少具备如下特征：一是具有异质性的创业团队成员可能具有不同的风险偏好，创业团队既可能有极端的风险爱好者，也可能有极端的风险厌恶者，更多的创业团队成员可能处在风险连续统一体中的某一点。二是利用团队成员的异质性。不同的团队成员可以从自身的知识视野认知、分析和评价风险，如果就不同的风险感知能够得到有效的整合，对风险正确感知的可能性就会得到提高，进而可以做出更为有利可图的冒险行为。

4. 协作进取

"协作进取"创业团队的创业精神维度体现在三个方面：一是具有异质性特点的团队可能会形成仁者见仁、智者见智的观点分歧，但协作进取的愿望能够使大家通过有效的观点争辩来达成共识，最大限度地避免在不确定环境下的创业决策失误。二是团队内充满学习型氛围。三是团队内具有创业型的组织文化。

【案例讨论】

绝配的携程创业团队①

1. 携程"四驾马车"的诞生

携程成立于 1999 年，当时的四位创始人依据各自经历大体定下了人事架构：曾担任过德意志银行亚太总裁的沈南鹏出任 CFO。季琦和梁建章相继出任 CEO，前者此前创办上海协成科技，擅长市场和销售，主外；后者是甲骨文中国区咨询总监，擅长 IT 和架构管理，主内。最后加入的范敏，此前是上海旅行社总经理和新亚酒店管理公司副总经理，出任执行副总裁，打理具体旅游业务，而后逐步升任 COO 以及 CEO。

论及性格，沈南鹏风风火火，一股老练的投资家做派；季琦有激情、锐意开拓；梁建章偏理性，用数字说话，眼光长远；范敏则善于经营，各方面的关系处理得体。四人特长各异，各掌一端，在公司内部有相当的共识。范敏曾打过一个比喻来形容四个创始人的定位，"我们要盖楼，季琦有激情、能疏通关系，他就是去拿批文、搞来土地的人；沈南鹏精于融资，他是去找钱的人；梁建章懂 IT、能发掘业务模式，他就去打桩，定出整体框架。范敏来自旅游业，善于搅拌水泥和黄沙，制成混凝土去填充这个框架。楼就是这样造出来的"。

---

① https：//www.docin.com/p-79608181.html.

2. 季琦出走

季琦担任 CEO 时，携程走的是旅游信息平台的"门户"式路线，耗费资金较快，2000 年互联网泡沫破灭，公司的第二笔融资所剩不多。携程正式运营半年后，季琦由 CEO 转任联席 CEO 及至总裁，梁建章成为唯一 CEO。梁建章掌舵之后，开始借并购大举转向酒店和机票的预订业务，这成为后来的携程主业。梁建章认为自己有比其他创业人更丰富的经验。第一，在国外管理过大公司；第二，国内也有两年经验，了解国情；第三，懂 IT，知道如何用 ERP 式的模板去优化一个公司的管理。这正是要用互联网平台和 IT 去改造传统旅游产业的携程所需要的。

同为创始人，两人原本并行的关系变化为上下级。梁建章出任 CEO 执掌大权，没有任何异议。

这也跟他们的经历有关。携程四人团队在 1999 年创业之时皆人到中年，都曾驾驭过大的商业，并已在各自领域功成名就，这跟其他的创业者有天壤之别。简单说，他们每个人的成长所需要遭遇的挫折和付出的成本，在创业之前都已经历，不需要把那些"成长的烦恼"带给携程，大家的出发点都是考虑怎么对公司有益，不会感情用事。

但即使如此，风格强硬的梁建章在独任 CEO 时，对几位创始人约法两章：第一，可以提意见，但最终决策权在梁建章。第二，如果有新人进来，只要能力超过创始人，可以担任更高的职位。

季琦转任总裁之后，不再全面涉入携程的日常管理，此时，梁建章看到经济型连锁酒店的机会，有了创立如家的创意，通过跟其他创始人协商，很快取得共识。2002 年，季琦离开携程，执掌如家，并专心致力于如家的规划，在寻求首旅共同投资如家之后，携程在一年多的时间里也持续给予了资源上的帮助。为达到上市要求，携程在 2003 年撇清了和"交易关联方"如家的投资关系，季琦成为如家的独立当家人。但即使携程撇清了和如家的投资关系，到纳斯达克上市之后，季琦仍握有跟梁建章、沈南鹏相差无几的股份。三人所占比例分别是 5.2%、6.3% 和 7.3%。

新机会的发掘和新平台的搭建，为一场可能发生的人事波动收下完美结局。即使在诸如是否和首旅合资等问题上同梁建章等人发生过冲突，季琦仍认为梁建章既有开掘新市场的敏感，又具备守定江山的严谨。

3. 范敏打工

如果说"季琦出走"体现的价值在于人为安排的智慧和机巧，那"范敏打工"所能表达的则是一种成熟的心态。

在 1999 年约定创业之前，季琦、梁建章、沈南鹏已是好友。在相约进入旅游业后，需要找一个旅游业人士加盟，三人认为创业伙伴起点一定要高、宁缺毋滥，所以当时季琦、梁建章二人遍访上海旅游界的能人，发现真正有激情、冲动和胆量跳出来的只有范敏。

与季琦还曾出任联席 CEO 一职不同，范敏自到携程之初就一直处于梁建章的"领导"之下。梁建章任 CEO 的 6 年间，范敏先后任执行副总裁和 COO，直接向梁建章汇报。虽然在管理层级上低人一等，但范敏在和梁建章的相处中一直把他当做"合作伙伴"看待，做"对等的交流"。

如同范敏曾说过的四人盖大楼的比喻，拿到批文和搞到土地之后，季琦算是基本完成使命，当然会出去另谋天地，他成为了第一个离开携程的人。在携程成功上市之后，沈南鹏也功成身退，成为第二个离开的人。而在打基础、定架构的工作完成之后，梁建章就退出一线，到董事长的位置上去谋划下一代的业务模式，不停地往模式里添加内容是一个更为持续的工作，所以范敏逐渐挑起大梁。

4. 携程团队的圆满结局

如今，季琦把如家交给了新的经理人打理，自己则开始了新的创业，打造另一个商务酒店连锁品牌——汉庭。沈南鹏受聘全球第一大风险投资商美国红杉的中国区合伙人，成为了专为创业企业融资的"找钱专业户"。梁建章退出一线，只担任董事长的职务。范敏替代梁建章出任CEO。接替CEO位置的范敏也有自己的接班人计划，并以培养出一个几十人的中高层管理团队为荣。

梁建章、沈南鹏、季琦和范敏构成的携程创始人团队是中国互联网企业里构成最复杂、职位变动和交接最多的一个，但也是过渡最平滑、传闻最少的一个。对创始人之间能够平滑过渡和交接的原因，梁建章认为来自几个方面：第一，大家都是愿意做牺牲的人；第二，有各自的专长互补，分工上容易达成共识；第三，至少在当时几年内，各人在各自领域都是最强的。所以，如果他们不曾为彼此安排好发展空间并保证利益，不曾为大局做出妥协，携程绝难安存至今。

讨论：

从创业团队组建的原则和管理角度分析，携程四君子对创业者组建创业团队有什么启发？

【思考题】

1. 什么是创业者？创业者有哪些特征？
2. 创业者有哪些创业动机？
3. 企业家精神的要素有哪些？
4. 什么是创业团队？创业团队的组成要素有哪些？
5. 创业团队有哪几种类型？怎样组建高效率的创业团队？

【实训练习】

1. 请根据本章内容，以小组为单位，采访文旅行业内两个创业成功人士及其创业团队，了解其创业经历及创业团队的组建过程，总结其表现出的创业者特征。

注意事项：

（1）提前做好访谈提纲。

（2）注意收集好访谈中的一手真实资料，加深对创业者及创业团队的理解。

2. 在某大学的商学院，有一个由4名大学生组成的创业团队，团队核心人物为魏江。魏江带领这个团队成立了一家公司，将公司定位为考证培训服务类企业。由于缺乏经验，他们只能进行一些英语四六级方面的培训。为了改善师资力量匮乏的局面，魏江打算再找一些有能力、想创业的同学加入他们的团队。应聘的同学不少，有两位应聘者引起了魏江的注意。其中一位应聘者取得了雅思考试高分，专业能力突出，但是她性格腼腆，与人交流都不敢对视，魏江觉得她不具备课堂掌控力。另一位应聘者口若悬河，交际能力很突出，口语能力较强，但是魏江发现其英语不太注重语法，多使用口语，这样的英语适合日常交流但不适合笔试。试讨论魏江应不应该招聘这两位应聘者。如果招聘，那么应该怎样弥补其缺点呢？

活动说明：提出自己的观点，如"这两位应聘者不适合站上讲台，不应该招聘""这两人都具有核心优势，其劣势可以弥补"等，并进行论证。

活动人数：分小组进行讨论，6~8人为一组，共4个小组。

讨论方式：每个小组选择提出一个观点；各小组内部讨论后，推选出一位代表发表全组的观点；4个小组分别就本小组的观点进行发言，发言完毕后各小组可对其他小组的观点进行有针对性的辩论。

第三章 创业机会的识别与评价

【引入案例】

季琦：中国创业教父①

季琦，一个农村出生的孩子，仅用 11 年时间，创建了三家上市公司：携程、如家和华住（前身为汉庭），积累了百亿个人财富，被誉为"创业教父"。他的创业经历充满了挑战和机遇，也展现了他的智慧和勇气。

1. 知识改变命运

季琦出生于 1966 年 10 月，籍贯江苏省如东县，从小就深受贫穷之苦，但他从不认命。他明白唯有通过读书，才能改变自己的命运。1985 年 9 月，他从江苏省如东高级中学考入上海交通大学工程力学系。1989 年 8 月至 1992 年 3 月，在上海交通大学机械工程系攻读机器人专业硕士。毕业后，他先后在上海长江计算机技术服务公司、北京英华公司和协成科技公司任职，并于 1994 年赴美国考察互联网企业，美国的创业氛围与互联网的蓬勃发展给了他巨大的启发，这种创新精神深深影响了季琦，开拓了他的视野，也让他看到了回国发展的机遇。

2. 携程时代

1995 年，季琦从美国回到了上海开始创业，那时候，中国政府出台了大量的创业支持措施，互联网事业也在逐渐热起来，大规模的互联网公司如雨后春笋般冒出，但是购买机票、火车票和订酒店都需要线下排队或找人帮忙购买，这使人们的出行变得非常不便。于是在 1999 年，季琦与沈南鹏、梁建章、范敏等人创建了国内第一家面向大众提供旅游服务的电子商务网站——携程旅行网，并历任首席执行官、总裁等职。随着国内旅游市场的繁荣，携程通过整合线下旅游资源、开发旅游信息系统等方式，以提供酒店预订、机票预订、旅游度假、商务差旅等服务为主，迅速成为国内领先的在线旅游平台。2003 年 12 月 10 日，携程旅行网在美国纳斯达克初始股上市交易。

3. 如家时代

携程将网站立足点定位在了以酒店订房为主的盈利模式，由于是通过网上订房，数据采集十分方便，后台能够收集整理用户的订房情况。在数据面前，季琦发现用户

---

① 创业三次，搞出三家上市公司，揭秘携程创始人的低调创业传奇！［EB/OL］.［2021-09-10］. https：//www. sohu. com/a/489119031_121124359.

偏好经济型酒店，受价格或者出差补贴的限制，经济型酒店的房间往往十分热销，经常会出现用户订不到房间的情况。

季琦决定占领经济型酒店这块市场，于是创立了如家。如家创立之初仿照的是加盟店的模式，只需要上缴一定的加盟费，任何一家酒店就可以成为加盟商，挂上如家的牌子。然而许多的酒店也因此滥竽充数，酒店的设施和卫生条件完全跟不上，这样完全不能吸引到固定的消费人群。季琦看到了加盟店的弊端，摒弃了这种经营方式，选择了直营店，这样可以做到统一酒店标准与价格体系。季琦还引入了现代酒店的管理模式，做到标准高效。季琦前瞻性的战略眼光让如家成为了出差人士的首选，固定下来了一大批顾客，使如家成为了经济型酒店的"领头羊"。2006 年，季琦的第二家企业——如家又成功在纳斯达克敲钟。

4. 汉庭时代

随着中国经济的迅速发展，许多人已经不仅仅满足于经济型酒店，他们更想要周到的服务与高档的住宿体验，季琦又开始探索高档型酒店。他在 2005 年成立了汉庭，汉庭舍弃了如游泳池、健身房等酒店的非必需设施，让顾客能够以更低的价格获得极佳的睡眠体验。2010 年，汉庭成功上市，后来汉庭成为了季琦创办华住酒店集团的基石，先后加入了旗下更加高端的酒店品牌，使华住满足了大部分人的需求。随后推出的会员积分制度改革了酒店的订房模式，不再依赖于第三方网站，以全网最低的会员价使得顾客能够通过酒店自身的渠道预订，进一步减少了酒店的运营成本。

季琦善于把握外部环境和机遇来进行相关的创业。一个想创业的人，需要知道什么是创业机会、在哪里去发现创业机会、如何识别出创业机会。本章将从创业机会的识别、创业机会的评价两个方面来分析创业机会。

第一节　创业机会的识别

一、创意、机会与创业机会

（一）创意、机会、创业机会

在创业活动中，经常会把创业机会和创意混为一谈。所以，理解机会和创意之间的区别很重要。

1. 创意

创意是创造意识或创新意识的简称，是将问题或需求转化成逻辑性的架构，让概念物象化或程序化的形成过程。

有价值的创意不是拍拍脑袋就能形成的，它往往需要具备新颖性、真实性和价值性三个特征：

（1）新颖性：新颖性可以是新的技术或新的解决方案，可以是差异化的解决办法，也可以是更好的措施，使创意在解决问题时能够提供全新的视角和方法，创造出新的东西或对已有的事物进行改造和升级。总之，创意需要一定程度的领先性并难以模仿。

（2）真实性：创意需要是实用的，并且有可行性。它应该能够被实施，产生实际的效益和回报。

（3）价值性：价值特征是创意的根本。一个好的创意能够解决实际存在的问题，提高工作效率或生活质量。它不仅可以产生新的想法和见解，还可以为个人和社会带来实际的价值。

2. 机会

机会在《辞海》中的解释是"形式的机遇机会；时机"，经济学家柯兹纳认为机会是具有时效性的有利情况，未明确的市场需求或未充分使用的资源或能力。① 根据以往学者对于机会的解释，主要分为配置观点、探索观点和创造观点。配置观点认为机会就是充分利用资源而达到给定目的的可能性；探索观点认为机会是改进系统缺陷，产生新方法获得给定目的的可能性；创造观点则认为机会是创造新方法和新目的的可能性。

机会识别首先需要从识别甚至创造需求开始，根据非瓦尔拉斯经济学的观点，市场上的供给和需求多数都不能"出清"，即供求不可能均衡。当市场上某种需求没有被满足时，就意味着出现了商机。所以，机会是创业活动发生的前提，也是创业过程的关键要素。

3. 创业机会

卡森认为，创业机会就是"在新的生产方式、新的产出或新的生产方式与产出之间的关系形成过程中，引进新的产品、服务、原材料和组织方式，得到比生产成本更高价值的情形"。② 埃克哈特和尚恩将创业机会定义为一种情境，指社会经济、政治、技术等环境发生了变化，使新的产品、服务、新原材料和组织方式能够以创新的方式重新整合。③

总的来说，创业机会就是有吸引力的、持久性的、适时的商业活动空间，可以为客户提供新的有价值的产品和服务，同时也能让自己获利的机遇。

创业机会是适合以创业的方式实现商业价值的创意，是一种特殊的商业机会。虽然不是所有的创意都具有商业价值，也并不是所有具有商业价值的创意都可以被实现，但正是大量灵感乍现的创意诱发了众多的创业机会。

---

① Kirzner I M. Entrepreneurial discovery and the competitive market process: An austrian approach [J]. Journal of Economic Literature, 1997 (35): 60-85.

② Casson M. The Entrepreneur: An Economic Theory [M]. Massachusetts: Edward Elgar Publishing, 2003.

③ Eckhardt J T, Shane S A. Oppourtunities and entrepreneurship [J]. Journal of Management, 2003, 28 (1): 333-349.

【阅读案例】

C 端旅游创业项目有哪些机会?[①]

近几年,旅游行业的 To C 项目似乎不再受到资本青睐。从 2016 年开始,在线旅游创业项目开始出现死亡潮,如淘在路上、麦兜旅行、爱旅行等公司先后倒闭。

大型 OTA 的夹击或许是这些创业项目未能成功的一个因素。《2017 年中国在线旅游行业研究报告》的数据显示,若从市场前三份额来看,2017 年携程、去哪儿和飞猪旅行共占 70.5% 的交易份额,包含艺龙、去哪儿在内的携程系共占 56.5% 的市场份额,霸占着在线旅游行业半壁以上的江山。

但这并不意味着资本已经对 C 端旅游创业项目失去了兴趣。在 OTA 的领地之外,民宿领域正在受到资本的青睐,如蚂蚁短租推出的有家民宿再次获得千万美元融资、诗莉莉酒店集团业拿到了 B+轮 1 亿元融资。

领投诗莉莉酒店集团的 B+轮的机构是青松基金,在旅游领域,青松基金在 6 年间,共参与了 4 个项目的 6 轮投资事件,占其全部投资事件的 4%。其创始合伙人董占斌认为,住宿产品是一种标准化的东西,无论是在携程还是艺龙、去哪儿,用户对住宿产品的关注点最终还会回到价格上,所以做实体经济的特色酒店,针对相对更中高端的人群做会员制服务反倒有一定机会。

但除了住宿领域,在 To C 方向上,旅游行业的初创企业很难存活,在董占斌看来,旅游方向的很多领域并不好做。尤其是 To C 领域到商业变现的环节,创业项目往往要面对携程的阴影。因为不管是做社区还是直接做电商,最后都需要靠酒店、机票变现,但初创企业往往不具有优势,无法与携程竞争,所以到变现的时候,用户还是会选择携程。飞马旅 CEO、飞马资本合伙人钱倩也认为,在旅游领域里并不好做平台型的公司。因为整个旅游的市场极度分散,需求也极度分散,并没有形成特别大的集中度,平台型的公司除了第一批次的携程,第二批次同程、途牛、驴妈妈的"三小牛"并行,其后平台级的应用是比较少的。

但是董占斌并未全盘否定 C 端旅游创业项目,他认为该领域中依然存在冒出新独角兽的可能。从消费者的需求出发来看,旅游行业还有很多做的不完善的地方,未来可以从三个方面发展:

其一,用户需求与信息的匹配机制。用户的需求是多维度的,而携程等 OTA 平台并未提高用户在多维度信息匹配上的效率,反而会有很多自相矛盾的信息出现。这种匹配的机制可以有更好的方式来体现,如现在的人工智能用信息数据和算法的结合。

其二,微信生态中的小程序。如果创业项目能以更合适的商业模式,配合小程序极低的获客成本,也许能做到爆发式的增长,从而获得阶段性的大机会。可以做成非

———————————
① 资本视角:C 端旅游创业项目有哪些机会?[EB/OL].[2018-07-04]. https://www.lvjie.com.cn/investment/2018/0704/7915.html.

常简单的产品，让用户简单易用。

其三，短视频导览。利用短视频去展现旅游景点或旅游线路，但是这方面启动较为困难，且没有商业模式，创业团队很难坚持。

钱倩作为驴妈妈旅游网的早期投资人，认为创业项目未必非要追求创新和变化，而是要把人的基本需求还原，回到创造价值上，创造大家都认可的价值。同时创业者必须要有坚定的信念，能够说服团队相信自己所做的事业。

（二）创业机会的来源

目前，相关学者对创业机会出现的原因主要有以下三种解释：

1. 均衡理论解释

市场失灵中存在着创业机会。由均衡理论可知，完善的市场能达到帕累托最优，在帕累托有效的经济中，没有潜在交易收益，因此不存在创业机会。信息不对称、垄断、政府干预等都能引起市场失灵，从而形成创业机会。

2. 非均衡理论解释

很多信息都不是价格能反映出来的，如创业企业的成败信息、未来的信息都不能通过现有价格反映出来。同时，并不是所有创业决策都是最优的，在创业决策中，其过程、约束条件等都是由创业者决定，并不能保证所有决策都最优。非均衡理论建立在不同人对资源价值的判断不同，因此就存在创业机会。有远见的创业者有可能会发现其他人没有发现的资源价值。

3. 经验主义解释

在自由的企业系统中，当行业和市场中存在变化着的环境、混乱、领先或落后，信息不完全时就会产生创业机会。这些都是来源于实践，因此并没有严密的理论观点。

归纳起来，创业机会主要包括以下几个来源：

1. 问题

创业的根本目的是满足顾客的需求，而顾客的需求在未被满足之前就是问题，寻找创业机会的一个重要途径是善于发现和体会自己和他人在需求方面的问题或生活中的难处。例如，当年罗红在为母亲购买生日蛋糕时，发现偌大的城市找不到样式和口味让人眼前一亮的蛋糕，市面上的蛋糕不是样式普通，就是口味一般，这让他嗅到了巨大的商机，从而创建了好利来。

2. 变化

变化是创业机会的重要来源，这种变化主要来自政治制度的变革、产业结构的变动、社会和人口的变革以及科学技术的变革。

第一，政治制度的变革带来的机会。政府利用经济、法律和行政手段调节市场是为了弥补市场不足，促进市场经济发展。每一次政策的变革和后续政策的出台，都会催生众多的创业机会。如2011年醉驾入刑的政策出台后，酒后代驾服务开始走俏，迅速化解了亲朋好友饮酒助兴与驾车安全的矛盾；乡村振兴、签证放宽政策催生了旅游业大量的创业机会。

第二，产业结构的变动带来的机会。随着改革的深入，民营中小企业除了涉足制造业、商贸餐饮服务业、房地产等传统业务领域外，也不断涉及战略新型产业、互联网产业。同时，国有企业的战略重组、传统产业+互联网、互联网+平台企业对产业生态的重构，以及企业管理变革，都会产生很多创业机会。在互联网和全球化的时代，成功整合全球产业智慧的企业才能更成功。

第三，社会和人口的变革带来的机会。不同时期的社会和人口因素变化，会催生不同的市场需求。如随着人口老龄化的加剧，老年人的需求日益多样化和个性化，旅游企业若能提供符合老年人特点的服务和产品，也许会在激烈的旅游市场竞争中独辟蹊径。以休闲疗养为主，符合老年人身体特点和兴趣爱好的、慢节奏的老龄旅游项目会逐渐应运而生。

第四，科学技术的变革带来的机会。每一次技术革命都会带来具有变革性、超额价值的新产品和新服务，进而更好地满足顾客需求。一方面，创新变革者凭借积累的技术优势及创新能力，发现和创造创业机会；另一方面，即使不是变革者，但只要人们善于发现机会，同样可以抓住创业机会成为受益者。如通信技术的发展、互联网的出现，改变了人们工作、生活、交友的方式，带来了互联网平台的创业机会。

3. 竞争

市场竞争过程中，可以通过分析现有业务模式、成本结构和渠道等，在市场夹缝中发现机会，在弥补竞争对手的缺陷和不足中发现新的商业机会。其中，市场缝隙是在创业的过程中大企业不愿涉足的空间，初创企业可以通过专业的经营获取最高程度的收益。例如，当年的小米在苹果、三星、华为等大型手机竞争市场的夹缝中，打造出性价比最强的手机。还有一些创业机会来自于竞争对手的失误而被意外获得，所以如果能及时抓住竞争对手策略中的漏洞大做文章，或比竞争对手更快、更可靠、更便宜地提供产品或服务，也能迅速找到创业机会。例如，在当年摩拜单车和ofo小黄车激烈竞争时，哈罗单车推出"农村包围城市"战略，成为首个进入二线城市的单车品牌，避开了当时激战正酣的一线城市，迅速占据市场。后又凭借免押金骑行、网格化智能管理等创新模式，成功超越摩拜、ofo，在共享单车之争中脱颖而出。

4. 其他因素

除了问题、变化、竞争，创业机会还可能来源于创业者个人因素，如个人的兴趣、专业特长和资源等。例如，蚂蜂窝创始人——吕刚和陈罡当初就是两位旅行发烧友，因为特别喜欢写旅游日记分享旅程，所以创立蚂蜂窝网站。又如，海马体照相馆创始人——吴雨奇和黄逸涵在大学期间利用各自擅长的妆造和摄影技能，创立了缦图摄影，后又经过持续创新和发展，海马体如今已成为家喻户晓的照相馆直营连锁品牌。

【延伸阅读】

德鲁克提出的创新机遇的七种来源①

1. 意外之事

（1）意外的成功。与其他成功方式相比，意外的成功能提供更多创新的机遇。它所提供的创新机遇风险最小，求索的过程也最不艰辛。但意外的成功几乎完全被忽视，管理人员往往积极地将其拒之门外。

（2）意外的失败。与成功不同的是，失败不能够被拒绝，而且几乎不可能不受注意。它们很少被看作是机遇的征兆。当然，许多失败都是失误，是贪婪、愚昧、盲目追求或者执行不力的结果。如果经过精心设计、规划及小心执行后仍然失败，那么这种失败常常反映了隐藏的变化，以及随变化而来的机遇。

2. 不协调

所谓"不协调"是指事物的状态与事物"应该"的状态之间，或者事物的状态与人们假想的状态之间的不一致、不合拍。也许人们并不了解其中的原因，事实上，人们经常说不出个所以然来。但不协调是创新机遇的一个征兆。引用地质学的术语来说，它表示下面有一个"断层"，这样的断层提供了创新的机遇。它产生了一种不稳定性，四两可拨千斤，稍作努力即可促成经济或社会形态的重构。

3. 程序需要

与意外之事或不协调一样，它也存在于一个企业、一个产业或一个服务领域的程序之中。程序需要与其他创新来源不同，它并不始于环境中（无论内部还是外部）的某一件事，而是始于需要完成的某项工作。它以任务为核心，而非围绕状况展开。其具体工作包括完善既有的程序、更替薄弱环节，以及运用新知识重新设计旧程序等。

4. 产业和市场结构

产业和市场结构有时可持续很多年，从表面上看非常稳定。实际上，产业和市场结构相当脆弱，受到一点点冲击，它们就会瓦解，而且速度很快。产业和市场结构的变化同样是一个重要的创新机遇。

5. 人口变化

人口变化是指人口规模、年龄结构、人口组合、就业情况、教育情况及收入的变化等。人口变化在所有外部变化中最为一目了然。它们丝毫不含糊，并且能够得出最可预测的结果。

6. 认知、意义和情绪上的变化

从数学上说，"杯子是半满的""杯子是半空的"没有任何区别。但是这两句话的意义完全不同，造成的结果也不一样，如果一般的认知从看见杯子是"半满"的变为看见杯子是"半空"的，就会存在重大的创新机遇。

---

① ［美］彼得·德鲁克. 创新与企业家精神［M］. 蔡文燕，译. 上海：上海人民出版社，2005.

7. 新知识

基于知识的创新是企业家精神的"超级巨星"。它可以得到关注，获得钱财，它是人们通常所指的创新。当然，并不是所有基于知识的创新都非常重要，有些的确微不足道。但是在创造历史的创新中，基于知识的创新占有很重要的分量。然而，知识并不一定是科技方面的，基于知识的社会创新也同样甚至更重要。

（三）创业机会的发现

创业机会的发现是创业机会识别过程中最重要的一步，它意味着创业者发现存在着的创业机会并使之形成为自己所理解、认识的创业机会。大多数学者认为，创业机会可以被发现。以奥地利学派为代表的创业机会发现观认为，真正的创业过程开始于创业者对创业机会的发现，创业机会早已存在于市场或行业中，创业者的任务就是从变化多端的市场环境中发现具有潜在价值的机会，进而进行开发并创建新企业。但在认知心理学视角下，创业机会研究强调创业者个体的认知图式对于识别和发现机会的重要作用，并且认为创业者的一些主观因素，如认知会决定机会的形成。

创业机会来源不同，发现创业机会的方式就不尽相同，科兹纳、谢恩、菲特等学者认为，机会发现方式有系统搜寻和偶然发现两种。

1. 系统搜寻

系统搜寻指通过有意识地系统搜寻来发现创业机会。谢弗和斯科特认为，创业者通过实施搜寻策略、利用自己的信息加工能力对所搜寻到的信息进行加工、再对搜寻机会进行有效选择来发现机会[1]。菲特通过一项创业机会识别实验印证了虽然并不是所有的创业者都采取系统搜寻的方式来发现创业机会，但实施系统、主动搜寻策略的创业者总能发现更多的创业机会[2]。

2. 偶然发现

偶然发现指创业者凭借自己在创业前积累的知识，即"先前知识""创业警觉性"来"意外"发现创业机会，即创业者的个体异质性是机会发现的决定因素。有一些学者认为，具有先前知识和创业警觉性的创业者无须有意识地搜寻就能意外发现创业机会。

（四）创业机会的建构

创业机会的建构观认为，创业机会是内生的，是创业者可以主观感知并识别和创造的，他们的创业行为是创业机会的根本来源，否则机会就不可能出现。在他们看来，创业机会是社会建构的产物，是创业者在行动和努力的过程中使机会得以开发。创业者和创业机会相互交织在一起，所有关于机会的知识和认知图式都是在人际交往过程中建构的，机会的创造和实现是一个持续提高的过程，前一阶段协调一致的结果会进

① Shaver K G L, Scott R. Person, process, and choice: The psychology of new venture creation [J]. Entrepreneurship Theory and Practice, 1991, 4（1）: 23-42.

② Fiet J O. A prescriptive analysis of search and discovery [J]. Journal of Management Studies, 2007, 44（4）: 592-611.

一步影响下一阶段的实施过程。

在建构主义视角下，创业机会开发是一个信息加工的过程，创业者应该采用试错或探索模式，通过诠释法加工信息，并利用他们从周围环境中捕捉到的信息建构他们心目中的现实。创业机会的建构过程包括三个方面：第一，创业者是具有主动性、目的性和创造性的能动者。第二，创业者在建构创业机会和创业企业的过程中伴随与他人的互动和交流。第三，创业者在社会性地建构创业机会和企业的过程中受到嵌入特定情境的规则和资源的影响。[①]

总而言之，创业机会的建构是创业者在不断实践的过程中形成的，机会不是固定不变的客观存在，它可能隐藏在创业情境中，需要创业者积极主动地与他人、社会环境进行互动，整合资源，从而不断完善自我认知，实现创业成功。

（五）创业机会的类型

1. 根据创业机会的成熟度和发展情况划分

Ardichvili 等[②]根据创业机会的成熟度和发展程度区分创业机会的类型。他认为市场需求有的可识别，有的未识别到，创业者创造价值的能力如人力资源、财务能力等有的明确，有的未明确。结合这两个维度，他设计了一个创业机会的二维矩阵（见图3-1）。横坐标是市场需求，纵坐标是创业者创造价值的能力，进而把创业机会划分成四种类型。

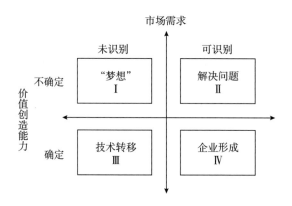

图 3-1 创业机会的二维矩阵

资料来源：Ardichvili A，Cardozo R，Ray S. A theory of entrepreneurial opportunity identification and development [J]. Journal of Business Venturing，2003，18（1）：105-123.

（1）机会类型 I（"梦想"）：市场需求未识别，创业者价值创造能力不确定，即问题及其解决方法都是未知的。

---

① 方世建，孙累累，方文丽. 建构主义视角下的创业机会研究景点模型评介 [J]. 外国经济与管理，2013，35（5）：2-14.

② Ardichvili A，Cardozo R，Ray S. A theory of entrepreneurial opportunity identification and development [J]. Journal of Business Venturing，2003，18（1）：105-123.

（2）机会类型Ⅱ（解决问题）：市场需求可识别，但价值创造能力不确定，即问题已知但其解决方法仍未知。这里的机会开发是设计一个具体的产品或服务来满足市场需求。

（3）机会类型Ⅲ（技术转移）：市场需求未识别，但价值创造能力确定，即问题未知但可获得解决方法。这里的机会开发强调为了已有的技术寻找一个合适的应用领域。

（4）机会类型Ⅳ（企业形成）：市场需求可识别，价值创造能力也是确定的，即问题和解决方法都已知。这里的机会开发就是市场需求与现有的能力匹配起来，形成可以创造并传递价值的新企业。

2. 根据目的——手段关系的明确程度划分

（1）识别型机会：市场中的目的和手段关系十分明显时，创业者可以通过这种关系的连接来识别机会。如当市场上出现了新需求，就需要企业去满足这些新需求，从而产生机会；当出现市场供给缺陷，同样可以找到创业机会。问题型机会大都属于这一类型。

（2）发现型机会：目的或手段的任意一方状况未知，需要创业者进行机会发掘。比如一项新技术诞生，但还没有具体的商业化产品出现，需要创业者不断尝试来挖掘市场机会。

（3）创造型机会：目的和手段都不明确，需要创业者比别人更有先见之明，才能创造出有价值的市场机会。这种创业机会难度极大，但是成功后能带来巨大利益。

3. 根据目的——手段关系的手段方式划分

（1）复制型机会：创业机会所运用的手段是对现有手段的模仿性创新，即在已有的商业模式或产品上进行复制和模仿，通常是在成熟市场中寻找机会。如1998年，伊利副总裁牛根生突然被总裁扫地出门后，带领手下几名干将启动了一场"复制一个伊利"的计划，创办了蒙牛乳业集团。

（2）改进型机会：创业机会所运用的手段是对现有手段的渐进性创新，即在已有的商业模式或产品上进行改进和创新，通常是在市场需求和消费者反馈的基础上进行创新。

（3）突破型机会：创业机会所运用的手段是对现有手段的突破性创新，即在全新的商业模式或产品上进行创新，通常是在未被开发或未被满足的市场需求上进行创新。如随着数字化和网络化发展，很多酒店通过引入云计算、大数据、人工智能等新一代信息技术，增加如智能客房控制系统、自助入住机、智能语音助手等服务与产品，为游客提供更加便捷、个性化的服务。

4. 根据目的的性质划分

（1）问题型机会：现实中存在的未被解决的问题而引发的机会。这类机会在日常生活和实践中经常出现。如年轻人喜欢有一个可以自由欢聚的空间喝喝咖啡、聊聊天，但是学校缺少这样的场所，学校周边的咖啡厅就解决了年轻人的这一问题。又如城市里的短距离出行一直都是巨大的难题，共享单车的出现很好地解决了这个问题。

（2）趋势型机会：在变化中看到未来的发展方向，预测到将来的潜力和机会。这类机会在外部环境，如政治、经济、文化和科技发生变化时容易出现，但这种变化往往处于萌芽状态，不被大多数人认可和接受，创业者若是能及时发现并把握这类机会，就有可能成为未来趋势的先行者。趋势型机会一旦被人们所认可，将带来持久的影响力和巨大的利益，如阿里巴巴抓住了互联网的发展趋势，通过为中小企业提供电商平台，改变了全球的商业生态。

（3）组合型机会：将现有的两个以上的技术、产品、服务等因素组合起来，以实现新的用途和价值而引发的机会。如携程的"鼠标+水泥"的商业模式创新，就是立足于传统旅行服务公司，通过"互联网+呼叫中心"完成中介任务，用 IT 和互联网技术将盈利水平无限放大。

【阅读案例】

在县城创业的"90 后"，抓住机会了吗?①

小城里的人在做什么生意? 动辄千亿元的 GDP 来自哪里?

1. 经济连锁酒店成为县城青年的创业选择

位于江苏与山东交界的新沂，是徐州代管两个县级市之一，在百强排名中位列第 60 名，是不折不扣的富庶之地。

这是一座交通重镇，周边 80 千米范围内分布着徐州观音国际机场、连云港白塔埠机场、山东临沂机场及淮安涟水机场 4 座大型民用机场，上连济南、下通合肥，构成了铁路、高速公路、水运、航空四位一体的大交通网络格局。

凡是交通枢纽，必然伴随高强度的住宿刚需，新沂也不例外，来往新沂市的行商旅客甚多，使新沂市成为了江苏省境内酒店行业最发达的县级市之一。

看准这门生意的人不少，仅新沂市区以内，合规营业的大小酒店就多达 258 家，当地知名的连锁酒店品牌尚客优就曾透露过，即使在跌幅相对较大的 2020 年 3 月初，他们的住客也仅减少了 15%，大部分刚需旅客仍然在奔波劳碌中。

于是，永不停歇的酒店成为很多当地青年的创业选择。

2. 尚客优连锁酒店在县城的崛起

大城市的老板认为只要把一、二线城市的酒店模型搬到小城来，人们就会积极买单，他们认为小城等于土味和幼稚，如酒店应该花花绿绿，应该有粉红色心形床和皮卡丘和米老鼠的卡通壁画，还要求至少 60 间客房才能加盟。实际上，在总人口只有大城市两三成的小城，不可能需要那么大规模的酒店。无论是收入结构还是产业结构，小城与一线城市都有很大不同，但在消费审美和消费能力上，差别无限趋近于 0。这里的人不受房价拘束，生活压力小，消费自由度更高，在科技时代，大家享受的文化产品也都相同。小城里的酒店一样简洁优雅，许多人每天必喝一杯拿铁或者红茶，热门

---

① 在县城创业的 90 后，抓住机会了吗? [EB/OL]. [2023-08-08]. https://www.lvjie.com.cn/brand/2023/0808/30146.html.

商圈一样有名创优品和海底捞，人们议论着四川的熊猫花花，刷着音乐节的门票，看着同样的萌宠短视频。

号称"更懂小城"的尚客优，确实比其他品牌更擅长在三、四线市场中搏杀。尚客优是升级后的咖啡文化酒店，很多县城创业者加盟这个品牌原因就是尚客优在县城的门店很多，认可度很高。平台搜索结果显示确实如此：新沂市仅有 1 家汉庭、1 家如家、1 家锦江之星。而尚客优及其兄弟品牌共有 9 家。

早在 2010 年开始，尚客优就开始大力发展小城战略。截至 2022 年底，尚客优在全国百强县的门店覆盖率达到 100%，仅在全国最强县城昆山，尚客优就拥有超过 30 家门店；在突然爆火的临沂，有尚客优酒店 24 家；在宇宙中心曹县，尚客优酒店也多达 24 家。

在一线城市，开一家经济型连锁酒店的基本门槛是 800 万~1200 万元投资，包括一栋有 60~80 间客房的物业，以及大约 20 名全职员工的人力成本，盈利难度很大。但在百万级人口的小镇，这个标准被尚客优降低了一半。在江苏省，最大的一家尚客优悦位于徐州，面积建筑面积 3000 平方米，包含近 80 间客房，有餐厅、洗衣房、咖啡吧、会议室等。旺季房价达到 400 元以上，出租率长年维持在 80%~90%，运维人员 11 名。2023 年"五一"期间，国内出现了罕见的强住宿需求，无论热门旅游地还是冷门小众县城的经济型连锁酒店，统统一床难求，单间客房最高涨到 700 余元。

很多独立经营单体酒店的创业者，后来也转为加盟酒店，因为没有品牌化的支持，开酒店没有那么容易。没有大的集团分担成本、供应链、设计、维修、客房估价等都要自己想办法，成本太高。从 2023 年开始，尚客优品牌参与了母公司尚美数智科技集团启动的"101 网红酒店扶持计划"，在全国 3000 多家门店中挑选出 101 家，围绕"小城·回家·尚客优"的品牌主张，通过举办不同的小城特色活动为门店引流，帮助门店学习品牌化营销的知识，在树立品牌形象的同时，也能培养单店造血能力。

2021 年，尚美数智拿到了来自小米的战略投资。2023 年，13 岁的尚客优实现第 6 次品牌形象升级，通过产品设计帮业主改造独具风格的网红大堂，提高供应链中合作伙伴的品质，进一步在三、四线城市增建高颜值、高性价比、高满意度的"三高"好酒店。

扎根在小城中，在一、二线城市声名不显的尚客优，悄然在全国开出了 3000 多家门店，母公司尚美数智拥有酒店 6200 多家，客房规模排名全国第 4 位。

3. 县城的创业机会依然存在

这些小城中低调隐藏着各种各样的创业故事。在主流市场仍然以傲慢的眼光审视着小城故事和小镇青年时，各种财富与商业的故事正在小城中川流不息。有人在这里实现人生梦想，有人在这里白手起家。一家酒店、一个餐馆、一家好店，小镇青年凭借自己对小城的理解和认识，洞察商机，野蛮生长。

二、创业机会的识别

创业过程围绕着机会进行识别、开发和利用。所以，创业识别可以看作是创业的起点，正确识别创业机会是创业者应该具备的重要技能。在机会识别阶段，创业者需要掌握创业机会识别的过程、方法和影响因素。

（一）创业机会识别的过程

创业机会识别是创业者与外部环境（机会来源）互动的过程。在这个过程中，创业者利用各种渠道和各种方式掌握并获取有关环境变化的信息，发现现实生活中在产品、服务、原材料和组织方式等方面存在的差距或缺陷，找出改进或创造目的——手段关系的可能性，最终识别出可能带来新产品、新服务、新原料和新组织方式的创业机会（见图 3-2）。

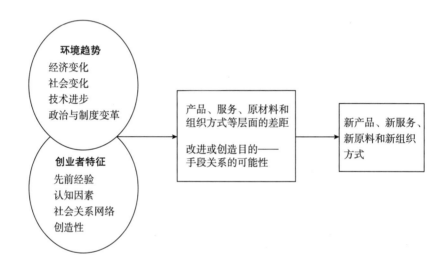

图 3-2　创业机会识别过程

资料来源：［美］布鲁斯·R. 巴林格，杜安·R. 爱尔兰. 创业管理：成功创建新企业 ［M］. 张玉利，王伟毅，杨俊，译. 北京：机械工业出版社，2006.

事实上，很多学者已经开始认识到机会研究是创业研究的中心问题，为此，他们进行了多角度的研究。

Lindsay 和 Craig 将机会识别的过程分为三个阶段：机会搜寻、机会识别和机会评价。[1] 具体如图 3-3 所示。

在机会搜寻阶段，创业者需要搜寻可能的创意，如果遇到了可能的机会，则进入机会识别环节。

---

① Lindsay J，Craig J. A frame work for understanding opportunity recognition：Entrepreneurs versus private equity financiers ［J］. Journal of Private Equity，2002，5（6）：13-24.

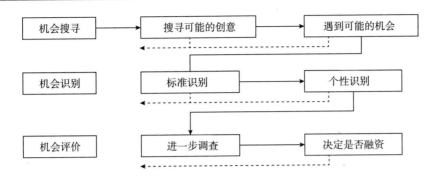

图 3-3 创业识别过程

资料来源：Lindsay J，Craig J. A framework for understanding opportunity recognition：Entrepreneurs versus private equity financiers ［J］. Journal of Private Equity，2002，5（6）：13-24.

在机会识别阶段，从之前搜寻到的创意中，选择合适的创意进行创业，匹配市场环境，观测是否有利可图，之后进行个性识别，即考察该机会是否适合当前创业者的特征，是否有价值。

在机会评价阶段，对识别出的机会进一步进行调查，如构建专门的评价系统进行评价，对财务指标等进行考察，最后决定是否融资。机会评价不是最后一步，它贯穿了整个创业机会的识别和开发过程。

（二）创业机会识别的影响因素

成功的创业机会识别是创业愿望、创业能力和创业环境等多因素综合作用的结果，面对具有相同期望值的创业机会，并非所有创业者都能把握。影响创业机会识别的因素有先前经验、个性特征、社会关系网络、创造性等。

1. 先前经验

创业领域中，一个人一旦投身某产业创业，会比产业外的人更能看到并把握各种创业机会，这被称为走廊原理。创业如同一段旅途，在这段旅途中，通向创业机会的走廊变得清晰可见。这一原理其实强调了经验和知识对于发现和把握创业机会的重要性。创业者在某一领域的经验和知识越多，越容易识别并抓住该领域的创业机会。例如，携程网联合创始人之一——梁建章在创建携程旅行网之前，曾任美国 Oracle 公司中国咨询总监，对互联网技术和商业运营有着深入了解。当年，他意识到人们越来越倾向于通过网络来预订旅游产品，这为携程提供了巨大的商机。

2. 个性特征

个体特征包括创业警觉性和性格特征。有些创业者比别人更擅长识别机会，有人认为这是他们的"第六感"，使他们能看到别人未识别的机会，也有人称为"创业警觉性"，即不必详细调研就能发现机会的能力。警觉很大程度是一种习得性的技能，拥有某个领域更多知识的人，往往比其他人更容易发现这个领域里隐藏的机会。除此之外，创业者的年龄、性格、成长环境、风险认知能力也影响着创业机会的识别。如果创业者乐观自信，具有很强的自我效能感，会使他更多地看到机遇而非威胁，从而获得更多的创业机会。

3. 社会关系网络

社会关系网络能带来承载创业机会的价值信息，它具有一定的扩展性和延伸性，可以逐步转化为企业的资源，形成企业生产力的一部分。成功的创业者往往能从社会关系网络中发现和捕捉到机会，从而获取资源并创造出创业者显性资源所无法实现的价值，所以创业者的社会关系网络的深度和广度影响着机会识别。

4. 创造性

创造性是产生新奇或有用创意的过程，从某种程度上讲，机会识别是一个创造过程，是不断反复的创造性思维过程。在听到更多趣闻轶事的基础上，人们很容易看到创造性包含在许多产品、服务和业务形成过程中。对个人来说，创造过程会经历五个阶段：第一步是准备阶段，创业者需要先前经验做基础。第二步是孵化阶段，即仔细考虑创意或问题的阶段，可能是有意识的，也可能是无意识的。第三步是洞察阶段，即创业者识别出机会的时刻，是创意或办法产生的过程。第四步是评价阶段，即分析其可能性的过程。第五步是阐述阶段，是创造性创意成型进而变成有价值的东西。

【阅读案例】

Airbnb 是改变一切的冒险①

Airbnb 首席执行官布莱恩·切斯基在接受《财富》杂志采访时，被问到"你冒过的最大风险是什么?"他回答道："从罗德岛设计学院毕业后，我在洛杉矶一家小型工业设计公司找到了一份工作。起初我很喜欢这份工作，因为收入高，我设计的产品甚至被摆在了商店的货架。

但我觉得设计那些最终会被填埋的产品并不满足，我想设计一些能长久使用的产品。在与洛杉矶的几位企业家合作过之后，突然意识到，虽然我是设计师，但他们才是创造有意义的东西的人。我问自己'我和他们有什么区别? 为什么我不能做同样的事情?'就在那时，我意识到：他们懂得冒险，而我没有。

后来有一天，我接到了大学同学乔·格比亚的电话。他告诉我，我应该搬到旧金山。这个电话触动了我，我最终决定冒这个险。每个人一生中都会有那么一两个时刻，当他们做出一个决定时，这个决定就永远地改变了他们的生活。我现在所做的每一个决定，几乎都是我决定搬到旧金山的那一刻所产生的连锁反应。

于是，我把所有的家当都装进了我那辆老本田思域的后备箱，出发去了一个甚至连第一个月的房租都付不起的城市。这是个冒险的决定，但最终还是找到了支付房租的办法，我们把几个气垫床打开，把我们的客厅租给了三个需要地方过周末的陌生人。我们称之为'充气床与早餐'(AirBed and Breakfast)，这个想法最终变成了 Airbnb。

① Airbnb 公司 CEO：放弃安稳，创业是我最大的冒险 [EB/OL]. [2014-11-03]. https://www.fortunechina.com/management/c/2014-11/03/content_226497.htm.

在现实社会中，我们习惯于在所有错误的时间避免承担风险。大学一毕业，就被告知要做安全的事，勾选所有正确的选项，低调行事。人们假定，一旦我们找到自己的立足点或找到一份稳定的工作，我们就可以尝试去冒险。

但生活并非如此，而且这种风险思维也是错误的。随着年龄的增长，情况难免会发生变化。你可能会成家立业，也可能会遇到意想不到的障碍。随着时间一天天过去，承担风险的感觉会比以前更可怕，也似乎比以前更难。

所以我的建议是，不要等待。总会有很多理由让我们铤而走险。但更多的时候，你生命中最激动人心的时刻将是你冒险的时候，即当你跟随内心痛苦的感觉，而不是别人建议的安全、谨慎的道路时。

对我而言，那次冒险改变了一切。"

（三）创业机会的识别方法

具体来讲，比较常用的创业机会识别方法有以下五种：

1. 新眼光调查法

新眼光调查就是持续地通过各种媒介，如顾客、环境、报纸、杂志、互联网等途径获取信息，然后进行整合思考。大量信息的获取对发现问题或快速切入问题有很大的帮助，创业者需要在调查中学会问问题，也要在信息收集中建立自己的直觉。新眼光调查需要注重初级调查，通过与顾客、供应商、销售商交谈，了解正发生什么以及将要发展什么。例如，去哪儿网通过收集旅客的订票信息，掌握旅客来去的动向，开发出了热门的旅游攻略和景点打折优惠。另外，要注重二级调查，即利用互联网搜索数据、浏览寻找包含所需要信息的报纸杂志等。随时记录想法也是典型的新眼光调查。瑞士最大的音像书籍公司的创始人说他有一本笔记本，当记录到第 200 个想法时，他会坐下来回顾所有的想法，然后开办自己的公司。

2. 系统分析法

创业机会很多来自环境的变化，创业者可以观察研究这些变化趋势，如宏观的政治、法律、人口、技术环境和微观的顾客、供应商、竞争对手等变化，通过创业市场调查，收集、整理和系统分析以上信息，从而快速识别到创业机会。日本某汽车公司通过市场调研，发现美国人把汽车作为身份象征的观念正在削弱，通过观察市场需求和走向，发现美国家庭日趋小型化，人们把汽车作为一种交通工具，更加注重出行的舒适度和实用性，但美国缺少这样的一个小型经济型车的市场。日本汽车商迅速找到了市场空缺，把握住创业机会，从而研发出小型舒适经济型车型。当然，创业者可能没有时间和资源去了解全部信息，可以借助咨询公司的服务，或从调查公司购买定制化的预测和市场分析，从而获得创业所需的潜在信息。

3. 问题分析法

问题分析从一开始就要找出个人或组织的需求以及他们面临的问题。这些需求和问题可能很明确，也可能很含蓄。创业者可能会识别它们，也可能会忽略它们。问题分析的核心在于"提出问题，解决问题"。创业者需要首先分析"什么是最好的"，然后去考虑"怎样做到更好"。一个有效并有回报的解决方法对创业者来说是识别机会的基础。

4. 顾客建议法

一个新的机会可能由顾客识别。如果顾客认为自己的需求没有被满足或者没有得到预期的满意值，就会提出各种各样的抱怨或建议。顾客建议多种多样，有的建议非常直接且简单，他们会提出一些如"如果怎么样就好了"这样的非正式建议；有的建议可能会正式且具体，并有详尽的资料为其建议提供支持，一些组织会积极主动地向供应商"反向推销"他们的需求。无论使用什么样的手段，一个讲究实效的创业者应当对顾客的反馈做出积极的反应。

5. 自我创意法

创业机会的识别与个人创意有很大的关系。在创意产生后才会有创业。机会识别类似于一个创造的过程。也许一个新的发明就会产生一个新的创业机会，识别创业机会需要创业者自己敢想敢做，有时候风险越高的创业，回报也越高。可以在日常生活中问自己以下问题：什么样的产品和服务使我的生活更轻松愉快？什么样的产品或服务能免除我的烦恼？从而不断训练自己的创新思维。

（四）创业机会识别技巧

1. 拓宽获取信息的渠道

一般情况下，接受的与潜在机会相关的信息越多，越有可能在机会刚刚出现时就发现它们。人们可以通过从事"前沿"的工作，如研发和市场营销工作，或者构建一个巨大的社交网络，或者通过拥有丰富多样的工作和生活经历，来获取信息渠道。

2. 开阔自己的视野

训练识别机会的最好方式是不断用新的经验去开拓自己的思维。识别机会的能力如同创造力一样，在很大程度上依赖于掌握多少信息，拥有更多的知识就能获取到更多的信息，越有可能先于别人识别构成机会的连接点和模式。一些可以扩展思维的方法包括：旅游，接触陌生人，学习语言，阅读以前不曾读过的书籍，参加讲座、音乐会，尝试新的爱好，读报纸和杂志，与朋友和导师讨论新闻事件，实习等。无论什么时候，学习能学到的任何事，结果将是机会识别能力得到提高。

3. 从幻想中创造机会

当创业者幻想他们渴望在生活中拥有的产品或服务时，商业机会就被创造出来，通过问自己或朋友以下问题：想象一下什么是自己最渴望得到的东西？它像什么？它能做什么？

4. 组织知识与已有知识进行联结

组织起来的知识比没有组织起来的知识更有用。当获得了新知识，应该积极地去寻找与之相关的原有知识。以这种方式联系和组织的信息比那些没有组织的信息更易记忆和利用。当知识结构的内在联系越多，其中的信息就越容易结合起来发展出新模式。

5. 善于观察

俗话说，生活中不缺少美，只是缺少发现美的眼睛。同样，创业机会也是如此，需要创业者懂得观察。观察别人的成功经验，学习他们的优点和长处，开拓自己的思维；观察市场的竞争情况，是否具备与其他创业者竞争的能力；观察创业机会的现实性。

第二节　创业机会的评价

一、有价值的创业机会的特征

杰弗里·蒂蒙斯和小斯蒂芬·斯皮内利认为，有价值的创业机会一般具有以下几方面的特征[①]：

（1）有吸引力。好的创业机会一定伴随需求旺盛的市场和丰厚的利润，必然受到创业者和投资者的追求和青睐。

（2）持久性。好的创业机会一般具有可持久开发的潜力，并且能够为企业带来持续的竞争优势。

（3）及时性。创业机会产生于一定的条件下，随着消费者需求的变化，创业机会会随之改变，创业者需要及时抓住机会并科学利用，以取得良好的经济效益。

（4）价值性。好的创意必须为顾客带来价值和利益。所以，无论创业的形式表现为产品，还是服务，抑或业务，都必须能为顾客带来实实在在的价值。这是创业机会区别于其他机会的本质特征。

二、创业机会的评价方法

对于创业者来说，关键在于如何能够从众多机会中寻找出真正有价值的创业机会，并采取快速行动来把握机会。在此，将介绍几种可用于评价创业机会价值潜力的一般方法。

（一）定性评价法

1. SWOT 分析法

SWOT 分析法是对自身的优势（Strengths，S）、劣势（Weaknesses，W）以及外在的机会（Opportunities，O）和威胁（Threats，T）进行分析判断的方法，如图 3-4 所示。SWOT 分析法可以帮助创业者发现创业构思可能存在的优势和机会，也能得出存在的问题和威胁，有助于创业者正确判断创业机会的可行性，以及创业机会是否具备竞争能力和盈利能力等。

---

①　[美]杰弗里·蒂蒙斯，小斯蒂芬·斯皮内利. 创业学 [M]. 周伟民，吕长春，译. 北京：人民邮电出版社，2005.

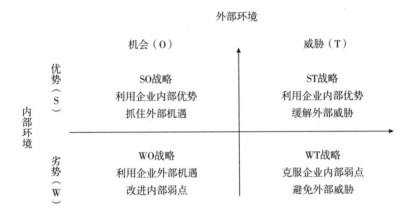

图 3-4　SWOT 分析方法

SWOT 分析法需要分析优势、劣势、机会和威胁四个因素，从而组合出四种策略。

SO 策略：通过内部优势抓住外部机会的策略。如一个资源雄厚的企业发现某一市场未曾饱和，可以采取此策略开拓市场。

WO 策略：利用外部机会弥补内部弱点的策略。如政府加大创业企业的资金扶持力度，而企业正面临着资金不足的困境，可以采取此策略，利用政府的扶持资金，解决创业资金困难。

ST 策略：利用企业优势缓解外部威胁的策略。如企业的销售渠道很多，但政策不允许它经营其他商品，可以采取此策略，走集中化、多样化道路。

WT 策略：直接克服内部弱点，避免外部威胁的策略。如创业企业产品一般，供货渠道不畅，可以采取此策略，加强企业管理，提高质量，扩大货源。

运用 SWOT 分析法首先要正确且尽可能多地列举出自身的优势和劣势，它决定了分析结果的有效性。其次创业者应该将所有对企业经营有影响的因素进行考量，找出有利条件与不利条件。再次评估创业项目潜力，判断其是否可行。最后创业者需要考虑如何实现创业项目，包括组织人员、调度资源、寻找投资等，优势越大、机会越多的创业项目越容易取得成功。

【阅读案例】

携程的 SWOT 分析①

在数字时代，旅游业的竞争不仅是一场资源的角逐，更是一场信息、服务和技术创新的较量。作为中国领先的在线旅游服务平台，携程凭借广泛的服务范围、深度的市场渗透以及强大的技术支持，成为业界的佼佼者。然而，在这个充满机遇与挑战的市场环境中，携程的发展同样面临着不少考验。

---

① 携程 SWOT 分析［EB/OL］.［2024-04-09］. http：//www. 100ec. cn/index/detail--6637709. html.

1. 优势

（1）品牌影响力：携程作为中国在线旅游行业的先行者之一，拥有强大的品牌影响力和市场认知度。多年来，携程通过提供优质的服务，赢得了广大消费者的信赖和支持，形成了良好的品牌口碑。

（2）产品和服务多样化：携程的产品和服务范围极为广泛，从机票、酒店预订到旅游度假产品、商务旅行管理，再到火车票、汽车票以及各种本地化旅游活动和服务，几乎涵盖了旅游领域的所有方面。多样化的服务组合满足了不同消费者的多样化需求，增强了携程的市场竞争力。

（3）技术创新与应用：在互联网技术和大数据、云计算的推动下，携程拥有先进的技术支持和流程系统，建立了行业内第一个客户管理系统，通过智能算法优化搜索引擎，提升用户体验；利用大数据分析优化产品推荐和价格策略，精准满足消费者需求。此外，携程还积极探索人工智能、虚拟现实等前沿技术的应用，以期提供更加高效、个性化的服务。

2. 劣势

（1）盈利模式单一：虽然携程提供的服务范围广泛，但其盈利模式相对单一，主要依赖于交易佣金和广告费。在市场竞争日益激烈的背景下，这种盈利模式的脆弱性逐渐显现，影响了携程的长期发展。

（2）国际化程度有限：尽管携程在国内市场取得了巨大成功，但其在国际市场的布局相对滞后，国际化程度不高。面对全球化的市场需求和国际竞争对手的挑战，携程需要加快国际化步伐，扩大全球市场份额。

3. 机会

（1）旅游市场回暖：随着疫情影响逐渐减弱，国内外旅游市场有望迎来快速回暖。携程凭借其品牌优势和市场地位，有望在市场复苏过程中抢占先机，获取更多市场份额。

（2）跨界合作的空间：旅游与文化、娱乐、教育等领域的融合趋势日益明显，携程可以通过与这些领域的企业进行跨界合作，开发新的旅游产品和服务，创造新的增长点。

（3）信息技术的蓬勃发展：5G、大数据、人工智能等信息技术的进步创新了旅游服务和体验，也给在线旅游信息网站提供了日趋丰富的上下游资源。

4. 威胁

（1）竞争加剧：随着越来越多的企业和资本进入在线旅游市场，市场竞争日益激烈。特别是一些互联网巨头通过跨界进入，依托自身的用户基础和资本优势，对携程形成了强大的竞争压力。

（2）监管政策的不确定性：在线旅游行业的监管政策不断完善和调整，给携程等平台带来了不确定性。如何在保证合规的同时，灵活应对政策变化，是携程需要面对的挑战。

携程可以通过分析以上四个方面，形成 SO、WO、ST、WT 四种战略。①SO 战略：携程可以充分利用品牌影响力，强化上下游供应链的布局、积极搭建新的内容生态平台，如直播带货，寻找新的流量切入点。②WO 战略：携程可以加强企业销售渠道的创新，积极拓宽商旅管理和休闲度假业务规模，发展新的利润增长点。③ST 战略：借助品牌优势，加快休闲、高端、小团体主题产品的研发，丰富产品内容，提高竞争力。④WT 战略：完善企业内部结构，进一步强化公司的风控能力等。总之，携程在面对诸多优势的同时，也需要警惕存在的劣势和外界威胁，抓住当前的机遇，不断创新和优化其产品与服务，加强国际市场布局，以谋求更加稳健和可持续的发展。面向未来，携程有望在全球旅游服务平台中继续发挥其领头羊的作用，引领行业走向更加辉煌的未来。

2. 蒂蒙斯的机会评价体系

蒂蒙斯的机会评价体系[①]，是一个定性与定量相结合的分析方法，它涉及行业和市场、经济因素、收获条件、竞争优势、管理团队、致命缺陷问题、个人标准、理想与现实的战略差异 8 个方面、53 项指标。创业者可以利用这个体系模型对行业和市场问题、竞争优势、财务指标、管理团队和致命缺陷等做出判断，来评价一个创业项目或创业企业的投资价值和机会。具体标准如表 3-1 所示。

表 3-1　Timmons 创业机会评价体系

行业和市场	1. 市场容易识别，可以带来持续收入 2. 顾客可以接受产品或服务，并支付费用 3. 产品附加值高 4. 产品市场影响力高 5. 新产品生命周期长 6. 新兴行业，竞争不完善 7. 市场规模大，销售潜力达 1000 万至 10 亿元 8. 市场成长率在 30%~50% 或以上 9. 现有厂商生产能力接近完全饱和 10. 在五年内能占据市场的领导地位达 20% 以上 11. 具有成本优势，拥有低成本供应商
经济价值	1. 资产集中程度低 2. 运营资金不多，需求量逐渐增加 3. 研发对资金的要求不高 4. 有良好的现金流量，能占销售额的 20%~30% 或以上 5. 毛利率在 40% 以上，并且具有持久性 6. 税后利润率 10% 以上，且具有持有性 7. 销售额年增长率大于 25% 8. 项目对资金要求不大，能获得融资 9. 投资回报率 25% 以上 10. 盈亏平衡点不会逐渐提高 11. 达到盈亏平衡点所需时间在 1.5~2 年

① Timmons J A. New Venture Creation Entrepreneurship for 21st Century [M]. Boston：McGraw-Hill，1999.

续表

收获条件	1. 项目带来的附加值有较高的战略意义 2. 存在现有的或可以预料的退出方式 3. 资本市场环境有利,可以实现资本流动
竞争优势	1. 固定成本和可变成本低 2. 对成本、价格和销售的控制程序较高 3. 已经获得或可以获得对专利所有权的保护 4. 竞争对手竞争力较弱 5. 拥有某种独占性或者专利 6. 拥有良好的网络关系,容易获得合同 7. 拥有杰出的关键人员和管理团队
管理团队	1. 创业者团队是一个优秀管理者的组合 2. 行业和技术经验达到本行业内的最高水准 3. 管理团队的正直廉洁程度能达到最高水准 4. 管理团队了解自己缺乏哪方面的知识
致命缺陷	不存在致命缺陷问题
创业者个人标准	1. 个人目标与创业活动相符合 2. 创业者可以做到在有限的风险下实现成功 3. 创业者能接受薪水减少等损失 4. 创业者渴望创业这种生活方式,而不只是为了赚钱 5. 创业者可以承受适当的风险 6. 创业者在压力下状态依然良好
理想与现实的差异	1. 理想与现实情况相吻合 2. 管理团队已是最好的 3. 在客户服务管理方面有很好的服务理念 4. 所创办的事业顺应时代潮流 5. 所采取的技术具有突破性,不存在许多替代品或竞争对手 6. 具备灵活的适应能力,能快速地进行取舍 7. 始终在寻找新的机会 8. 定价与市场领先者几乎持平 9. 能够获得销售渠道,或已经拥有现成的网络 10. 能够允许失败

资料来源:Timmons J A. New Venture Creation Entrepreneurship for 21st Century [M]. Boston:McGraw-Hill, 1999.

可以看出,蒂蒙斯提出的创业机会评价指标体系是基于风险投资者的风险投资标准建立的,几乎涵盖了其他理论所涉及的全部内容,被认为是目前最为全面的创业机会评价指标体系,经常被风险投资家使用。运用该评价体系要求使用者具备敏锐的创业嗅觉、清晰的商业认知、丰富的管理经验和系统的行业信息,对于初次创业者、大学生创业者来说,要求比较高。所以,在实际的创业活动中,很多创业者会选择其中若干要素来判断创业机会的价值,使创业者的机会评价表现为主观感觉而非客观分析的过程。

(二)定量评价法

创业机会的定性评价法与创业者主观意识有很大的关系,有时候会使决策模棱两可。定量的方法则解决了该问题,它从比较客观的角度对创业机会的好坏进行衡量。

大卫·贝奇教授在《创业学》中提出了四种公认的评价方法①：

1. 标准打分矩阵法

首先选择对创业成功有重要影响的因素，其次由专家小组对每一个因素进行等级评分，最后求出每个因素在各个创业机会下的加权平均分，从而可以对不同的创业机会进行比较。矩阵中最重要的是列出影响创业者创业机会成功的重要指标或因素，每个创业机会都会有不同的影响因素。表3-2通过实例来分析标准打分矩阵方法，表中列出了零售店十项主要评价标准，在使用中也可以根据实际情况选择部分因素来进行评估。

表3-2　标准打分矩阵评价

标准	专家评分			
	非常好（3分）	好（2分）	一般（1分）	加权平均分
易操作性	8	2	0	2.8
服务质量	6	2	2	2.4
市场接受度	7	2	1	2.6
融资能力	5	1	4	2.1
投资回报	6	3	1	2.5
专利权状况	9	1	0	2.9
市场的大小	8	1	1	2.7
制造的简单性	7	2	1	2.6
广告的潜力	6	2	2	2.4
成长的潜力	9	1	0	2.9

资料来源：John G Burch. Entrepreneurship［M］. Hoboken：John Wiley & Sons，1986.

2. 温斯汀豪斯法

该方法是计算和比较各个机会的优先级，根据下列公式计算：［技术成功概率×商业成功概率×平均年销售数×（价格－成本）×投资生命周期］/总成本＝机会优先级。其中，成本以单位产品成本计算，投资生命周期是指可以预期的年均销售数保持不变的年限，总成本指预期的所有投入，包括研究、设计、制造和营销费用，技术成本概率与商业成功概率都以百分数形式表示。对于不同的创业机会，机会的优先级越高，该机会成功的概率就越大。例如，如果一个创业机会的技术成功率为90%，商业成功率为70%，在8年的投资生命周期中年均销售数量预计为10000个，价格为60元，单个产品成本30元，研发费用100000元，制造费用200000元，销售费用50000元，设计费用70000元，根据公式带入，可以得出其优先等级为4。

3. 泊泰申米特法

该方法可以通过让创业者来填写针对不同因素的不同情况，预先设定好权值的选

① John G Burch. Entrepreneurship［M］. Hoboken：John Wiley & Sons，1986.

项式问卷方法，从而快捷得到特定创业机会的成功潜力指标。对于每个因素来说，不同选项的得分为-2~2分，通过对所有因素得分的加总得到最后分数。总分越高，创业机会的潜力越高，只有高于15分的创业机会才值得创业者进行下一步策划，低于15分的都应该被淘汰（见表3-3）。

表 3-3　泊泰申米特机会评价法指标

对于税前投资回报的贡献	得分（-2~2分）
预期的年销售额	
生命周期中预期的成长阶段	
从创业到销售额高速增长的预期时间	
投资回收期	
占有领先者地位的潜力	
商业周期的影响	
为产品制定高价的潜力	
进入市场的容易程度	
市场实验的时间范围	
销售人员的要求	

资料来源：John G Burch. Entrepreneurship［M］. Hoboken：John Wiley & Sons，1986.

4. 贝蒂选择因素法

贝蒂选择因素法通过11个选择因素的设定来对创业机会进行判断。如果某个创业机会只符合其中的六个或更少的因素，这个创业机会很难成功；相反，如果某个创业机会符合其中七个或以上的因素，这个创业机会成功的概率就比较大（见表3-4）。

表 3-4　贝蒂选择因素法选择的因素

选择因素	符合与不符合
这个创业机会在现阶段是否只有你一个人发现了？	
初始的产品生产成本是否可以承受？	
初始市场开发成本是否可以承受？	
产品是否具有高利润回报的潜力？	
是否可以预期产品投放市场和达到盈亏平衡点的时间？	
潜在的市场是否巨大？	
你的产品是否是个高速成长的产品家族中的第一个成员？	
你是否拥有一些现成的初始用户？	
是否可以预期产品的开发成本和开发周期？	
是否处于一个成长中的行业？	
金融界是否能够理解你的产品和顾客对它的需求？	

资料来源：John G Burch. Entrepreneurship［M］. Hoboken：John Wiley & Sons，1986.

【案例讨论】

影视行业的"艾瑞咨询"如何炼成?①

艺恩是一家以影视数据观察起家的平台公司,以"艺恩网"为重要平台载体,目前已成长为业内最熟知,且最被认可的数据来源中心,做到业内第一的位置。但凡搜索影视相关的数据,90%以上都是来自艺恩。

1. 饥饿的人扑到了面包上:毕业后连续"创业"

艺恩 CEO 郜寿智计算机专业出身,毕业后一直在创业。2003 年,互联网浪潮刚兴起不久,适逢《新京报》创刊,赶上《新京报》计划做网站的搭建,郜寿智尽管是技术出身,但一直对传媒、电影、娱乐很感兴趣,有做媒体的情节,而《新京报》也做部分娱乐相关的内容,所以在媒体里能结合自己的专业,让郜寿智感觉很舒适。由于早期其他人都在忙于出刊,没有多余精力、资源投注在网站,所以郜寿智就把网站当做创业项目开始着手做,并承包了所有的工种,慢慢地网站有了影响力,在报业网站中访问量位居前列,这是郜寿智严格意义上的第一个创业"项目",算得上完美收官。

2006 年,郜寿智加入了艾瑞咨询,它是一家互联网第三方机构,郜寿智花了一年的时间吸收新的知识和技能,各种枯燥的报告在他眼里,学起来也很有新鲜感。后来,艾瑞创始人杨伟庆参与创办投中投资咨询,团队正式组建不久,郜寿智中途加入了他们,又开始了一段"创业"经历。

2. 做产品出生的人稳扎稳打:复制成熟的商业模式做自己擅长的数据

前期的"创业"经历都是在其他公司和创始人的带领下进行的,2008 年,郜寿智自己创业的想法越发强烈,甚至在做什么、怎么做都没有想明白的情况下就做好了大干一场的准备。

郜寿智在做新京报网时就一直关注访问量数据,非常重视用户层面的反馈数据,渐渐培养了一种商业市场的嗅觉,他发现在海外已有在纳斯达克上市的传媒娱乐数据统计公司,所以他认为,既然国外那么有市场,国内也一定存在商业市场空间。后来在艾瑞的商业数据服务经历,也让他认识到做数据洞察的价值,认为它是未来的核心竞争力,所以,郜寿智在资源匮乏下,从自己相对擅长的领域——数据开始了自己的创业。

由于郜寿智对娱乐行业很感兴趣,而 2008 年正好是电影产业逐渐崛起的一年,郜寿智团队分析当时美国的文化产业,占到他们整体 GDP 的 20%左右,而当时国内文化 GDP 粗略统计大概能占到 3%,存在巨大差距,从经济学的角度来看,任何一个经济发展都有侧重,国内早期的 GDP 更多是房地产驱动,到更成熟的经历必然有文化消费,包括居民的收入水平、消费支出,占比也都逐年提高。另外好莱坞的电影票房是依托

---

① 艺恩 CEO 郜寿智口述:技术男转做影视数据观察如何做到业内第一?[EB/OL].[2024-06-20].http://www.iheima.com/artcle-92454.html.

三四亿人口，它可以达到 100 亿美元左右的量级，那时候国内才 40 亿元人民币，连十亿美元都不到，两者有十倍的差距，但中国人口几乎是美国的好几倍。郜寿智预测新一轮资本即将大举进入影视行业，实际上，电影产业早在 2002 年开始就在做院线制改革，而那几年无论国家的政策，还有整体经济格局的转型，都预示着影视产业将成为下一个热点行业。所以郜寿智决定做影视行业。

定好了方向，进一步要思考的就是一个门外汉能在这个行业里做些什么，商业模式是什么？当时艾瑞的创始人也是郜寿智的出资方，他们一起明确了大方向后，从做数据库，做研究开始酝酿。艺恩公司在 2008 年年底开始了筹备，其中除了郜寿智、技术开发负责人，还加入了一位制片人，对公司更快速切入电影行业起到重要作用。

3. 勤劳的人勇于开垦荒地：从培养用户习惯开始

数据是艺恩咨询公司的第一个产品，2011 年以后艺恩基于数据的收入占比达到 60%～70%。艺恩咨询是如何将数据服务做到行业第一的呢？

2009 年，艺恩咨询公司刚成立不久，由于数据需要较长时间的沉淀和积累过程，产品的打造需要持续投入，所以当时的全部产品都是净投入，外围的营收不足以支撑公司运作，因此这个创业公司首先面临的是一个生存的问题。于是郜寿智团队各自发挥所长，尝试很多其他能赚钱的业务，甚至发挥老本行帮人做网站，把所有的收入都花在产品的投入推广上。但好在《新京报》和艾瑞的工作经历帮助郜寿智树立了一种创业者心态，在管理上打下坚实的基础，同时获得了艾瑞创始人的赏识和赞助。

2010 年的上海电影节是艺恩咨询公司特别关键的转折点，公司借助电影节做了一次全面的市场推广，基于数据模型为基础做行业的奖项评选推举新生力量，拉进了跟行业的距离，而且经过一年半左右的积累，公司的产品和品牌在市场中有了沉淀，开始在行业内培养了一些用户习惯，同时帮企业做一些个案研究，几年的时间为《狄仁杰》《小时代》《武侠》《搜索》等数十部电影项目提供过数据调研分析，帮助腾讯、优酷等新媒体公司做数据研究服务，也帮助一些企业做战略咨询，对于数据和行业价值的结合理解逐步深入。

从当时国内市场背景来讲，艺恩算是快速以第三方信息服务机构进入影视市场这片蓝海的，市场对于这样一个第三方机构的出现很有热情，因为投资人需要快速了解这个市场，寻找好的项目，而一些影视制作公司也开始慢慢有数据的意识，随着项目投资越来越大，需要有数据作为风险评估标准。由于当时公司产品不成熟，电影公司认可数据的价值，但听说要收费，所以一开始的购买意愿并不强烈，导致产品前期的推广也十分不利，艺恩公司花费了五年时间，包括在做个案服务过程中，逐步深入行业具体业务流程，建立一系列研究模型，把数据价值真正加以挖掘，才把这个行业的数据使用习惯真正培养起来，大数据火了之后推广工作省心很多，所以现在一说到电影数据、娱乐数据就会想到艺恩。

总体而言，艺恩经历了三个成长阶段：2009 年 4 月发布了艺恩网，有节奏地做出了第一个产品，即娱乐决策智库；在 2009 年底进行小范围测试，2010 年做大量推广，在行业当中做品牌普及，培养用户习惯；2011 年，公司以电影行业第三方机构的姿态渐渐在行业内做出了影响。

讨论：

1. 从艺恩 CEO 郜寿智的创业经历来看，艺恩为什么会成功？郜寿智为其创业做了哪些准备？

2. 根据案例内容，谈谈成功识别创业机会需要哪些条件？要想成功创业应该如何做？

3. 分析艺恩 CEO 郜寿智创业机会的来源和性质，从该案例你得到什么启示？

【思考题】

1. 简要回答创业机会的来源。
2. 创业机会的类型有哪些？
3. 影响创业机会识别的因素有哪些？
4. 创业机会识别的方法有哪些？
5. 有价值的创业机会具备什么特征？
6. 定性的创业评价方法有哪些？

【实训练习】

1. 浏览我国国家知识产权局网站，从里面找出一个与文旅行业相关的专利或技术，针对这个专利或技术，想出五个有关的创意。

2. 上网搜索有关携程的相关信息，你认为携程目前的经营模式还能有什么新改进，从而使其获得持久的竞争力？并对其创业机会进行评价。

3. 以小组为单位，每人举出三个你感受最大的旅游行业的变化趋势或你最关心的旅游行业问题，讨论潜在的创业机会，并最终选出三个最有创业价值的机会。

第四章　商业模式设计与开发

【引入案例】

袁家村商业模式①

　　袁家村位于陕西省咸阳市礼泉县烟霞镇，距离西安市区东北部45千米，位于咸阳市区东北约30千米，礼泉县城东部约14千米，烟霞镇区北部约1千米，是陕西关中平原腹地的一个普通的村落。全村总面积800亩，其中耕地620亩，人均住房面积68平方米。2007年以前，袁家村是个典型的"空心村"，青壮年外出打工，老弱病残留在农村。整个村子既没有绿水青山的美景，也没有古镇老村的风貌，不具备任何可利用的先天资源和独特优势。2007年，袁家村以乡村旅游为突破口，成为关中印象体验地及陕西乡村旅游示范村。2017年，袁家村接待游客量超过500万，旅游总收入3.8亿元，村民人均纯收入在10万元以上。这要得益于袁家村的两个创举：一是开创了乡村旅游和特色小镇的商业模式，二是建立了解决"三农"问题、实现乡村振兴的组织模式。

　　1. 乡村旅游和特色小镇的商业模式

　　袁家村通过打造以关中民俗和乡村生活为核心的内容，以旅游作为先导，导入客流量而形成了品牌，植入产品而形成了产业。

　　为保障食品安全及食品供应，袁家村以"前店后厂"的方式引进了豆腐、酿醋、辣椒面、酸奶、菜籽油等八家传统手工作坊；扩大袁家村优势项目的规模及效应，走出一条不同于"由一产向二产和三产拓展"的传统的发展思路，在旅游带动下，形成以"由三产带二产促一产、基于品牌溢价的多维度产业共融"的袁家村发展道路，即以民俗旅游起步，推动第三产业的快速发展，由于关注商家的信誉与食品的品质，反向推动了手工作坊发展，进而成立"前店后厂"和农产品的加工企业，加工业的升级壮大了第二产业，导致对优质农副产品的需求增大，倒逼了种养殖基地和订单农业，推动第一产业规模发展，实现一二三产业的融合及联动。

　　2. 建立解决三农问题、实现乡村振兴的组织模式

　　（1）农村集体经济的股份制合作模式。2012年，袁家村提出合作社模式，通过

---

　　① 袁家村模式的2大创新之举及6个启示［EB/OL］.［2013-08-16］. https：//www.163.com/dy/article/FN4AVP3305354IZ0.html.

"合作社+全村众筹+分红"的模式，有效组织农民，实现村民全面参与、共同致富。所有合作社股份对全体村民和商户开放，目前袁家村已经形成豆腐、酸奶、辣椒、醋、粉条、菜籽油等作坊和小吃街的股份合作社。小吃街合作社每户按照不同分配比率，根据收益情况利益分成，对于不挣钱却是小吃街必备的品种，合作社给予补贴。

为有效调节收入差距，袁家村实行了基本股、交叉股、调节股"三股共有"的股份制合作新形式。①基本股。袁家村将集体资产进行股份制改造，集体保留38%，其余62%量化到户，每户20万元，每股年分红4万元，只有本村集体经济组织成员才能持有。缺资金的农户以土地每亩地折价4万元入股。②交叉股。旅游公司、合作社、商铺、农家乐互相持有股份，共交叉持股460多家商铺，村民可以自主选择自己入股的店铺。③调节股。全民参与、入股自愿、钱少先入、钱多少入，照顾小户、限制大户。股份少的可以得到较高的分红，股份超过限额的分红就会相应比例的减少。袁家村的新集体经济实现了所有权、经营权、收益权的高度统一，全民参与、入股自愿，形成了利益共同体。通过调节收入分配和再分配，有效避免两极分化，实现利益均衡。袁家村农民人均纯收入中农民入股分红、房屋出租等财产性收入占40%左右。

（2）"企业管理模式"的新经营方式。袁家村以企业管理方式管理，以创新经营方式激发发展活力，提升发展效益。

放水养鱼与借力发展相结合。在乡村旅游起步期，袁家村秉承"先做强再做大"的经营理念，对所有经营户免收租赁费，对投资规模较大、缺乏资金的经营户提供资金支持，做到扶上马再送一程。在发展后期，依靠品牌效应吸引更多外来资本投资袁家村，天元假日酒店、左右客酒店、南门客栈等相继营业。城市资本、资源、资金更加关注袁家村，同时推出"进城出省"，将资本力量引入中西部有发展条件的区域。

农户经营与协会组织结合。农户全部自主参与经营，关中风情的乡村旅游的体验更真实，让游客体验到传统民俗文化的"返璞归真"。同时成立了各类协会，对经营户进行指导、监督和管理（见图4-1）。

封闭运营与原材料对外开放展示结合。袁家村乡村旅游特色餐饮项目采取公司化运营方式，进行封闭式管理，经营户所需食品原料由公司集中采购和统一供应。袁家村为规避同类产品竞争，美食街追求诚信经营及口碑，规定商家通过比赛方式获取小吃的销售资格，且食品原料由村委会统一采购，村民需用村里发的采购卡获取原料，加工制作以后出售的营业额统一上交，由合作社和经营户按比例进行利润分成。同时经营户的食品原料加工和销售过程全程向游客开放，游客可放心消费，实现体验和消费的有机统一。

（3）"三创联动"下的乡村创客平台。乡村振兴过程中，将村民作为乡村建设的主体，有效发挥村民的积极性和主动性，实现"人才振兴"。坚持"三创联动"，打造创业、创客、创新平台，开办"农民学校""袁家村夜校"，提供优惠政策，打造农民创业平台。袁家村还专门设立农民创业培训班，邀请专家讲授经营知识，邀请知名企业家传授创业经验，坚持每年组织经营户出省、出国考察学习，开拓视野，增长见识。

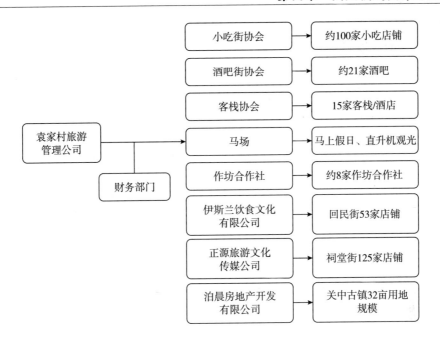

图 4-1　袁家村旅游管理公司组织架构

袁家村为各类人才积极打造创业平台，创造良好的创业环境，营造开放、自由的创业氛围，吸引了众多"新袁家村人"带着自己的特色项目来村创业，目前已经成为带动袁家村飞速发展的主要力量，袁家村人和"新袁家村人"正积极投入到创业创新中。

　　商业模式已经成为挂在创业者和风险投资者嘴边的一个名词，拥有一个好的商业模式，意味着成功有了一半的保证。当今企业间的竞争，不是产品之间的竞争，而是商业模式之间的竞争。商业模式是关系到企业生死存亡，兴衰成败的大事。企业要想成功，就必须从制定成功的商业模式开始，成熟的企业是这样，新的企业也是这样。

第一节　商业模式

一、商业模式概述

（一）商业模式

商业模式第一次出现在 20 世纪 50 年代，直到 90 年代被广泛使用和传播。学者关注的组织现象不同，对商业模式发挥作用的认识不同，目前还没有一个权威的概念界定。

莫里斯等通过对 30 个商业模式定义的归纳，发现商业模式概念的界定经历了经济、运营、战略、整合四个阶段的演进过程。①

经济类的商业模式概念从价值活动的基本逻辑层面，分析企业获取利润的逻辑，包括收益来源、定价方法、成本结构和利润，缺少对市场、战略、组织、客户方面的分析，容易与盈利模式的概念混淆。

运营类的商业模式概念从企业运营层面，分析企业的运营方式与结构，主要包括交付方式、组织结构、业务流程、管理制度等方面的设计，注重组织内部管理对商业模式的重要性。

战略类的商业模式概念从战略层面，分析企业的市场机会、组织行为、企业成长、竞争优势、可持续性等方面，把利益相关者、价值创造、差异化、愿景、价值、网络、联盟等战略要素纳入商业模式概念，注重企业外部环境和利益相关者的作用。

整合类的商业模式概念主要是系统地从企业内外部出发，综合利润获取、企业运营、战略选择三个方面，系统地考虑企业收益实现的商业运行系统。

简单来说，商业模式就是公司通过什么途径或方式来赚钱，然后围绕这个目标配置企业资源和组织企业内外部活动的行为过程。例如，如家连锁酒店给差旅客户提供的价值就是"够用而不多余的住宿条件和卫生条件，且比星级酒店便宜"，然后其一切活动就都围绕这个价值展开，选择去掉一切多余的装修、设备、物品，提倡客户自助式服务等。许多创业者的成功并不源于先进的技术，而是因为开发出了一套切实可行的商业模式。

商业模式回答了创业活动中的三个基本问题：

1. 如何为消费者创造价值？

即顾客价值主张问题。消费者为什么要购买创业者提供的产品和服务而非其他竞争对手提供的产品和服务？商业模式需要回答能够为消费者创造的独特的、不能从其他地方获得的或从其他地方获得需要付出更大代价的价值。只有能够为消费者创造这样价值的商业模式才能够顺利运行。这就涉及创业模式的创新问题，平庸的企业只能看到直接的顾客需求，而卓越的企业具有对顾客需求的还原能力。例如，苹果音乐播放器 iPod 的成功，并不是因为它多么创新，而是因为它的服务和商业模式可以让顾客轻松下载音乐，使苹果和音乐人都能从中赚钱。苹果与音乐人谈成了一项商业模式：音乐人可以获得版税，苹果可以通过下载量与销售 iPod 获取利润，顾客也可以随心所欲地选歌，这些才是苹果真正的创新。

2. 如何为企业创造价值？

即企业盈利的问题。商业模式在为顾客提供价值的同时也要保证自己从中获益，所以创业者需要考虑收益模式、成本结构、利润模式和资源利用速度等问题，但要注意，商业模式不是盈利模式，盈利模式是商业模式的一部分，商业模式注重整体策略

① Morris M, Schindehutte M, Allen J. The entrepreneur's business model：Towards a unified perspective ［J］. Journal of Business Research, 2003（6）：726-735.

和运营模式，而盈利模式只注重收入来源和利润的实现。

3. 如何将价值在企业与消费者之间传递？

商业模式需要解决消费者和企业间的价值传递问题，如果没有相应的能力和资源，如顾客资源、产品渠道做支撑，很难形成商业模式，尤其难以实现可持续、可盈利的收入流。其中最简单的模式是"一手交钱、一手交货"，但在实际的商业活动中比这要复杂得多，包括如何让消费者了解公司提供的产品和服务、如何将产品和服务交给消费者等问题。

【阅读案例】

没有方法怎么活下去[①]

一只猴子在四处寻找食物。它从一个岩石的间隙中看到在岩石的另一边有一棵结满果子的果树，于是拼命想从岩石狭小的间隙中钻过去。如果对于猴子来说，岩石那边的果实是它渴求的利润，猴子会怎么做呢？它选择的是意志坚定地使劲钻，身体都被岩石磨破了好多处。因为劳累和饥饿，猴子瘦了。就这样，在第 3 天时，它竟然很轻松地钻了过去，并美美地吃上了果子。等树上的果子全部吃完后，猴子准备继续寻找食物，这时他才发现，因为太饱了，它又钻不出来了。这只可怜的猴子因为没有找到正确的生存模式，结局无疑是悲惨的。因为当它终于饥饿、疲惫地从岩石的间隙中钻出来后，它甚至已经无力再去寻找新的食物了。其实它可以选择这样的模式：在自己辛苦钻过去后，把果子先搬到岩石的那一边，再钻出来，边吃边寻找下一棵果树，它也可以叫一只小点的猴子钻过间隙，把果子运出来一起分享。在商业环境中亦是如此，只有找到正确的商业模式，才能走得更加长远。

(二) 商业模式的发展历程

1. 店铺模式

最古老也是最基本的商业模式就是"店铺模式"，即在具有潜在消费者群的地方开设店铺并展示其产品或服务，如餐饮店、服装店、理发店等。从人类社会出现集市，有了固定的人群居住地开始就有了店铺模式，直到今天，店铺模式仍然是世界主流的商业模式，它的特点是靠销售产品赚钱，产品成本是定价的基础。

2. "饵与钩"模式

随着时代的进步，商业模式变得越来越精巧。20 世纪早期，出现了"饵与钩"模式，也称为"剃刀与刀片"模式，或是"搭售"模式。它的特点是饵和钩是联系在一起的，买了 A 就必须买 B，A 和 B 往往都不能独立使用。例如，剃须刀（饵）和刀片（钩）、打印机（饵）和墨盒（钩）、相机（饵）和照片（钩）等，一般非消耗品也就是基本产品为"饵"，消耗品为"钩"，基本产品的出售价格极低，通常处于亏损状

---

① 抗压能力＝创业成功！[EB/OL]．[2017-08-26]．https：//www.sohu.com/a/167403418_99976743.

态；而与之相关的消耗品或是服务的价格则十分昂贵。

3. 其他模式

"二战"之后，经济和科技的发展进一步催生了新的商业模式。在 20 世纪 50 年代，新的商业模式是由麦当劳和丰田汽车创造的；60 年代的是沃尔玛和混合式超市（指超市和仓储式销售合二为一的超级商场）；70 年代，新的商业模式则出现在 FedEx 快递和 Toys R US 玩具商店的经营里；80 年代是 Blockbuster、Home Depot、Intel 和 Dell；90 年代是西南航空、Netflix、eBay、Amazon 和星巴克咖啡。

每一次商业模式的革新都能给公司带来一定时间内的竞争优势。随着消费者价值取向的变化，公司必须不断改变它们的商业模式。一个公司的成功与否最终取决于它的商业设计是否符合消费者的优先需求。

【延伸阅读】

商业模式的产生——旅行支票和个人国际结汇的实现[①]

14 世纪文艺复兴时期，佛罗伦萨的美第奇家族率先在整个欧洲建立起了稠密的信息网，成功开创了兑换、结算业务，并从中取得了丰厚的佣金。当时天主教会严禁收取利息，聪明的美第奇家族在账目上增加了一项"上缴给神"的款项，即捐献给教会和慈善事业，这笔款项使美第奇家族和罗马教廷构建起了伙伴关系。

因此，罗马教廷公开声明"佣金不是利息"，并委托美第奇家族财务管理的重任，独自掌管着来自全欧洲的财富。正是由于这种稳定的结盟关系，使美第奇家族持续了 300 年的繁荣。

美第奇家族建立的国际"汇兑、结算"系统、与教会结盟、利用教廷公款进行汇兑，就是其商业模式。

19 世纪末，托马斯·库克和运通公司将这一业务拓展到个人层面，起因是库克去欧洲旅行时，美国发行的支票在当地不能使用，而当他去当地银行换取货币时，工作人员告诉他海外发行的支票处理起来要花费些时日，结果问题推来推去，迟迟不能解决。

库克回国后，立即开发出了"旅行支票"。

（1）把汇兑结算业务扩展到个人层面。

（2）发明了难以伪造的支票，创造性地采用了两处签名和水印的认证方法。

（3）对商店、餐馆进行兑换补偿。

（4）丢失或被盗时，为顾客弥补损失，并立即补发。

（5）购买旅行支票时需要提前付款，这样对支票的发行方来说既保证了资金周转，又可以在客人使用之前的这段时间获得利息。

为此，一种新的收益模式又诞生了……

---

① ［日］三谷宏治. 商业模式全史［M］. 马云雷，杜君林，译. 南京：江苏凤凰文艺出版社，2016.

（三）商业模式的特征

由于不同行业的差异性，没有任何一个商业模式能保证在各种条件下都能产生优异的财务回报，但从历来的商业史看那些成功的企业所运用的商业模式，也具有一定的共性特征。

1. 创新性

创新是商业模式形成的逻辑起点与原动力，也是一种商业模式区别于另一种商业模式的决定性因素。成功的商业模式并非单指技术上的突破，也包括在任一环节的改进，或是对一般商业模式的重组、创新，甚至是对整个游戏规则的颠覆。例如，当年阿里巴巴采用的是电子商务。商业模式的创新贯穿企业经营的整个过程，贯穿企业资源的开发模式、制造方式、营销体系等各个方面。所以在企业经营的每一个环节上的创新都可能变成一种成功的商业模式。

2. 价值性

商业模式需要通过向消费者提供独特的价值来赢得市场，这种价值表现在能够向消费者提供额外价值，或者使消费者能用更低的价格获得同等价值，或是用同样的价格获得更多的价值。例如，如家连锁酒店通过拓展经济型酒店，以低价、舒适、干净的客房资源，吸引了大批中小商务人群和休闲游客，这一独特的商业模式与传统意义上的酒店经营模式迥然不同。所以创业者设计商业模式时，要兼顾产品和服务的品质，将满足消费者需求、实现消费者的价值作为自己的主要目标。

3. 难以模仿性

成功的商业模式需要通过确立自己的与众不同之处，如对消费者的贴心关照、强大的实施能力等来建立行业壁垒，提高竞争者仿复制的成本和难度。例如，海底捞借助管理体系和供应链的优势形成企业利润屏障，其中一个经典的商业模式就是"721"裂变门店扩张，721 代表的就是持股分配，7 是总部持股 70%，2 是连锁门店店长的 20% 股权，剩下的 10% 是给予老员工培养新员工的股权激励。在这种管理体系中，每一个基层服务员都是一个"管理者"，对服务品质起到关键的影响，从而具备了不可复制的核心竞争力。

4. 营利性

企业能否持续盈利是判断该企业商业模式是否成功的唯一外在标准。成功的商业模式可以让企业在激烈的市场竞争中成功进入利润区，并在利润区内停留较长时间，创造出长期持续的、高于行业平均水平的利润。

5. 全面性

商业模式是对企业整体经营模式的归纳总结，包括收入模式、向客户提供的价值、组织架构等。商业模式的全面性反映了创业者是否对创业发展中所遇到的各类问题进行了全面的思考，是否准备了相应的应对之策。缺乏全面性的商业模式很可能在某一方面相当诱人，但是由于创业者忽略了支持其内在营利性的某些要素，这种诱人的商业模式可能根本无法实现。但它不需要涵盖经营管理中所有琐碎事务，它需要提炼归纳影响企业发展的核心要素，这样对企业的整体发展才具备更强的指导意义。

6. 可持续性

成功的商业模式不是昙花一现，而是一个稳定持久的过程，这种可持续性体现在收入上的可持续，以及与环境的可持续性关系，保证企业业务模式不受环境和资源的影响，这就要求商业模式的设计具备一定的前瞻性。然而，没有一个商业模式能保持永久的利润，因此商业模式应该是一个动态的、持续更新的过程。

【阅读案例】

蚂蜂窝的商业模式[①]

蚂蜂窝于 2006 年正式创立，最初是以旅游社区的形式出现在大众面前，从 2008 年底开始推出旅游攻略，迅速在互联网流行起来，经过常年积累凝聚了一个高质量的旅游爱好者群体。蚂蜂窝的公司名称出自这样一段话：此时此刻，谁和你共同关注同一个旅行目的地？世界那么大，我们的下一个目的地在哪里，为什么要去那里？一直以来，我们都非常感慨蚂蚁、蜜蜂社会的团结无私、相互协作与共同分享。当我们离开了现实环境，这种本能其实我们人类也一样具有。这种现象经常发生在旅途中，或是在蚂蜂窝里。这正是蚂蜂窝的由来。在蚂蜂窝 App 里，你可以交换资讯，分享旅行；帮助或者是获得帮助；交流攻略、美食、音乐、摄影日记等与旅行有关的林林总总。

一、核心竞争力

蚂蜂窝区别于传统的在线旅游中介，如携程旅行网、去哪儿网、百度旅游，它们也有自己的旅游攻略，也会推出类似的产品，但根本区别在于：蚂蜂窝拥有旅游社区、搜索的 DNA，这使旅行者愿意回到这个平台进行交流和分享；而携程旅行网等多数是商旅的需求，它的价格从某种程度上来说是略贵的，当然它的服务性和可靠性也会更强。这如同每天有一个接线员 24 小时为你服务，这个服务是需要成本的，它都会转移到商品里面去。每个公司都有它核心的定位，蚂蜂窝其实是以用户生成内容（UGC）为核心的一个社区平台，希望更多的用户来这个地方交流和分享，蚂蜂窝会将用户提供的内容整理成更实用的信息，然后发布给更多的旅行者，从而形成一个正向循环。更多的旅行者看到后会愿意带更多的人来这个地方分享，从而产生很好的口碑效应。这是蚂蜂窝和其他很多公司最本质的区别。社区的壁垒是很高的，因为社区要有自己的文化氛围以及大家对社区的归属感，每个人在里面的存在感和成就感都非常重要。蚂蜂窝会源源不断地产生海量的 UGC 信息，那么第二个核心竞争力就是蚂蜂窝的攻略引擎，蚂蜂窝会通过语义分析和数据挖掘分析的办法去识别这些信息，到底提到了哪些酒店，对这些酒店的评价如何，如大堂的服务、店内有没有中文的标示等。现在大家看到的是蚂蜂窝线上推出的服务，其幕后的工作量是相当大的，所以对数据的处理能力也是蚂蜂窝非常核心的竞争力。这和传统的 OTA 不一样，OTA 的核心竞争力是对旅游资源的掌控力，如货品丰富不丰富、价格会不会便宜等。蚂蜂窝之所以发展如此

① 郑红，钟栎娜，张德欣. 旅游创业启示录——创造与变革进行时［M］. 北京：知识产权出版社，2015.

迅速，主要依靠的是用户的口碑效应。蚂蜂窝坚信，只要服务和产品足够好，产品自己会说话。

二、主营业务

目前蚂蜂窝提供全球 190 多个国家和地区、6 万多个旅游目的地的旅游攻略、旅游特价、酒店预订、保险、签证等综合服务。

1. 旅游攻略

蚂蜂窝的旅游攻略累计下载次数已超过 2.2 亿次。蚂蜂窝每天会产生海量的 UGC 信息，经蚂蜂窝的攻略引擎自动分类后，有条理地呈现给信息审核团队。信息审核团队再根据结构、美术效果等安排攻略素材的排放最后生成相应的目的地或主题旅游攻略。以香港为例，香港的旅游攻略关联了超过 1.2 万篇游记、8 万多条问答数据、28 万多条点评、36 万多张图片，蚂蜂窝的攻略引擎会定期计算和更新这些信息，然后把信息按照酒店、交通、地图、餐饮等进行归类，计算里面信息的丰富程度和可信度，按照信息的价值进行排序，最终由人工进行审核并提交发布。

2. 旅游特价

蚂蜂窝作为旅游流量的重要入口，能够为旅游从业者提供更多的与用户面对面的产品展示机会；另外，蚂蜂窝能够围绕用户，根据用户的需求提供匹配的或定制的旅游产品，即反向定制。蚂蜂窝每天会通过分析数百万旅行者的行为数据，如下载攻略、对不同目的地的浏览、查看的酒店评论、搜索的机票、翻阅的景点照片等，得出近期大家出行的热门目的地、最关注的航班、热门的酒店等聚焦性的购买需求。根据这些大数据将合作商家提供的相关目的地的产品，对用户进行定向推送，完成特价交易。能形成特价的根本原因，是因为蚂蜂窝为供应商找到了精准的客户，节省了不菲的营销推广成本。

3. 酒店预订

蚂蜂窝能够站在旅行者的角度，帮助用户做出旅游消费决策。传统的酒店预订都是按照行政区域来划分，而蚂蜂窝是专门为旅行者设计的酒店预订系统，颠覆性地按照旅行者的兴趣区域来预订酒店。蚂蜂窝已经打通了社区游记、酒店点评等相关产品的数据流，连接了结构化数据和靠行服务，用户能够更深入地交流互动，更便利地进行酒店预订。

4. 移动应用

蚂蜂窝 App 的安装量超 4000 万次。蚂蜂窝针对用户旅行前、旅行中、旅行后的整个过程，开发了多个旅游类应用，为旅行者提供立体化、专业化的服务，覆盖旅行全程。蚂蜂窝现有的 App 介绍如下：

（1）旅游攻略 App。蚂蜂窝拥有海量、实时的旅行资讯，攻略团队据此精选制作上千册旅游攻略，覆盖国内外全部热门旅游目的地。

（2）旅行翻译官 App。App 拥有 17 种旅行热门语言，8 个旅行目的地口语，13 种国内方言，真人发音语言包免费下载，离线使用，不怕没 Wi-Fi；即时翻译，哪句不会问哪句。旅行中的所有应用场景一应俱全，陪你轻松走遍世界每一个角落。

（3）蚂蜂窝特价 App。发现每日旅行特价情报。蚂蜂窝专属的旅游特价荟萃，汇集旅游产品低价精品，每天不断，折扣经济，实惠旅游。

（4）国际酒店专家 App。拥有专业的旅游区域解读方式、清晰的图片显示、长达 8 年的目的地信息积累、全球 190 多个国家和地区的独家酒店攻略。酒店评论来自于蚂蜂窝超过 50 万篇游记的信息萃取，盖全球热目的地的 60 万家酒店，获得多家顶级合作伙伴酒店数据支持，促销、优惠信息同步体现。

（5）嗡嗡 App。嗡嗡是蚂蜂窝打造的记录和分享旅行趣事的专属社区，集中了蚂蜂窝最精彩的旅行分享和全球正在发生的新鲜趣事。嗡嗡的用户可以记录自己的旅行足迹，绘制属于自己的旅行地图，和好友一起分享关于旅行的点点滴滴。

（6）游记 App。快速整理本地相册，智能分类手机照片，挑照片分分钟搞定；页面清新简洁，操作步步引导，功能精简强大，人性化交互；每天随时浏览最热门游记回复即时推送和提醒，一键分享，随时随地和蜂友交流旅行经历；支持全程离线编辑。

三、盈利点

蚂蜂窝最大的收入来自与 OTA 合作的分成。蚂蜂窝依靠强大的数据分析和用户流量，能为旅游产品的购买者和提供者提供高效的交易平台。蚂蜂窝对接了行业非常成熟的合作伙伴，如 Booking、艺龙旅行网、携程旅行网等。蚂蜂窝用统一的后台管理供应商，挑选业务成熟度、服务能力、口碑和品质以及产品都非常好的 OTA 作为供应商合作伙伴。

蚂蜂窝未来重点发展的业务首先还是移动端，因为从蚂蜂窝的迅速发展角度来看，蚂蜂窝从移动端得到的帮助最大，这就注定了移动端是蚂蜂窝未来的发展战略中不可或缺的一环，所以会一如既往地在移动端上继续投入。其次是强化蚂蜂窝对数据的分析或处理，帮大家做更方便、更个性化的旅游决策，包括更简单的旅游攻略。

四、市场定位

旅游电子商务有很多模式，大家看到最多的就是销售代理等。蚂蜂窝当时决定从信息这个领域切入在线旅游，与蚂蜂窝的背景和资源有关系，蚂蜂窝的创始人陈罡和吕刚一直身处互联网行业，对互联网很多的产品，包括最早的校友录、BBS、最早的电子商务，到后来的搜索引擎和微博等都是比较熟悉的。另外在线旅游这个行业完全是一个卖方市场，从目前来说，它可以分成三个时期：第一个时期是国外的 Expdia，国内是携程旅行网、艺龙旅行网这种，即 OTA 元年，把线下的资源搬到线上；第二个时期是随着互联网信息越来越多、信息之间有了比较，这时候就出现了新的模式，如去哪儿网。但是这两个时代从本质上来说都是卖方市场，因为整个市场上流通的旅游商品还是卖家找来的商品，并不是根据客户定制化的。如今，人们对服务、对品质的要求越来越高，越来越贴近个性化发展，所以在线旅游的第三个时期是以维基百科式旅游攻略为核心的个性化时代。个性化旅游和简单的卖方市场流通服务及商品不一样，因为旅游包含了很多个性化的需求，比如说同样去巴厘岛，因为游客的家庭背景、个人兴趣爱好不同，所以整个行程安排和消费趋向也会不同，这就是个性化。这种新的个性化旅游需求实际上是以信息为核心的：而之前是以流通的商品为核心，基于卖方市场模式来运营整个行业。新的时代会以信息为核心来带动整个行业的升级和变化。

蚂蜂窝的用户中使用智能手机的用户越来越多，智能手机的主要用户群体——"80后""90后"一代已经成为市场的主流消费群体，他们对旅游产品的需求不是传统的跟团游，他们喜欢以更个性化的方式去体验，对个性化信息有更强的需求。另外，"80后""90后"一代的行动力很强，对语言的运用场景要求也很高。

五、营销模式

蚂蜂窝聚集了中国最多的旅行用户，其口碑和影响力都是巨大的。航空公司、酒店集团、国内外旅游局等，都愿意把产品和服务放在蚂蜂窝上推广。另外，蚂蜂窝逐步开始接入一些OTA伙伴，国内如携程旅行网、龙旅行网，海外如Booking这样的预订平台。关于在酒店细分领域，蚂蜂窝的定位是做海外酒店专家。结合前文提到的旅游业三个时期来分析，前两个时期都是卖方市场，包括当前酒店市场的主流商业模式也是一种卖家模式，因为同酒店的利润率不同，根据这些利润率，OTA会选择不同的力度来推广和营销酒店；而蚂蜂窝是站在一个更中立、更客观的第三方角度上，通过蚂蜂窝的酒店攻略和真实的酒店点评来帮用户选择一个更适合的酒店。从另外一个角度说，蚂蜂窝是一个专家模式，是在帮旅行者挑酒店，是完全站在旅行者的立场上做消费决策。蚂蜂窝接下来要尝试的方向就是真正站在用户的立场上，通过C2B这样的反向预订方式去打通后端的供应链，一方面为传统的OTA节省营销渠道成本，为他们找到更精准的订单；另一方面能让真正出行的用户得到价格上的实惠。例如，客单价在12000元的产品，通过蚂蜂窝大数据的分析和远期的预售，与最合适的供应商进行对接，那价格能低至6000多元，获得较高销量。蚂蜂窝希望能推出更多适合中国旅行者的、高性价比的旅游产品和服务。

二、商业模式的盈利逻辑

商业模式是企业创造和获取价值的核心，成功的公司通过与众不同的做事方式创造了巨大的价值，它们有的以一种独特的方式执行工作活动，还有的以一种方式将他们的工作活动组合到业务流程中，将自身与竞争对手区分开来，甚至可能以一种独特的方法创建核心竞争力、能力和位置优势以获得资金。所以，营利性公司必须赚钱才能生存。

总而言之，商业模式是一种赚钱的逻辑，它主要回答三个问题：价值发现、价值匹配和价值获取（见图4-2）。如麦当劳发现租房子有价值、发现土豆的产量有价值，所以通过寻找加盟店，用自己的管理为服务对象提供技术、提供选址，通过原料和房租赚钱。

图 4-2 商业模式的赚钱逻辑

资料来源：张玉华，薛红志，陈寒松，等．创业管理［M］．北京：机械工业出版社，2021．

（一）价值发现

明确价值创造的来源，这是对机会识别的延伸。它可以确定企业给消费者提供产品或服务的范围、性质、方式和条件，以及企业怎样和客户建立持久的消费关系，是构建商业模式的逻辑起点，是创业者的第一能力。通过可行性分析，企业认定的创新产品、技术或服务只是创业的手段，是否最终盈利取决于是否拥有顾客。在对创业机会、创新产品和技术识别的基础上，进一步明确和细化顾客的价值存在，确定价值主题，是商业模式成功的关键环节。若绕开价值发现的思维过程，创业者容易陷入"如果我们生产出产品，顾客就会来买"的错误逻辑，这是许多创业实践失败的重要原因之一。京东通过大数据分析、用户行为分析、社交媒体监测等方式，发现消费者的需求，包括各种商品的购买需求、优质服务的期望等。与此同时，京东在商品品牌运营、用户体验等方面不断创新，扩大用户需求。

（二）价值匹配

明确合作伙伴，实现价值创造。企业无法拥有满足顾客全部需求的资源与能力。哪怕企业打算亲自打造、构建所需的一切资源，也往往要承担高昂成本与巨大风险。因此，为了在机会窗口内取得先发优势，并最大限度控制风险和成本，创业企业往往要和其他企业形成合作关系，以使其商业模式有效运作。它确定了企业生产制造、供应符合核心消费者所需要的产品或服务的一连串商业活动和成本结构。京东通过智慧供应链及价值链的构建，建立商品流、资金流、信息流、人才流四大支撑，实现消费者需求与商品供应的全面和无缝对接。京东具有雄厚的供应链基础，以及高效的物流和仓储体系，可以为消费者提供品质优良、价格实惠的商品，同时帮助商家实现销售和转化，从而实现价值匹配。

（三）价值获取

制定竞争策略，占有创新价值。它决定了企业应怎样控制并减少成本以此创造更多的收益与盈利方式。这是价值创造的目标，也是创业企业能够生存并获取竞争优势的关键。一些创业企业是新产品或服务的开拓者，但并不是创新利益的占有者，根本原因在于他们忽视了对创新价值的获取。

价值获取的途径有两种：一是创业企业要担当价值链中的核心角色。价值链中的每项价值活动的增值空间都是不同的，创业企业若能通过利用自己的核心资源，占有增值空间较大的价值活动（具有核心竞争力且难以被模仿和复制的价值活动），也就占有了整个价值链价值创造的较大比例，直接影响创新价值的获取。二是创业企业设计难以复制的商业模式，并对商业模式的细节采取最大限度的保密。这要求创业企业尽可能构建独特的企业文化，设计具有高度适应能力的组织结构，组织高效标准化的团队，实现优秀的成本控制。京东通过商品销售、物流驱动和开放合作三个方面，获取各种形式的价值，如销售提成、广告收益和增值服务费用，同时物流体系优化和开放合作也为其带来了新的收入来源。通过自营、合作和拓展其他场景等多种方式，京东持续扩大了商业价值。

【阅读案例】

途家的平台战略①

2011～2012 年，途家、游天下、住百家、爱日租等多家效仿海外 HomeAway 和 Airbnb 的在线非标短租公司先后成立。然而，最先于 2011 年 6 月成立的爱日租因资金链断裂于 2013 年 7 月宣布倒闭后，10 余家厂商陆续退出非标短租市场。2014 年下半年，非标短租市场逐渐回温，途家、小猪分别获得投资。2015 年下半年，途家、小猪等分别获新一轮融资，人们对房屋车辆分享消费模式接受度极大提高。

当前我国旅游住宿市场具有以下特点：首先，从资源供给来看，中国有全球最大的不动产存量；从度假需求来看，中国正成为全球最爱旅游的国家，旅游住宿市场潜力巨大。其次，在资源供给端，好的和有特色的房源不多；在需求端，很多人住宿强调服务出行喜欢住酒店，但目前中国的酒店市场中，三星级和五星级连锁酒店发展较为成熟，四星级酒店市场相对是个空档。因此，途家以填补四星级酒店的空白为目标，定位中高端市场。

途家平台战略中的合作对象主要包括三种类型：①类京东的自营 B2C 模式和开发商合作模式。一种是开发商在设计之初就与途家合作，途家参与设计并保障出租，解决去库存化问题；另一种是开发商合作模式，开发商将尾盘委托给途家经营。②类淘宝的 C2C 模式，途家根据交通、游客量、商务频率测算需要的房子数量，选取房源相对集中的小区进行合作。③类天猫的小 B2C 模式，与已有的经营方合作，让其房源放在途家平台上，途家给它带来订单。

在搭建合作方的基础上，途家在服务、流量、共享合作和信任体系构建方面下了功夫，力图真正实现其战略定位。

第一，完善线下服务。由于途家定位在填补四星级酒店的空白，提供四星级酒店服务水平是其中的关键。为此，途家选择与美国斯维登酒店管理体系合作，推行五星级酒店式的服务管理，从而将存量房的住宿服务提升至高档酒店级别。与此同时，通过对客户的反馈评价分析，进一步对服务质量进行监督和完善。有数据显示，途家有 93% 的用户推荐率，用户满意度平均为 4.6 分（满分 5 分），超过部分五星级酒店。

第二，引流。在房源端质量和服务水平的基础上，通过合作平台引流和口碑传播实现用户群扩大的目的。在平台合作方面，2014 年，途家选择与携程合作，建立携程

---

① 蒋翠珍，廖列法，余来文，等. 创业管理 [M]. 厦门：厦门大学出版社，2018.

途家频道，通过该频道，包括途家自营公寓、平台商户、海外房源在内的途家网所有在线房源都展示在携程上，携程用户在选择途家产品完成支付的阶段会被提示跳转到途家，通过这种方式，携程为途家带来了几千万的会员资源。在口碑传播方面，采取关键意见领袖（KOL）等营销方式在信任的基础上做口碑，每个季度都会组织至少4场相应的KOL体验营销，广泛地选取网络意见领袖、旅游达人、自媒体人等人群围绕亲子、度假、商务游等主题展开KOL体验营销，实现目标群体引流。

第三，共享合作。一方面与房地产商合作。如2015年11月，途家与首开集团签订了合作协议，在房源的"管家+托管"项目营销、社区C2C等业务上全方位合作。2016年1月，途家与鲁能集团合作建立鲁能泰山度假俱乐部，向业主提供房屋管家、托管、交换服务，保证房屋保值、升值，同时向消费者提供优质的、高性价比的房屋租赁服务，实现鲁能集团业主及旅游度假人群的对接。截至2016年3月，途家已和80%的百强房企达成合作。另一方面与地方政府合作。2014年3月，途家与福建省旅游局合作，围绕福建省的山、泉、海和土楼资源，打造以武夷山为代表的"山"景特色公寓，以温泉为主题的"泉"景度假公寓，以福建沿海特别是厦门、泉州一带为主题的"海"景公寓以及以福建的特色土楼资源为主题的"土楼"特色公寓。在解决地方政府地方财政税收、当地人员就业问题的同时，繁荣地方旅游市场，促进旅游地的房产销售。截至2016年3月，途家已与200多个地方政府达成合作。

第四，信任体系构建。中国的诚信制度滞后是影响中国短租市场快速发展的瓶颈。一方面，房主不信任第三方，不放心将房子交给第三方管理；另一方面，经营者不诚信或系统不完善，入住的房子与图片不一样，导致房客体验不好，进而不再信任短租平台。针对这些问题，途家利用移动互联网技术，初步建立了基于信息对称的信任体系。具体来说，这一体系包括以下几方面：一是通过"钩稽关系"，搭建信用体系；二是通过信息对称加后期服务，取得顾客信任；三是凭借即时更新的大数据分享平台，实现信息对称。

可以说，途家的平台战略是典型的基于共享经济的平台战略，在途家平台上，房地产开发商、地方政府、中小商家以及个人将过剩或者没有被开发的资源通过途家平台提供给各种类型的旅行消费者，实现了剩余资源的利用和挖掘，也改变了传统房源的利用方式，为资源供应方创造了经济价值，同时为消费者带来了新颖的旅途体验价值和经济价值。

第二节　商业模式的构成要素及设计过程

一、商业模式的构成要素

对商业模式的争论，主要集中在商业模式构成要素上。有的学者从内部过程视角出发，认为商业模式是企业内部活动和资源要素的整合；有的学者从外部交易视角出发，认为商业模式是从企业与外部利益相关者的关系建构相关的商业模式构成要素；还有的学者从系统整合视角出发，认为商业模式是客户界面、内部结构及伙伴界面三个层面的组合。例如，约翰逊等提出商业模式包含四方面的构成要素：客户价值主张、盈利模式、关键资源、关键流程。[①] 加里·哈默尔认为商业模式由核心战略、战略资源、顾客界面和价值网络四个要素组成。[②]

其中，亚历山大·奥斯特瓦德和伊夫·皮尼厄提出的商业模式画布的九要素最有代表性[③]（见图4-3）。

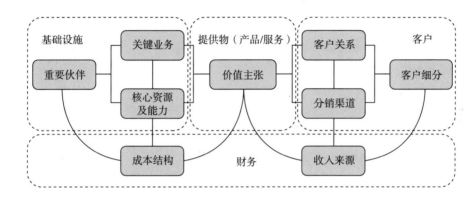

图4-3　商业模式的组成要素

资料来源：［瑞士］亚历山大·奥斯特瓦德，［比利时］伊夫·皮尼厄. 商业模式新生代［M］. 黄涛，郁净，译. 北京：机械工业出版社，2016.

（1）价值主张，即公司通过其产品和服务能向消费者提供何种价值。

（2）客户细分，即公司经过市场划分后所瞄准的消费者群体。

（3）分销渠道，即公司用来接触并将价值传递给目标客户的各种途径。

（4）客户关系，即公司与其消费者群体之间所建立的联系，主要是信息沟通反馈。

（5）收入来源，即公司通过各种收入流来创造财务的途径。

（6）核心资源及能力，即公司实施其商业模式所需要的资源和能力。

（7）关键业务，即业务流程的安排和资源的配置。

（8）重要伙伴，即公司同其他公司为有效提供价值而形成的合作关系网络。

（9）成本结构，即运用某一商业模式的各类成本。

---

① W Johnson M，M Christensen C，Kagermann H. Reinventing your business model［J］. Harvard Business Review，2008，86（12）：51-59.

② ［美］加里·哈默尔. 领导企业变革［M］. 曲昭光，赖滇滇，译. 北京：人民邮电出版社，2002.

③ ［瑞士］亚历山大·奥斯特瓦德，［比利时］伊夫·皮尼厄. 商业模式新生代［M］. 黄涛，郁净，译. 北京：机械工业出版社，2016.

【阅读案例】

小猪短租商业模式①

1. 小猪短租简介

小猪短租成立于 2012 年，是国内共享住宿代表企业，为用户提供民宿短租服务。小猪短租的房源既有普通民宿，也有隐于都市的四合院、花园洋房、百年老建筑，还有绿皮火车房、森林木屋、星空房等。在小猪平台上房东可以通过分享闲置的房源、房间或是沙发、帐篷，为房客提供有别于传统酒店、更具人文情怀、更有家庭氛围、更高性价比的住宿选择，并获得可观的收益，而房客可以通过体验民宿，结交更多兴趣相投的朋友、深入体验当地文化，感受居住自由的快乐。

2. 国内在线短租商业模式

目前在线短租的商业模式主要有两种：一种是以途家为代表的 B2C 模式；另一种是以小猪短租和木鸟短租为代表的 C2C 模式。B2C 模式是商家（B）对消费者（C）的商业模式。例如，途家自己购置房源并进行统一装修出租给用户，此种模式属于典型的重资产模式，且平台提供的服务相对固定且有保障。C2C 模式，是房东（C）对房客（C）的商业模式。例如，小猪短租平台充当第三方中介的职能，为房东和房客提供交易平台，供房东发布房源信息、房客预订房屋。

3. 小猪短租商业模式的创新

在商业模式上，小猪短租起到了连接房东和房客的中介作用，保障供需双方交易的实现。平台连接上下游供需双方，整合房东的优势产品和服务，满足房客对房屋的个性化需求，和传统住宿业相比，小猪短租的创新主要体现在价值主张、客户关系、分销渠道和盈利模式等方面的创新。

（1）价值主张的创新。小猪短租定位于以分享经济平台为基础，为用户提供有人情味的住宿体验。其交易模式是 C2C 模式，进行点对点无缝连接，以协同消费的方式向客户提供产品和服务，目标用户是对短租房有需求的中青年人群。小猪短租是国内领先的在线短租预订网站，定位于为青年人的旅行和工作提供在线短租服务，在房东与房客之间构建第三方交易平台。

（2）客户关系的创新。小猪短租最重要的创新点在于：房东与房客之间成为相互信任的朋友，引入第三方平台对供需双方实现点对点的无缝连接，从而实现房东和房客的互动社交模式。在房东和房客之间搭建牢固的合作伙伴关系，满足租客的个性化需求，实现房客对家庭氛围和人情味的情感诉求。

（3）分销渠道的创新。小猪短租品牌以青年人为核心用户，为目标客户提供精准的营销策略，聚焦核心人群的用户体验和群体属性。用户需求驱动小猪短租的差异化

---

① 徐燕，戴菲. 分享经济下在线短租商业模式画布创新研究——基于小猪短租商业模式与途家短租比较分析 [J]. 价格理论与实践，2019（6）：137-140+174.

服务实现整合优化，根据核心用户的特点，推出了一系列当地文化体验项目，包括"城市之光"书店住宿计划、"打工换宿"体验等。为吸引不同类型的用户，小猪短租整合线上线下营销策略，一方面，加大投放广告渠道的多样化；另一方面，配合吸引客户流量的营销活动，提升了企业形象和品牌影响力。

（4）收入来源的创新。从小猪短租的收入来源来看，其主要是在交易后向房东收取 10%作为佣金。在闭环的交易中，收取佣金是获得企业发展现金流最便捷的方式之一，对公司发展的初创期有利。小猪短租在积极探寻其他的盈利模式，包括定期的保洁业务等延长价值链，小猪短租的增值业务还包括摄影业务、房源软装房东商城等方面的内容。

（5）成本结构的创新。小猪短租无须像传统的旅馆一样，投入巨大的人力和物力成本，只需将供给方的房屋出租给需求方收取佣金即可。在成本结构上，小猪短租主要支付保洁业务等费用，无须支付其他成本费用，在全国范围内调配员工，从而有效控制人力成本。这样的商业模式可以让小猪短租相较于传统的住宿业来说更具有成本优势。

（6）其他要素的创新。在关键业务方面，小猪短租为国内的客户群体提供，如民宿、公寓、家庭旅馆等高性价比的优质房源。房东在小猪平台上免费发布闲置的房源信息，房客在平台上搜索并挑选适合自身需要的优质房源。在合作伙伴方面，与乡村民宿、共享空间企业合作，为客户创造价值，满足客户个性化的住宿体验；与保险公司合作，为客户购买保险，使房东和房客在平台交易上安心、放心；与信用评级机构合作，为房东和房客的信用打分，从而增加了交易双方的信任。在核心资源和能力方面，小猪短租努力搭建在线交易平台诚信体系，帮助人们在平台交易过程中建立信任，从而构建更有利于交易双方的决策和生态系统。在房源上，截至 2019 年 5 月，小猪短租共有超过 80 万间房源遍及全球超过 700 座城市，可以满足多种住宿需求，是酒店之外的预订佳选。在客户细分方面，小猪短租的客户主要是"80 后""90 后"的年轻人群体，其产品市场定位精准，迎合年轻人消费心理，满足不同类型的年轻顾客的住宿体验。从产品设计到营销环节都充分考虑年轻顾客的需求，打造充满人情味的在线平台企业生态系统。

（一）价值主张

价值主张是确定企业通过其产品和服务为某一客户群体提供的独特价值。价值主张是客户选择一家公司而放弃另一家的原因，它能够解决客户的问题或满足其需求。每一个价值主张就是一个产品或服务的组合，这一组合迎合了某一客户群体的核心渠道要求。从这个意义上说，价值主张就是一家公司为客户提供的利益的集合或组合。

客户定位清晰后，需要回答关于价值主张的一系列问题：我们要向客户传递怎样的价值？我们需要帮助客户解决哪一类难题？我们需要满足客户的哪些需求？面向不同的客户群体，我们应该提供什么样的产品和服务的组合？客户生活在社会中，其思维判断不但取决于其本身愿望，还受到所处环境与社会关系的影响，这需要创业者找到其内心深处的真正需求，从而引出满足客户需求的产品或服务价值。如"二战"后日本的尼西奇公司向美国市场推销纸尿布，发现美国妈妈非常在意别人对自己母亲角色的评价，对公司打着"方便快捷"的纸尿布并不感冒，尼西奇公司立马重新调整了产品的价值主张，从"方便快捷"转变为"关爱婴儿"，打开了美国纸尿布市场。

（二）客户细分

客户细分是确定企业想要获得的和期望服务的不同目标人群或机构。企业可以把客户分成不同的细分类别，每个细分类别中的客户具有共同的需求、共同的行为和其他共同的属性。企业需要确定重点服务或忽略的细分客户群体。一旦企业做出决定，就可以凭借对特定客户群体需求的深刻理解，仔细设计相应的商业模式。对于初创企业，要学会取舍，千万不要想着去做所有人的生意。

（三）分销渠道

分销渠道是确定企业如何同它的客户群体达成沟通并建立联系，以向对方传递自身的价值主张。要将一种价值主张推向市场，找到正确的渠道组合并以客户喜欢的方式与客户建立起联系至关重要，这里阐述了公司如何开拓市场。它涉及公司的市场和分销策略。口头演讲和病毒式营销是目前互联网行业流行的方式，但是用来启动一项新业务远远不够。创业公司在销售渠道和营销方案上必须要具体一些。有些产品和服务可以在网上销售，有些产品需要多层次的分销商、合作伙伴或增值零售商，创业公司还要规划好自己的产品是只在当地销售还是在全球范围内销售。

创业企业在分销渠道方面有多种方式。假定有一家新创企业开发出一项新的移动电话技术，并为此申请了专利。为了形成自己的商业计划，企业就如何把技术推向市场有几种选择。第一种选择是将技术以特许经营方式转让给现有手机企业、如三星公司和华为公司；第二种选择是自己生产使用这一技术的手机，并建立自己的销售渠道；第三种选择是与某家手机公司合作生产，并通过移动通信运营商（如中国移动）的合作关系来销售电话。即使确定了其中的一种方式，仍然可以在建立销售渠道的选择上产生不同结果，也可以建立代理分销渠道，还可以自建零售终端。因此，企业对销售渠道的选择，深刻地影响企业演化类型以及开发的商业模式。

（四）客户关系

客户关系是明确公司同其消费者群体之间所建立的联系。例如，企业可以通过微信、QQ、官方网站、微博、社区平台等多种途径与其客户建立和发展强有力的顾客关系，这种关系除了直接对企业盈利产生积极影响外，还能带来产品改进的重要意见和建议，甚至顾客可能进行自发营销，为企业传播产品或服务的积极信息，形成口碑效应。小米手机的米粉论坛、互联网的会员系统、理发店的年费会员、星巴克的会员卡，这些都属于客户关系管理。

此外，企业提供的顾客支持性服务水平，也影响它的商业模式。这些服务能够增强用户的满意度，使企业和顾客能够建立一种双赢的良性关系。有些企业将自己的产品和服务差异化，通过高水平的服务和支持向顾客提供附加价值。顾客服务包括送货和安装、财务安排、顾客培训、担保和维修、商品保留计划、便利的经营时间、方便的停车、通过免费电话和网站提供信息等。当然，如果这些服务需要额外付费，它们就应当属于企业销售的产品或服务，而不完全是建立和维持客户关系所付出的额外努力。

（五）收入来源

收入来源是明确公司通过哪些收入来获得盈利的途径，这也是所谓企业的"盈利模式"。与收入来源有关的因素还有定价问题，能否制订令目标顾客接受又能给企业带来收入的价格是创业者需要重点关注的方面。现实中常见的几种收益方式主要有资产销售，如小吃店售卖食物获得收入；使用费，如酒店根据客人使用房间天数收费；会员费，如某视频网站的用户通过支付会员费获得 VIP 视频的观看权；租赁，如天天租车公司为客户提供租车服务；许可使用费，如在科技产业中，专利持有者将专利使用权提供给其他公司使用并收取专利使用费；广告费，如某些门户网站，通过庞大的用户访问量获得广告主关注，而获得广告主支付的广告费；经纪人佣金，如房产中介因每次成功地促成一对买家和卖家而获得佣金。还有的企业的收入来源更为多样化，如著名的豪门足球俱乐部，可以获得门票和季票费、网络电视订阅收入、有线和手机电视收入分成、出租场地举办活动收入、广告收入、商品销售收入等。

收入来源不在于多，而在于质量和效率。稳定的收入来源对于初创企业具有关键的作用，是它们能否继续"梦想"最坚实的基础。有的商业模式在设计之初，就在收入来源环节出现重大失误。例如，一些手机 App，初期考虑通过免费增值服务，先吸引免费用户，再通过提供高附加值服务获得付费用户，然而免费并未带来付费用户。这一收入来源受阻后，他们转而向广告主收取广告费，由于用户数量不足，广告价值不高，广告主不愿付费，这一收入来源设想也遭到失败。因此，商业模式的收入来源，是商业模式能否成功的检验环节，需要创业者及其团队在充分了解市场需求和竞争对手情况的基础上谨慎地选择。

（六）核心资源及能力

核心资源及能力也叫关键资源，是公司实施其商业模式所需的资源和能力。如果缺乏资源，企业难以实施其战略。也就是说，企业拥有的资源极大影响商业模式的应用。对新创企业来说，战略资源从一开始就受到创建者能力、识别的机会、服务市场的独特方法等制约。两种最重要的资源是：企业的核心资源和核心能力。

企业的核心资源属于战略性资产，是企业拥有的稀缺、有价值的事物，包括工厂和设备、位置、品牌、专利、顾客数据信息、高素质员工和独特的合作关系。不同类型的商业模式需要不同的核心资源。例如，一个微芯片制造商需要的是资本密集型的生产设备，而做微芯片的设计更聚焦于人力资源。

核心能力是企业胜过竞争对手的竞争优势来源。它是超越产品或市场的独特技术或能力，对顾客感知利益有巨大贡献，且难于模仿，如苹果公司的供应链管理能力和产品设计能力。企业的核心能力决定了企业从什么地方获得最大价值。为了指明自己的核心能力，企业应当识别具有如下特征的技术：独特性，对顾客有价值，难于模仿，可向新机会转移。

（七）关键业务

关键业务，也叫做企业内部价值链，它明确业务流程的安排和资源的配置，是为了向客户提供产品和服务的价值，相互之间具有关联性的、支持性活动。每一个商业模式都有一系列的关键业务，这些业务是一家企业成功运营所必须采取的最重要的行动。关键业务要素主要表现为：是否能够具备标准化或者柔性生产系统？是否建立优秀的研发部门？是否能够进行高效的供应链管理等。例如，唯品会的关键业务就是奢侈品电子交易、自建仓库、售后服务。

如果把价值主张比作商业模式这个主体的大脑，那么关键业务应该是这个主体的身体。身体是否健康、是否健壮，将直接影响这个主体的生活、工作质量。例如，华为能够迅速成长为世界知名的品牌，与其产品开发部门的艰苦努力、营销传播部门的积极进取是密不可分的。因此，创业者应该找出商业模式中的关键业务，扎实地把有关的业务流程安排和资源配置工作做好，为商业模式的顺利运行打造强有力的基础设施。

（八）重要伙伴

重要伙伴是公司为有效提供价值而寻找并与之建立合作关系的伙伴，他们将与公司共同构成为顾客提供价值的合作关系网络，主要包括上下游伙伴、竞争或互补关系的伙伴、联盟或非联盟。企业的合作伙伴网络是商业模式的重要构成要素，然而新创企业不具备执行所有活动所需的资源，因此它们要依赖其他合作伙伴。在很多时候，企业并不愿独自做所有事情，因为完成一项产品或交付一种服务的很多工作，对构建竞争优势都不太重要。例如，联想公司因其装配电脑的技能而具有差异化优势，但它需要从其他公司购入芯片（如英特尔和 AMD 公司）。联想当然可以考虑自产芯片，但目前联想在这方面不具有核心能力。同样，淘宝等电商公司也需要依靠众多物流配送和快递公司投送产品，毕竟它们不具备自己建立一个遍布全国的物流系统的资源和优势。此外，企业也依赖伙伴提供知识资本，以创造复杂的产品和服务。

当然，合作伙伴关系也包含着风险，尤其在某个单一合作关系成为企业商业模式的关键要素时，更是如此。由于种种原因，很多合作关系没能实现参与者的期望。有研究表明，企业联盟的失败率为 50%～70% 或 60%～70%。大多数失败的原因在于糟糕的计划，或者两个或更多组织为实现共同目标而进行文化融合时遇到困难。

对大部分新创企业来说，建立并有效管理合作关系的能力是商业模式成功的主要因素，而有些企业管理合作关系的能力是它们竞争优势和最终成功的核心。

（九）成本结构

成本结构主要明确运营一个商业模式所发生的最重要的成本总和。创造和传递价值、维护客户关系以及创造收益都会发生成本，尽管有些商业模式相对于其他商业模式而言更加成本导向化，但在确定了核心资源、关键业务以及重要合作的情况下，成本核算就会变得相对容易。例如，所谓的廉价航空就是以低成本为核心建立整个商业模式。

创业者需要明确某一商业模式的各类成本。新手创业者有时只关注直接成本，低估了营销和销售成本、日常开支和售后成本。在计算成本时，可以把预估的成本与同类公司发布出来的报告对比一下。成本结构要素需要关注固定或者流动成本比例、高或者低经营杠杆等问题。例如，职业足球俱乐部的成本包括球队维持、基础设施管理、营销费用、传播费用等；而视频网站的成本则包括维持团队运营的成本、支付电信运营商的带宽、支付给影视版权方的版权费用、营销推广费用等。

【延伸阅读】

约翰逊和克里斯坦森的商业模式构成要素[①]

2008 年，约翰逊等在《哈佛商业评论》上发表了《如何重塑商业模式》，提出商业模式四个方面的构成要素：客户价值主张、盈利模式、关键资源、关键流程。

1. 客户价值主张

凡是成功的公司都能够找到某种为客户创造价值的方法，即帮助客户完成某项重要工作的方法。在此，"工作"的含义是指在特定情境下需要解决的一个根本性问题。只要了解了工作的含义以及工作的各个维度（包括如何完成工作的整个过程），就可以为客户设计解决方案。客户工作的重要性越高，客户对现有方案的满意度越低，而解决方案比其他可选方案越好（包括价格越低），其客户价值主张就越卓越。所以提出客户价值主张的最佳时机是：其他可选产品和服务的设计都未考虑到真正的工作需求，而创业者可以设计出圆满的、真正完成这一工作的解决方案。

2. 盈利模式

盈利模式是对公司如何既为客户提供价值、又为自己创造价值的详细计划，包括以下构成要素：收益模式 = 价格×数量。

成本结构：直接成本，间接成本，规模效益。成本结构主要取决于商业模式所需要的关键资源的成本。

利润模式：在已知预期数量和成本结构的情况下，为实现预期利润所要求每笔交易贡献的收益。

利用资源的速度：为了实现预期营业收入和利润，需要多高的库存周转率、固定资产及其他资产的周转率，并且还要从总体上考虑该如何利用好资源。

人们往往把"盈利模式""商业模式"概念混为一谈。事实上，盈利模式只是商业模式的一部分。

3. 关键资源

关键资源（又称资产）是指向目标客户群体传递价值主张所需的人员、技术、产品、厂房、设备和品牌，这里需要关注的是那些可以为客户和公司创造价值的关键要素，以及这些要素间的相互作用方式（每个公司都有一般资源，但这些资源无法创造

① W Johnson M, M Christensen C, Kagermann H. Reinventing your business model [J]. Harvard Business Review, 2008, 86 (12)：51-59.

出差异化竞争优势)。

4. 关键流程

成功的企业都有一系列的运营流程和管理流程,以确保其价值传递方式具备可重复性和扩展性,这些流程包括学习、产品研发、生产、预算、规划、销售和服务等日常周期性工作。此外,关键流程还包括公司的规则、绩效指标和规范等。

上述四个要素是每个企业的构成要素。客户价值主张和盈利模式分别明确了客户价值和公司价值,关键资源和关键流程则描述了如何实现客户价值和公司价值。这一框架看似简单,但实际它的力量蕴藏于各部分之间复杂的互依关系。四个要素中的任何一个发生重大变化,都会对其他部分和整体产生影响。成功企业都会设立一个相对稳定的体系,将这些要素以持续一致、互为补充的方式联系在一起。

二、商业模式设计的一般过程

现实中,商业模式具体如何设计、如何将这一创造性过程流程化,是一个非常重要的议题。商业模式的设计是一个动态的过程,需要企业不断地进行调整和优化。商业模式设计的一般过程包括明确商业目标、分析市场和竞争环境、确定价值主张、设计利润逻辑、构建价值链以及验证和优化商业模式。通过这些步骤,企业可以设计出一个符合市场需求和商业目标的商业模式,从而实现经营的成功。

(一) 明确商业目标

商业模式设计的第一步是明确商业目标。企业需要明确自己的使命、愿景和核心价值观,并确定想要实现的商业目标,如市场份额、营收增长、利润最大化等。这些商业目标将指导后续的商业模式设计。

(二) 分析市场和竞争环境

明确商业目标之后,企业需要进行市场和竞争环境的调研和分析,包括对行业的整体发展趋势、市场规模、竞争对手、消费者需求等方面的分析。通过运用各种市场环境分析方法,如 PEST 模型、SWOT 分析法、商业模式画布结合的模型或者波特五力模型,以及专家访谈、过去商业模式的失败调研,了解市场和竞争环境,企业才能更好地把握商机和挑战,为商业模式的设计提供依据。

(三) 确定价值主张

价值主张是商业模式设计的核心。企业需要确定自己的产品或服务所提供的独特价值,以及与竞争对手的差异化,从逻辑上讲,只有拥有了独特的顾客价值主张和企业价值主张,才可能去谋求实现这种价值主张的资源和能力。价值主张应该能够满足消费者的需求,并具有可持续竞争优势。企业可以通过市场调研和用户反馈等方式来确定和优化自己的价值主张。

(四) 设计利润逻辑

设计利润逻辑是商业模式设计的重要组成部分。企业需要确定如何通过提供产品或服务实现盈利,包括确定收入来源、成本结构、利润模式等方面。利润逻辑应该能够保证企业的盈利能力，并与价值主张相匹配。

（五）构建价值链

价值链是指企业在产品或服务的生命周期中，从原材料采购到最终交付给客户所经过的一系列活动。企业需要构建一条高效的价值链，使产品或服务能够以较低的成本和较高的质量交付给客户。价值链的构建需要考虑供应商、生产、物流、销售等各个环节。

（六）验证和优化商业模式

商业模式设计完成后，企业需要进行验证和优化。这个过程可以通过市场测试、用户反馈、数据分析等方式进行。企业应该根据验证结果对商业模式进行调整和优化，使其更加符合市场需求和商业目标。

三、商业模式的类别

商业模式的选择和设计对企业的发展至关重要，以下介绍几种常见的模式：

（一）制造商业模式

制造商业模式是一种传统的商业模式，企业生产产品并将其销售给客户。制造商业模式的优势在于较低的风险和投资门槛，可以通过规模效益和供应链优化降低成本，提高利润率。随着电子商务的兴起，这种商业模式面临越来越激烈的竞争和不断变化的市场需求。

（二）订阅商业模式

订阅商业模式是指客户以固定的价格定期购买产品或服务的商业模式。这种模式可以使顾客在一定时间内享受特定的服务，符合消费者越来越注重便利和个性化的需求，在媒体、娱乐和软件行业得到广泛应用。例如，杂志订阅、爱奇艺、腾讯视频订阅等。订阅商业模式的优势在于可以实现稳定的现金流和客户黏性，但需要不断创新和提升用户价值，以避免客户流失。

（三）多边平台商业模式

多边平台商业模式是一种具有普遍性的商业模式，表现为某个机构提供一个固定场所，为来到这个场所交易的购买者和销售者提供相应的服务，以此获得利润。例如，淘宝网连接了商家、消费者、广告商、金融机构等多方参与者，能同时满足这些参与者交易的需要、资金安全的需要、信息分析的需要，因而获得巨大的成功。多边平台上至少有平台机构、销售者和购买者三方参与，是连接各方客户的中介，其成功的关键需要两点：一是规模，只有吸引各方群体的规模足够多，才能体现平台的价值，如早期的滴滴向用户和司机发放大量补贴，吸引入驻来提高规模；二是健康生态，平台中的各个群体都能够收获价值，才能维持平台的良性稳定发展，如淘宝连接了中小卖家和广大消费者，中小卖家销售商品赚取收入，而消费者购买商品满足需求。

（四）长尾商业模式

长尾市场也称利基市场。"利基"一词是英文"Niche"的音译，有拾遗补阙或见缝插针的意思。菲利普·科特勒在《营销管理》中给利基的定义为：利基是更窄地确定某些群体，这是一个小市场并且它的需要没有被服务好，或者说"有获取利益的基础"。通过对市场进行细分，企业将力量集中于某个特定的目标市场，或针对一个细分市场，或重点经营一个产品和服务，创造出产品和服务优势。

传统商业观念认为，企业只能面向大众用户大批量提供少数几种产品，通过规模效应降低成本和价格，以大批量的销售获得利润。随着信息技术的发展，物流和供应链技术与管理水平的提升，现在为利基市场即"长尾市场"提供种类多而数量少的产品，也能够取得与追求规模化销售、为大众市场服务的企业一样甚至更高的盈利水平。例如，在线影片租赁公司 Netflix 提供了大量小众电影的点播服务。虽然单个小众电影的出租次数相对较少，但 Netflix 的大量小众电影获得的总收益与大片租赁收益相当。又如，在线拍卖网站 eBay 的成功就是基于大量的参与者针对少量的"非主流"单品的交易。

长尾商业模式成功需要两点：一是要求扩张规模的边际成本低，因为长尾特点就是个体需求小但整体规模大；二是需要有强大的平台保证小众商品能够及时被感兴趣的买家购买。互联网平台的兴起使长尾商业模式流行起来，互联网降低了规模扩张的边际成本，搜索推荐技术的发展提高了人货匹配的效率，使长尾需求得到有效满足。早期图书电商亚马逊就是比较典型的例子，当时电子商务刚刚兴起，与传统实体图书销售商不同的是，亚马逊的价值主张是更多的选择、更方便的决策和更便宜的价格。亚马逊网站上提供的图书规模远远大于实体店，能够满足读者的不同需求，为用户提供更多选择，并且搜索功能和个性化推荐方便让用户找到自己感兴趣的商品。同时评论功能为用户的选择提供了参考，帮助用户更好地决策。

总之，长尾商业模式是基于强大的平台和低成本的物流与供应链，注重向个性化消费市场提供种类繁多而数量很少的产品和服务，形成一种新型的商业模式。

（五）免费增值商业模式

免费增值商业模式指一类关键客户可以持续免费享受服务，采用这种模式的企业通过免费来吸引用户，增加企业的基础客户群体规模，但企业最终以盈利为目的，那么基于免费商业模式的企业如何盈利呢？常见的"套路"有几种：

第一，与多边模式相结合，某个群体的免费服务由另一个群体买单。这在互联网模式中较为常见，如新闻门户网站通过免费的新闻内容资讯吸引大量用户，再基于巨大流量吸引广告主付费投放广告，将流量变现。内容提供以及平台营运成本由广告主买单，平台也可以通过会员增值服务收费。免费用户只能享受到基础的、受限制的服务，花钱购买会员后就可以享受增值服务，这在内容平台上比较常见，如在音乐平台网易云音乐上，要想听流行热门音乐，必须花钱买会员才可以听。诸如此类还有爱奇艺、优酷等视频网站。

第二，钓鱼方式，又称诱饵陷阱模式。企业前期以非常廉价甚至免费的价格提供商品，后续通过交叉补贴（以其他细分客户付费的方式给免费客户提供补贴）支撑企业运营并实现盈利。交叉补贴方式有很多：用付费产品补贴免费产品，如用昂贵的爆米花补贴利润较低的电影票；用日后付费补贴当前免费，如中国移动免费赠送手机，用户必须使用两年以上该公司的通信服务；用付费人群补贴不付费人群，如用户可以在百度免费得到信息，广告商替用户支付相关费用。较为出名的是吉利的剃须刀，顾客在购买一些产品的时候免费搭送刀柄，后续用户则需源源不断购买刀片，同时通过专利阻断，确保竞争者不能以低价提供适用的刀片，保证自己的利润。印象笔记是免费商业模式的典型代表，任何用户都可以免费使用该工具，但是有上传流量的限制。如果需要使用更多的流量和存储，或者使用深度搜索、图片扫描等功能，则需要购买会员来使用增值服务。

（六）服务商业模式

服务商业模式指企业通过提供服务来赚取收入的营运模式。这种商业模式常见于服务行业，如法律、会计、咨询、保险等。服务商业模式的优势在于提供定制化的服务，提高客户满意度和忠诚度，但需要关注人力资源和管理成本。

（七）分拆商业模式

分拆商业模式是指原商业模式的某一部分独立出来成为新的模式，分拆是为了让新模式发展成新业务，为企业开辟新的增长空间，且新业务与原业务存在一定的制约关系。典型代表就是亚马逊的 AWS 为支撑电商平台高要求的业务场景，构建了强大的 IT 基础能力。但是 IT 基础能力搭建和维护的成本比较高，为了分担成本甚至创造新的利润点，亚马逊尝试将空闲期间的基础设施租出去。该业务模式与原来电商模式完全不同，为了更好地发展需要拆分出来独立运行，剥离该业务成为新的部门。京东物流也是这种模式，高质量的物流水平是京东电商的优势，同时是巨大的成本。为了缓解成本压力，京东将物流部门分拆独立运行，承接外部客户甚至 C 端用户的物流需求，创造新的业务方向。

（八）开放商业模式

开放商业模式适用于利用外部合作伙伴创造价值的企业，可以是"由外而内"地将外部创意，包括外部组织的见解、知识、专利或者是对内部公司有用的产品，引入到公司内部，为企业创造价值，如知名网络问答社区——知乎就是这种模式；小米手机通过构建大量粉丝群来吸收客户意见并设计改进方案，从而使小米不断迭代更新，创造更多的商业价值。也可以是"由内而外"的向外部合作伙伴输出公司闲置的创意或资产，如著名药物公司葛兰素史克把开发全球疑难杂症的相关知识产权放入到对外开放的专利池中，供企业外部的研究者使用，从而实现了超脱于市场盈利的巨大价值。

随着时间的推移，基于其他商业概念的新商业模式类型会不断出现。

【阅读案例】

如家超越锦江的秘密①

1996 年 5 月，锦江国际集团旗下的锦江之星旅馆投资管理有限公司选址上海梅陇

---

① 商业模式创新，如家后来居上的秘密［EB/OL］．［2010-07-19］．http：//www.emkt.com.cn/article/475/47578.html.

镇，建成了中国第一家经济型酒店。次年，梅陇店正式对外营业，仅3个月入住率就达到了90%，锦江之星一举成名，自此成为中国经济型酒店的鼻祖，开始了中国经济型酒店的领跑之路。5年后，北京一家名不见经传的唐人酒店（后与首旅旗下建国客栈联合改名为"如家"）涉足经济型酒店领域，重点发展3星以下的宾馆作为连锁加盟店。仅4年时间，在全国开业门店数量已达到123家，超越了锦江之星。2006年10月，加家酒店在纳斯达克成功上市，奠定了其国内行业老大地位，成为众多中国老百姓商旅的居家首选。

为什么如家可以在短短的4年间超越锦江之星，成为中国经济型酒店的第一品牌呢？通过如家商业模式分析，不难破解如家后来居上的秘密。

第一，准确的顾客及其需求定位。随着国内普通商务人士和游客的流动规模大大增加，其居住方面的需求主要是快捷、标准化的服务和明确适中的价格。

第二，产品有所为，有所不为。床品和卫生间是如家有所为的重点所在。一方面是卫生方面达到甚至超越传统酒店的标准，在房间的颜色上增加温馨感。另一方面是提升服务质量，让如家的客户能享受到高的住宿质量、良好家具带来的舒适性、市中心区位带来的方便性，同时得到干净卫生和安全周到的服务。

第三，通过"幕后"运作创造独特价值。在投资运作方面，如家通过租赁和系统建设的方式，使新店的建设周期大大缩短。在人员管理方面，如家人力成本仅为同业的1/3甚至1/6。在后台运作方面，如家通过规模庞大的呼叫中心和高效的订房网站创造自身价值，降低了劳动成本，提高了服务效率。在服务运作方面，如家的标准化运作体系，确保了绝大多数顾客的满意度。

第四，通过房产租赁和特许加盟实现渠道的快速扩张。在市场扩张和渠道拓展运作方面，如家采用房产租赁和特许加盟的经营方式，实现高速扩张。

第五，以标准化建立竞争壁垒。高效的资金使用方式和精确到便笺纸页数的管理操作模板，帮助如家将分店迅速开遍全国。而这一切的保障，是酒店管理层对计划规定"无情地推进和执行"。在宏观层面，着重提高特许加盟店的比例，降低资金占用率；在微观层面，扁平化的管理结构、统一的店长培训，确保运营手册上的每一页，都能得到落实。

四、商业模式的创新

(一) 商业模式创新的含义

商业模式创新作为一种新的创新形态，受到人们的关注。2005年，经济学人智库发起的调查中，54%的首席执行官认为，到2010年，商业模式创新将成为比产品和服务创新更重要的创新。事实证明，商业模式创新不仅在企业实践中被广泛应用，近年来也成为管理学领域一个新的研究热点。商业模式创新实践领先的国家是美国，美国政府甚至对商业模式创新通过授予专利等给予积极的鼓励与保护。

商业模式创新是指企业价值创造提供基本逻辑的变化，即把新的商业模式引入社会的生产体系，并为客户和企业创造价值。简单来说，商业模式创新就是指企业以新的有效方式赚钱。新引入的商业模式，有可能在构成要素方面不同于原有商业模式，也有可能在要素间关系或者动力机制方面不同于原有商业模式。

（二）商业模式创新的方式

商业模式创新是一项系统工程，其创新路径因创业者视角的不同而有所变化。随着实践和研究的深入，商业模式创新大致可分为组成要素创新、系统创新、价值链创新、战略创新四种。

1. 组成要素创新

商业模式的基本构成要素有价值主张、客户细分、分销渠道和关键业务等，任何一个或多个价值要素的增加或变化都可能带来整个商业模式的创新。现实中依然有许多未被满足的需求，发现并设法满足这些需求，在价值主张上进行突破，或者突破现有客户边界，就能寻找到创新商业模式的路径。例如，腾讯通过与运营商"二八分账"（运营商 20%，腾讯 80%）的协议，改变了价值的实现方式，诞生了移动 QQ，实现了业务的高速增长，但这种路径的不足在于只是部分创新，无法达到商业模式整体创新。

2. 系统创新

商业模式是一个由相互联系的若干活动组成的系统，商业模式活动系统的设计者需要考虑设计组成因素和设计主题。商业模式系统创新弥补了部分创新可能的片面性。如耐克公司原来的商业模式是主抓设计，生产活动由劳动力廉价的国家和地区承包。近年来，它逐步发展成为通过全球核心业务部门的品类管理，推动利润增长的、以客户为中心的组织。

3. 价值链创新

任何一个企业的价值链都不是孤立存在的，而是其所属产业价值链的一部分。商业模式创新需要打破传统的企业、行业边界，吸收外部资源参与创新活动，以客户为中心，以合作共赢的理念来建立各种价值网络，如产学研联盟、上下游战略合作等。价值链一般可分为生产和销售有关的活动，前者包括设计、采购、制造等环节，后者包括寻找顾客、建立渠道、交易和售后服务等环节，一个新商业模式或始于产品的创新，或始于一项流程创新。如阿里巴巴通过淘宝网、支付宝、菜鸟物流等重构了商业价值链。

4. 战略创新

多数企业应用的竞争战略主要包括建立在低成本基础上的低价格、更吸引人的服务、更多选择的信息、密切的客户关系。最成功的公司就是那些能够将持续有效的战略和强有力的商业模式创新相结合的公司。

【案例讨论】

携程旅行、同程旅行与途牛的商业模式比较分析①

1. 携程旅行的商业模式

携程旅行的商业模式如图 4-4 所示，酒店、航空公司、景区景点等产品供应商向携程提供一个定价（保证供应商盈利的报价）。携程根据产品定价进行调整，然后将终价（差额部分作为携程收入）发布在平台上。当消费者确定需求并从平台上下单时，产品供应商获得定价部分，携程获得差额部分，供应商还要给予协定好的佣金。此外，有些供应商还会向携程支付广告费用，以增加产品曝光度。

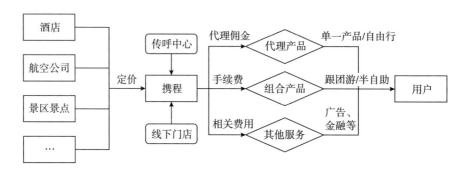

图 4-4　携程旅行的商业模式

所以，携程的盈利项目主要包括三个部分：自身平台上发布的价格与供应商提供的产品报价之间的差额；供应商给予平台的佣金；供应商与平台之间存在的广告费用。因为产品供应商的佣金和广告费是提前确定好的，所以携程盈利多寡的影响因素是用户数量。另外，相较去哪儿网（专注于低价机票与平台广告盈利）、途牛（专注于旅游产品）等，携程的盈利模式比较均衡，产品范围也比较广。

艺龙、同程、途牛等 OTA 平台的相继涌现，一定程度上冲击了携程地位，分流了它的客户和供应商。对此，携程采取了打价格战、兼并收购等应对措施，同时深挖客户需求，以提高客户满意度（口碑）。在将国内市场份额提高到一定高度之后，携程提出"全球化"战略，这是其充分利用自身优势采取的一种进攻型策略。为争夺全球在线旅游业的市场份额，携程一直在进行并购重组、股权投资等资本运作，如 2016 年收购英国机票航班搜索引擎天巡网、2017 年收购美国社交旅游网站 http：//Trip．com、2019 年收购印度最大 OTA MakeMyTrip 等。这些网站、平台逐渐成为携程"全球化战略"的增长主动力。携程在国内业务的重心则转向周边游与当地活动，紧跟时事推出"乡村旅游振兴"战略与红色旅游业务，并且推进与研发客服智能、IM 客服等技术手

---

① 携程旅行、同程旅行与途牛的商业模式比较分析［EB/OL］．［2022－05－11］．https：//zhuanlan．zhihu．com/p/512891899？utm_id=0．

段以提高服务效率与满意度等。

2. 同程旅行的商业模式

同程旅行的商业模式如图 4-5 所示,同程旅行是唯一拥有 B2B 和 B2C 两个平台的 OTA 公司。B2B 是指把采购来的酒店、机票、景区门票等卖给旅行社,所以同程旅行供应链管理能力相对较强。B2C 是指同程把单一旅游产品和综合旅游产品直接卖给旅游者,并且瞄准"同城玩乐"这一当时携程、途牛等关注较少的业务。同程旅行主要依赖的是目的地景区等玩乐项目对旅游者的吸引,之后再通过交通、住宿等其他产品创造更多价值[①]。

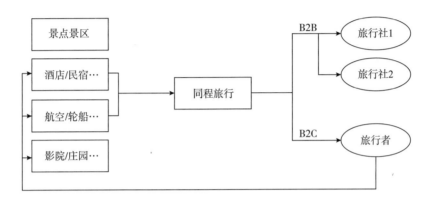

图 4-5　同程旅行的商业模式

从图 4-5 可以看到,同程旅行的商业逻辑与美团酒旅类似,是一种以特定需求倒逼供给升级的典型模式。这种商业模式可以发展为 Priceline 的"反向定价法",这种方法还没有在国内应用过。反向定价的原理是"产品越接近保质期使用价值越小",客户心理会给不同时期"产品"以不同价值,对于供应商来讲可以选择是否接受并交易。相对于物质产品较长的"保质期"来讲,旅游服务商品不仅容易受到外界影响使得商品"变质",保质期也非常"短",如飞机起飞或空房闲置时"旅游商品"价值瞬间为零。所以,C2B 的定价模式对于价值处于变动的商品来讲非常适合,它能够使 C 端和 B 端实现双赢。"团购"这种特惠平台是一种接近于 C2B 的模式,其中 C 端由"团长"来收集、传达与整理好旅游者与供应商的意愿。未来,相信反向定价与个人定制一样会成为非标准旅游产品的最终产物,因为高等级的旅游不是为了"复制"别人的体验,而是能够"创造"属于自己的体验。

3. 途牛的商业模式

在途牛成立之前,携程、艺龙等一批综合型旅游企业均以"酒店+机票"为主营业务。所以,途牛实行差异化战略,主推旅游线路预订,将中国传统的线下非标准产品

---

① 李晓莉,杨林美. 论在线旅行代理商商业模式的构建——基于携程、途牛、同程 3 家企业的比较分析 [J]. 广州大学学报(社会科学版),2017,16(6):91-96.

"跟团游"通过互联网的方式打造成标准化经营模式①。

途牛的商业模式如图4-6所示，途牛以跟团游、自助游零售为主市场定位，以"直采"为主、批发代理为辅的经营模式，以及"互联网+呼叫中心+实体店"并行的销售渠道。其核心竞争是"直采"比例大（其他平台以批发代理为主）、"直营"门店多（其他平台主要是加盟店）。如2017年途牛国内跟团游的直采占比达到80%~90%，由于直采业务的佣金率（12%~15%）远高于代理批发（7%左右），极大提高了企业盈利水平。

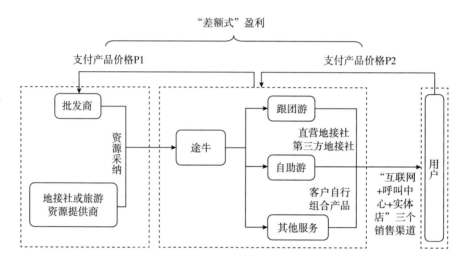

图4-6 途牛的商业模式

但是，途牛的用户数量、营收规模和市场份额都远不及以上两家公司，究其根本是自身认识不足、需求匹配不对、竞争实力不强。具体来看，①线下门店是把"双刃剑"。途牛线下直营门店的扩张旨在让线下旅行社上网来缩减和用户距离，使整体运营成本飙升，只能不断压缩平台的利润空间。②旅游消费水平和习惯发生变化。经济蓬勃发展之后消费者更加重视质量而非价格，"0"团费能够吸引的消费者越来越少，自由行的占比要大幅增加。③产品定位与目标客群的错配。途牛从低端市场起家，未能积累高质量用户却专注休闲、度假、出境等高消费门类。④高额补贴。途牛打"1元游"的价格战和花费巨额费用做综艺节目的营销并没有带来应有的市场规模，盈利更是遥遥无期，而这两种方法受制于携程的资金实力和领先优势。

讨论：

分析携程、同程、途牛属于什么类型的商业模式？三家企业该如何进行商业模式的创新？

---

① 刘运国，赖婕，柴源源. 互联网商业模式对旅游企业的影响研究——基于途牛旅游网与众信旅游的对比[J]. 财会通讯，2021（18）：3-12.

【思考题】

1. 简述商业模式的特征。
2. 商业模式的赚钱逻辑是什么？
3. 商业模式的构成要素有哪些？
4. 论述常见的商业模式类型。
5. 商业模式的创新方式有哪几种？

【实训练习】

1. 请分析一个典型的旅游或服务企业的商业模式，并画出其目前的商业模式画布。
2. 如果你已经有了一个跟文旅行业相关的商业创意，请结合奥斯特瓦德和伊皮尼厄提出的商业模式画布尝试为其开发一个有效的商业模式。

第五章　创业资源的整合

【引入案例】

汉庭酒店的会员系统整合①

汉庭酒店是华住酒店集团的创始品牌，由华住创始人季琦于 2005 年创立。此前，季琦已连续成功创办了"携程旅行网""如家快捷酒店"两家纳斯达克上市公司，在第三次创业时推出了汉庭酒店，初期曾一度以"汉庭"命名集团，后于 2012 年正式启用"华住"作为集团名称。

创立初期，季琦刚从一手创办的如家"被出局"，面临从零开始的挑战，但凭借其丰富的酒店管理经验以及酒店会员和酒店管理系统，带领汉庭酒店探索合作模式，实现短时间快速崛起。汉庭发展之初的模式，是试图找到一些中小型酒店，并提出将汉庭酒店的会员导入这些酒店系统，这对于当时全国各个酒店客流量缺乏的酒店业务来说，无疑是雪中送炭。

但同时，汉庭酒店提出了统一管理标准的要求，合作酒店只需要接入汉庭的会员系统和管理体系，便能享受到庞大的客流量和高效的管理效率。如此一来，大量酒店纷纷与汉庭合作，挂上了汉庭的牌子，最后成为汉庭旗下的酒店。这种合作模式也使汉庭成为被广泛认知和接受的品牌。

如法炮制，通过这种资源整合、合作共赢的方式，汉庭酒店迅速在全国范围内扩张，开设了 1000 家店。

如果当初季琦从每个城市开始找地段，重新租房买房，然后去装修酒店，其花费的时间成本和精力成本不会在如此短暂的时间能够快速崛起。相较于从头开始的独立扩张模式，这种合作模式不仅找到了现成的酒店，不用装修，也不用担心初期的流量，速度也更快，1000 家店直接节省了约 50 亿元，这就是资源整合的魅力！

创业的前提条件之一，就是创业者拥有或者能够支配一定的资源。Kirzner② 和 Casson③ 认为，创业机会的存在本质上是部分创业者能够发现特定资源的价值，而其他人

---

① 创业教父的顶级商业思维：整合比拥有更加重要 ［EB/OL］．［2020 - 09 - 14］. https：//baijiahao. baidu. com/s？ id = 1677776575930122803&wfr = spider&for = pc.

② Kirzner I M. Perception，Opportunity and Profit ［M］．Chicago：Chicago University Press，1979.

③ Casson M. The Entrepreneur：An Economic Theory ［M］．Washington：Rowman & Littlefield，1982.

不能做到这一点。就整个创业过程来说，创业机会的提出源于创业者依赖自身资源和财富来确认机会的潜在价值。因此，从这个角度来看，创业实质上是将创业机会的识别与创业资源的获取有效结合的过程。

第一节　创业资源

一、创业资源的内涵与种类

（一）创业资源的内涵

Barney 认为，资源就是任何主体在向社会提供产品或服务的过程中，所拥有或能够支配的，用以实现目标的各种要素及其要素组合。[①]

林嵩等人提出了创业资源的学术定义，认为创业资源是企业创立和成长过程中所需要的各种生产要素和支撑条件。[②] Alvareza 和 Busenitzb 则认为创业本身也是一种资源的重新整合。[③] 简言之，"创业资源"指的是创业者在创业过程中所需具备的各种条件。

创业资源在创业过程中起着至关重要的作用，机会代表了通过资源整合满足市场需求并实现市场价值的可能性。因此，创业机会的存在本质上是因为部分创业者能够识别其他人未发现的特定资源的价值。例如，在相同的产品或盈利模式下，一些人付诸行动去创业，而其他人则往往放任机会流失。

企业创立后，创业者仍需要积极从外界获取创业资源，并在企业发展过程中不断整合和利用这些资源。丰富的创业资源是制定和实施企业战略的基础和保障。

（二）创业资源的种类

1. 从利用方式角度划分，可分为直接资源和间接资源

林嵩根据资源要素在企业战略规划过程的参与程度，将创业资源分为间接资源和直接资源。财务资源、管理资源、人才资源是直接参与企业战略规划的资源要素，被定义为直接资源；政策资源、信息资源、科技资源这三类资源要素对于创业成长的影响更多的是提供便利和支持，而非直接参与创业战略的制定和执行，对创业战略的规划起到间接作用，故被定义为间接资源。[④] 创业资源的概念模型如图5-1所示。

---

① Barney J B. Resource-based theories of competitive advantage：A ten-year retrospective on the resource-based view [J]. Journal of Management，2001，27（6）：643-650.

② 林嵩，张帏，林强．高科技创业企业资源整合模式研究 [J]．科学学与科学技术管理，2005（3）：143-147.

③ Sharon A Alvareza，Lowell W Busenitzb. The entrepreneurship of resource-based theory [J]. Journal of Management，2001（27）：755-775.

④ 林嵩．创业资源的获取与整合——创业过程的一个解读视角 [J]．经济问题探索，2007（6）：166-169.

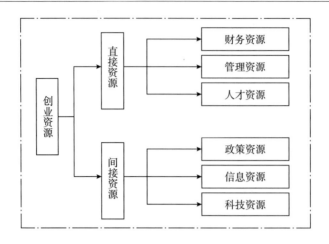

图 5-1　创业资源的概念模型

资料来源：林嵩. 创业资源的获取与整合——创业过程的一个解读视角［J］. 经济问题探索，2007（6）：166-169.

2. 从性质角度划分，可分为人力资源、社会资源、财务资源、物质资源、技术资源和组织资源

（1）人力资源：包括创业者及其团队的知识、经验、智慧、愿景及人际关系网络。

（2）社会资源：是人际和社会关系网络而形成的关系资源，可视为人力资源的特殊形式。

（3）财务资源：涵盖资金、资产、股票等。

（4）物质资源：指创业和经营活动所需的有形资产，如厂房、土地、设备等，有时也包括自然资源，如矿山、森林等。

（5）技术资源：包括关键技术、制造流程、作业系统、专用生产设备等。可分为三个层次：一是根据自然科学和生产实践经验而发展成的各种工艺流程、加工方法、劳动技能和诀窍等；二是将这些流程、方法、技能和诀窍等付诸实现的相应的生产工具和其他物资设备；三是适应现代劳动分工和生产规模等要求的，对生产系统中所有资源进行有效组织和管理的知识、经验和方法。技术资源与智慧等人力资源的区别在于，后者主要存在于个人身上，随着人员的流动会流失，技术资源大多与物质资源结合，可以通过法律手段予以保护，形成组织的无形资产。

（6）组织资源：是指组织内部的正式管理系统，包括组织结构、作业流程、工作规范、质量系统等，源自创业者或其团队对新创企业的最初设计和不断调整，以及对环境的适应和成功经验的学习。

3. 从层次角度划分，可分为核心资源和非核心资源

根据资源基础理论，创业资源可分为核心资源与非核心资源。核心资源的识别和利用，以及非核心资源的辐射作用，共同构成了创业资源运用的基本框架。以下是对这些资源分类的具体阐释：

（1）核心资源主要包括技术、管理和人力资源。这几类资源是创业企业区别于其

他企业的核心竞争力，是识别、筛选和利用创业机会的主线。企业必须以这几类要素资源为基点，扩展创业企业发展外延。人力资源是企业的知识财富和创新源泉，高素质人才的吸引和培养是现代企业可持续发展的关键。管理资源可以理解为创业者资源，是创业企业成长的关键，创业者素质和个性、对机会的识别和把握以及对其他资源的整合能力，都直接影响创业的成败。科技资源是一种积极的机会资源。对于新创企业来说，主动引进和寻找有商业价值的科技成果，是企业的立身之本和市场竞争之源。

（2）非核心资源主要包括奖金、场地和环境资源。有效地吸收和管理资金资源，保持资金流转的稳定性，是创业成功的关键。场地资源指的是高科技企业用于研发、生产和经营的场所，优良的场地资源能够为企业大幅度降低运营成本，并提供便利的生产经营环境，从而在短期内累积更多顾客或质优价廉的供应商。环境资源作为外围资源，影响着创业企业的发展。例如，信息资源可以提供给创业者优厚的场地资金、管理团队等关键资源，文化资源可以促进管理资源的持续发展等。

4. 从控制主体角度划分，可分为自有资源和外部资源

（1）自有资源是创业者自身所拥有的可用于创业的资源，如创业者的自有资金、专业技术、获取的创业机会信息、自建的营销网络、控制的物质资源以及管理才能等。有时，创业者所发现的创业机会本身就是其最重要的创业资源。

（2）外部资源包括来自朋友、亲戚、商务伙伴或其他投资者的资金支持，以及借用的人力、空间、设备或其他原材料（这些有时由客户或供应商免费或低价提供）。此外，外部资源还可能通过提供未来服务或机会来换取，或者是社会团体或政府提供的管理援助计划。外部资源的获取往往依赖于外部机会的发现，这在创业初期尤为关键。创业者在创业初期面临的主要挑战之一就是资源的不足和供给问题。一方面，企业的创新和成长需要消耗大量资源；另一方面，企业自身还很弱小，难以实现资源自我积累和增值。因此，企业只有通过识别机会，从外部获取充足的资源，才能实现快速成长。这也是创业资源区别于一般企业资源的独特之处。对于创业者而言，有效利用外部资源是至关重要的，尤其是在企业的创立和早期成长阶段。关键在于拥有资源的使用权，并能控制或影响资源的部署。

实际上，自有资源的拥有状况在很大程度上影响甚至决定了获取外部资源的能力。正如俗话所说，"打铁还需自身硬"，立志创业者首先要致力于扩大和提升自有资源。自有资源的拥有状况（特别是技术和人力资源）可以极大地帮助创业者获取和有效利用外部资源。

二、创业资源的作用

（一）技术资源是创业前最关键的资源

有研究者指出，在创业初期，技术资源是最关键的创业资源之一。其原因有三点：一是创业技术是决定产品市场竞争力和盈利能力的基础；二是创业技术核心决定了所需创业资本规模，对于在技术上无需根本创新的创业企业来说，所需创业资本较小即可维持企业的正常运营；三是不同的创业阶段对技术人才的需求不同，尤其在初创期，

由于企业规模较小，对管理和人才的需求并不如成长期那般高。

企业是否掌握创业需要的"核心技术"或"根部技术"，以及是否拥有这些技术的所有权，是决定创业成本和市场成功与否的关键，尤其是依托高科技技术的创业企业。因此，寻找成功的创业技术是企业成功的关键。拥有核心技术往往意味着更容易获得资金支持。对于那些市场前景看似广阔的"商机"，一时爆火的流量密码，仍需掌握其背后的关键技术策略，如果没有拥有或者控制核心技术就贸然进入，很可能会迅速遭受重创。

（二）人力资源是企业持续经营最重要的资源

人力资源包括创业者及其团队拥有的能力、经验、意识、社会关系、市场信息等。从企业发展战略的角度来看，人力资源是企业最重要的资源之一，是可以长期培养和获取的优质资源。员工的知识结构和经验水平等对于企业的发展至关重要。美国苹果电脑公司创立人史蒂夫·贾伯刚创业时，最先录用的 10 个人决定着公司成败，因为每一个人都是这家公司的 1/10。如果 10 个人中有 3 个人不是那么好，那为什么要让公司里 30% 的人不够好呢？小公司对于优秀人才的依赖要比大公司大得多。

许多大学生创业的故事表明，大学生自主创业最大的挑战不是资金，而是意识、知识、信息和技能的匮乏。一旦企业成立，创业者团队的经营管理能力和经验等就显得尤为重要，这直接影响着企业是持续经营还是"轰轰烈烈地开始，悄无声息地结束"。

创业不是一件轻松的事情。在创业初期，创业者需要事无巨细、亲力亲为，包括对外筹集资源、协调关系、开发客户、应对变化，以及对内分配资源、管理运营，因此创业团队必须具备一定的经营能力。以大学生创业团队为例，由于缺乏社会经验和对商业运作的基本了解，创业的每一步都充满挑战，任何小的困难都可能成为压垮创业梦想的"最后一根稻草"。

（三）客户资源是创业企业走向市场的重要资源

客户资源包含企业的客户及其信息，不仅是企业的资产，更是蕴含极高价值的关键资产。许多创业者就是从积累客户资源开始的，因为拥有了客户资源便拥有了目标市场和销售预期。这些资源有助于新创企业的产品或服务进入市场，并获得客户的"货币选票"。

随着创业企业的成长，客户资源流失可能成为一大挑战。如何有效解决这一问题，维持并不断扩大客户基础，是企业能否持续发展的关键。因此，企业应高度重视客户资源管理，建立专门的数据库，不仅要舍得在此领域进行投资，还要充分挖掘和利用客户资源的潜在价值。

（四）外部资金资源是创业企业可持续发展的关键资源

对于初创企业而言，外部资金是其发展的关键支持，资金的获取往往并非易事。融资途径多样，包括天使投资、风险投资和众筹等。创业者需要制定具有吸引力的融资策略，以便快速且高效地筹集资金，这是企业能否站稳脚跟、可持续发展的关键。但融资过程中不可避免地会遇到竞争和各种挑战，这些可能会削弱创业者的热情。实践是检验真理的唯一标准，所以，创业者应实事求是，不断总结、调整和改进，寻求最适合自己企业的商业模式。企业初创阶段的成功并不意味着长期成功，外部资本的介入能够带来更多的商机和市场投资，帮助企业扩大规模、推广销售，形成真正的竞争力。

总之，创业是一个涉及获取和整合企业内外部资源的过程。创业者是否具备创业所需的各种资源，并能确保这些资源能及时支持企业的发展，是创业成功与否的关键，也直接影响到企业发展的速度、规模和稳定性。

三、获取创业资源的途径

（一）市场途径

1. 购买

购买是指利用财务资源通过市场交易获取外部资源的一种方式，主要包括购买厂房、设备等物质资源，购买专利和技术，聘请经验丰富的员工，以及通过外部融资获取资金等。需要注意的是，如知识，尤其是隐性知识等资源可能会附着在非知识资源之上，虽然创业者可以通过购买物质资源（如机器设备等）得到，但很难通过市场直接购买。因此，新创企业需要通过非市场途径来开发或积累这类资源。总之，购买是创业资源集聚的主要方式，其优势在于交易的便捷性和双方达成意向的明确性，从而减少潜在风险。

2. 联盟

联盟是指通过联合其他组织，共同开发难以或无法独立开发资源的一种方式。联盟的前提是联盟双方的资源和能力互补且有共同的利益目标，同时双方能就资源的价值及其使用达成共识。隐性知识等方面的资源可采取联盟的方式获得。

（二）非市场途径

1. 资源吸引

通过发挥无形资源的杠杆作用，新创企业可以利用其商业计划和创业团队的声誉，结合商业创意和战略前景预测，吸引物质资源、技术资源、人力资源。这种方式不仅增强了企业的资源配置，还提升了企业的市场竞争力。

2. 资源积累

企业可以通过内部培育来积累所需资源。这包括利用自建企业的厂房和设备，在企业内部开发新技术，通过培训提升员工的技能和知识，以及通过企业的自我积累获取资金等。这种方式展现了创业者如何利用现有资源，通过非市场途径有效地构建企业资源。

可以看出，创业者的自有资源往往是通过非市场途径获取的。由于创业初期资金通常有限，创业者很难通过购买的方式获取创业所需的各种外部资源。因此，通过社会关系以最小的代价获取资源成为创业者的首选策略，有时甚至可以无偿获取必要的创业资源。

【阅读案例】

携程五千家门店发布政策助力年轻人就业创业①

2023年7月，携程正式启动"新青年·新旅游·新开始"计划，旨在扶持大学生就业和创业。该计划投入百万元资金，鼓励遍布28个省份5500多家门店，为刚毕业的大学生开设专门招聘通道。此外，携程还将向这些门店提供政策补贴、专属培训及奖励措施，以促进毕业生的成功入职。同时，携程推出了"专人帮带成长计划"，旨在帮助毕业生快速且稳定地就业和创业。

旅游业一直是就业大户，近年来开设旅游门店成为不少"00后"大学生创业的新方向。不同于其他行业动辄数十万上百万元的创业启动资金，旅游门店创业并不需要很高的资金门槛，主要涉及房租和人工费用。

针对具有创业精神和较强学习能力的毕业生，携程提供了一系列支持措施，包括"管理费首年全额补贴""签约达标奖励政策""专人帮带成长计划""装修补贴"。这些措施旨在从选址、装修、开业到培训为毕业生创业开店提供一站式帮扶，甚至会定向邀请千万级钻石店长和金牌讲师一对一培养，帮助"00后店长"在创业的道路上走得更稳更快。

早在2018年，携程就推出了"小白门店"创业项目计划，旨在为有创业意向的大学毕业生提供旅游创业平台，加入"旅游新零售"的浪潮。2018年首批"小白门店"创业者中，23位"90后"年轻店长的平均年龄仅为26岁，他们中的大多数是刚毕业没有经验的新人。而这些门店在当年就实现上千万元的营业收入，并以年轻人全新的思维方式和创业精神，成为线下旅游市场的新生力量。如今，携程将投入百万元资金，从政策、培训、奖励三个方面入手再次帮扶大学生创业实现"店长梦"。

第二节　创业资源整合与管理

一、创业资源整合概述

（一）资源整合的概念

在创业初期，许多创业者能获取与利用的资源相当匮乏。然而，优秀的创业者在创业过程中体现出的卓越创业技能之一，就是创造性地整合和管理资源，尤其是那种能够创造持续竞争优势的战略资源，并成功地识别和抓住创业机会，推进创业进程的

---

① 携程五千家门店发布政策助力年轻人就业创业［EB/OL］．［2023-07-13］．https：//www.lvjie.com.cn/brand/2023/0713/29826.html.

持续发展。例如，牛根生在创建蒙牛初期，面对厂房、资金、奶源和销售渠道的全面匮乏，他巧妙地将之前在伊利集团积累的人脉关系、信誉以及创业团队的智力资源整合起来，为蒙牛的成立和成长奠定了基础。

资源整合是一个复杂的动态过程，是指企业从不同来源、层次、结构和内容中选择、汲取、配置、激活和有机融合资源，使之具有较强的柔性、条理性、系统性和价值性，并对原有的资源体系进行重构，摒弃无价值的资源，以形成新的核心资源体系。

（二）资源整合的特征

（1）激活性。若资源无法被激活，则难以发挥其效益和效能，也不会产生新的资源。

（2）动态性。资源结构随着环境的变化而变化，环境变化会引起企业资源结构体系的变化，进而导致资源整合方式和方法的改变。因此，资源整合需要时刻关注环境的变化。

（3）系统性。资源整合要将企业所有资源作为一个整体来考虑。

（4）价值增值性。资源整合并非单项资源的简单加总，而是各类资源的有机结合和相互作用方式的综合，使其达到"1+1>2"的放大效应。

（三）资源整合的内容

1. 个体资源与组织资源的整合

零散的个体资源通过系统化和组织化的处理，能够有效地融入组织资源中，转化为组织资源，同时组织资源能够迅速地融入到个体资源的载体中，激发个体资源载体的潜能，提升个体资源的价值。

2. 内部资源与外部资源的整合

需要识别与组织内部资源相匹配的有价值的外部稀缺资源，并将其纳入企业的资源体系中。此外，必须确保外部资源与内部资源之间能够相互融合，以激活和最大化企业内外资源的效率和效能。

3. 新资源与传统资源的整合

一方面，新资源能够提高传统资源的使用效率和效能；另一方面，传统资源的合理利用反过来也可以激活新资源，进而推动隐性技术知识等新资源的持续涌现。

4. 横向资源与纵向资源的整合

横向资源是指某一类资源与其他相关资源的关联程度；纵向资源涉及资源的广度和深度。这两者的有效整合对于构建资源的立体架构具有极其重要的意义。

【阅读案例】

内蒙古文旅集团整合资源闯新路①

内蒙古文化旅游投资集团有限公司（以下简称"内蒙古文旅集团"）自 2022 年 8

---

① 内蒙古文旅集团整合资源闯新路［EB/OL］.［2023-09-19］. http://www.nmg.xinhuanet.com/20230919/d2c2c00b080548989ec75dda6658a4bf/c.html.

月成立以来，坚持把大草原、大森林、大沙漠、大冰雪、长河大湖、各族人民共同创造的灿烂文化等优质文旅资源打造成顶级文旅产品，努力将内蒙古建设成为令人心驰神往的文化旅游新高地。

1. 跨区域整合资源：重点景区项目陆续落地

内蒙古文旅集团与森工集团、根河市政府成立合资公司，实施根河中国冷极村项目，主要开发森林民宿、定制旅游、大众冰雪等业态。该项目一期投资达 6000 万元，于 2023 年 7 月 24 日开工建设。

内蒙古文旅集团还与首旅旗下康辉旅行社达成合作，向根河中国冷极村推荐京津冀游客；与森工集团、阿尔山市政府成立合资公司，共同开发阿尔山金江沟温泉度假区，涵盖温泉康养、休闲度假、冰雪体验等业态；与清水河县、准格尔旗政府成立合资公司，整合黄河老牛湾和准格尔旗黄河大峡谷两大景区，实现了"一船游两地、一票游两地"的旅游模式，并正在规划跨河索道和游船配套设施的升级改造，逐步将该景区打造成 5A 级景区。

同时，与和林格尔新区管理委员会、内蒙古艺术学院三方成立合资公司，利用和林新区保留下来的传统村落（丹岱村）打造集亲子乐园、大学生潮玩、文化演艺、特色民宿于一体的休闲度假目的地——和林格尔云中盛乐度假区。一期项目投资 3 亿元，已于 2023 年 8 月 26 日开工建设。

与鄂尔多斯文化产业园成立合资公司，在产业园内打造自驾露营、亲子游乐、沉浸式体验、极限运动、特色民宿等精品业态为主导的自治区示范性露营地——鄂尔多斯国际露营小镇。2023 年 8 月 5 日签订合作协议，坚持边建设边运营，9 月部分项目开始运营。

2. 提升服务品质：酒店康养业务稳健起步

2023 年 2 月，内蒙古自治区养老公寓划转到内蒙古文旅集团后，先后与 13 家知名康养机构对接洽谈，通过公开招商确定与北京寿康集团合作运营。

内蒙古文旅集团按照民政部五星级养老机构标准，打造自治区示范性养老公寓。依托北京寿康集团在各地网点和全区特色旅游资源，加强与知名康养机构合作，发展旅居养老、候鸟式养老度假产业。目前，已开发了 6 种房型，开展长者公寓、护理院、老年大学等服务，现有意向入住 310 余户、交定金 64 人、27 人入住；并与合众人寿旗下的合众优年养老公司达成合作协议，开展旅居养老业务。

2023 年 5 月底，阿尔山无线电宾馆划转到内蒙古文旅集团后，与首旅集团建国饭店合作运营建国璞隐酒店，8 月 1 日开始装修施工，10 月启动运营。

上海内蒙古白云宾馆于 2023 年 5 月划转到内蒙古文旅集团后，接续新城宾馆与希尔顿集团的合作，运营"希尔顿花园"品牌。

3. 拓展配套产业：文旅商务和数字科技成效初显

内蒙古文旅集团成功承办长三角"百万人互游"宣传推广活动，以及深圳文博会、西博会内蒙古展区展陈等项目，承接了文旅部人才中心美术、音乐等五大门类艺术考级培训业务。此外，集团还成功中标了广西"体育云"、广电网络展厅等数字科技项目。

内蒙古文旅集团强化资源整合、区域协调、品牌统筹，高起点谋划、高标准建设、高效率推进，构筑以旅游景区为主导和以酒店康养、文旅商务、数字科技、文旅基金为有机组成的产业体系，在充分调研的基础上，储备了 65 个项目。

二、资源整合的能力

个体的资源整合能力直接决定了其成功的程度。资源在未被整合利用前是零散的，要想发挥其使用价值，创业者必须提升资源整合能力，通过识别有价值的资源并进行有效的再建构和科学利用，才能创造效益和利润。能力观理论的研究也表明，资源整合能力是企业获得竞争优势的关键。

在现实中，人们经常看到，一个资源丰富的企业绩效平平，而另一个资源较少的企业反而在市场竞争中脱颖而出。这意味着资源和能力并非总是匹配的。企业经营管理者需要确保所拥有的资源能够转化为相匹配的能力，在这一转换过程中应充分体现出创业者或创业团队的管理水平，并不断思考如何整合资源使其产出最大化。

（一）资源整合能力的内部性

企业资源整合能力是基于信息和知识的、企业特有的，并且通过组织资源之间复杂的相互作用而随时间发展的有形和无形的流程。资源在企业内部或外部都可以成功获取，而企业的某种能力仅存在于组织和业务流程中，是属于具体企业特有的，难以从一个组织转移到另一个组织，除非组织本身的所有权发生转移。因此，能力的培育只能在组织内部进行。创业者在整合资源前应明确目标，分析现有资源，制定合适的资源整合策略，建立人脉关系网，与优势互补的伙伴建立合作关系，从而形成一套完善的资源管理制度，实现资源的最大价值。

（二）资源整合能力的动态性

企业资源整合能力并非一成不变，而是可以通过组织学习和创新进行改造和提升。其动态性体现在三个方面：一是资源本身是静态的，是组织不可掌控的，关键在于组织如何进行有效的排列组合以实现最佳的结构功能；二是资源是有限的，组织需要想方设法寻求更多可供企业利用和发展的资源，为企业成长提供更好的机会；三是资源处于闲置状态，企业通过挖掘和整合可以将其盘活利用。因此，初创企业应通过组织学习提升资源管理水平，加强经验和技能的累积，在管理实践中最大化资源效用，并持续关注行业动态，不断调整整合策略，提高资源整合能力。

（三）创业资源整合方法

1. 资源拼凑

资源拼凑是创业者在资源高度束缚的情况下，利用周围的零散资源创造新产品和价值的方法。对于大多数人而言，这些资源可能看似微不足道甚至是毫无用处，但有些创业者能够通过自己的知识经验或者某项技能，将这些平凡资源创造性地组合在一起，实现新的目标和价值。资源拼凑不仅可以通过引入新元素来改变现有结构，也可以利用手头资源，虽然不一定完美，但通过巧妙组合亦可发挥作用。此外，它还可能是一种完全的创新行为，能够带来意外的收获。

资源拼凑需要注意三个关键因素：首先，借助手边已有的资源，这些资源通常是免费或者低成本的，创业者需要培养储备这些资源的习惯；其次，需要具备突破性思维和敏锐的观察力，能够洞悉并创造性地整合周围资源，开拓新机会，解决新问题；最后，学会将就当前资源，虽然不是最优方案，但在不断地尝试和调整中逐渐蜕变成功。当然在拼凑方式上，可以全面拼凑，也可以选择性拼凑。全面拼凑是将人力资源、物资资源、技术资源等长期拼凑使用，即便企业步入正轨依然采取拼凑方式。这种方式在初期可能有效，但后期可能会因标准低质量差无法拓展新的市场。选择性拼凑即只选择集中资源进行拼凑，后期步入正轨后不再采用拼凑方式。

2. 步步为营法

步步为营法是指在创业的每个阶段，尽可能用最少的资源解决当前的问题。在有限资源的约束下，采用步步为营法整合资源，不仅是最经济的方法，也是一种获取满意收益的方法。

首先，通过节约资源使用，降低管理成本，这与拼凑方法有相似之处，所以需要注意节俭的尺度，不要影响目标的实现，如可以通过外包的策略降低运营成本，利用孵化器和创业服务中心降低管理成本等。其次，减少对外部资源的依赖性，这样可以降低经营风险，加强对企业的控制。

因此，采用步步为营法可以帮助创业者寻找到实现创业目标的途径，最大限度地减少对外部资源的依赖和最大限度地发挥内部资金的作用，最终实现现金流的最佳使用。

3. 杠杆作用法

杠杆作用法是指以尽可能少的投入获取尽可能多的收益。成功的创业者善于利用关键资源的杠杆效应，这些资源杠杆包括资金、资产、时间、品牌、关系和能力等。对创业者来说，最容易产生杠杆效应的资源是人力资本和社会资本等非物质资源，尤其是人力资本会直接作用于资源获取，有经验的创业者可以更快地整合资源；社会资本是创业者在不同社会结构中获得的利益，是一种根植于社会关系网络的优势，可以为其提供各种信息和机会。

资源的杠杆效应体现在以下几个方面：延长资源使用时间；充分利用未被他人注意的资源；利用他人资源达成自己的创业目标；将一种资源补充到另一种资源，产生更高的复合价值（组合）；利用一种资源获得其他资源（交换）。

因此，创业者首先要清楚自身拥有的关键创业资源和社会关系网络；其次要考虑如何从供应商、客户、竞争对手各方获取创业所需资源，以及如何利用社会网络获取创业所需资源，如何在企业内部通过学习来开发形成新资源；再次是对资源进行配置，如剥离创业无用的资源、实现资源的转移和结合以及内部资源的共享性配置等；最后是创业者利用个人资源和已整合的资源获取外部资源。

4. 外部资源整合

资源的所有权并不是关键，关键在于对他人资源的控制和影响程度。通常，企业会集中于整合和利用自有资源，但对于资源较为匮乏的创业者来说，获取并整合外部资源显得更为重要。

外部资源整合的方式有四种：第一种是购买第三方资源，即利用财务资源来获取外部资源。例如，在物质资源方面，可以购买厂房、机器设备、专利和技术等；在人力资源方面，可以聘请专家；在信息资源方面，可以通过管理咨询公司购买关于产品推广、供应商选择、竞争对手和市场需求等方面的有价值信息。第二种是战略联盟，即通过与资源拥有者建立合作关系。创业者可以与同行之间建立战略合作关系，进行非资产性的外部协作，实现产业链上的资源共享和功能互补。例如，2012年去哪儿网与支付宝等第三方支付平台建立了战略合作关系，共同为在线旅行机票预订提供安全支付方案。此外，也可以与科研院校建立战略同盟，获取他们的知识资源和人力资源等。第三种是资源并购，即通过股权收购或资产收购，将外部资源内化为组织内部资源。其前提是并购双方的资源高度关联，通过并购可以实现更高的资源利用率。这种方式更适合实力雄厚的大公司。第四种是构建企业家关系网络、中高层管理人员关系网络和技术人员关系网络，社会关系网络资源可以帮助企业获得更多的物质和信息等方面的资源。

【阅读案例】

牛根生的智慧与蒙牛的崛起[①]

蒙牛集团的创始人牛根生以其卓越的经营智慧而闻名。

牛根生原来是伊利的高管，因与上层领导意见不合而离职，当时他已经年过四十。尝试在北京寻找工作未果后，他返回内蒙古，与几位高管共同创业，筹集了1300多万元。然而，这笔资金连一条完整的牛奶生产线都无法购置，怎么生产并售卖牛奶？

要做成这件事情需要解决四个问题：一是要有生产设备；二是要有奶源；三是要有人才；四是要有品牌。牛根生是怎么解决这四大难题的呢？

首先，面对没有生产线的困境，牛根生选择盘活闲置资源。他前往哈尔滨的一家国营牛奶厂，利用该厂两条闲置的生产线，并根据月产奶量支付费用，这种双赢的策略迅速获得了共识。

其次，解决奶源问题。为了确保稳定的奶源，牛根生与当地银行合作，为养牛的农民提供贷款。通过与农民签订协议，确保他们将牛奶卖给蒙牛，蒙牛再将款项还给银行，并将剩余利润返给农民，这个问题得到妥善解决。

再次，人才资源问题。蒙牛提供给每位员工一套房子，这一激励措施成功吸引了众多人才，不仅促进了企业的发展，也帮助政府解决了培养企业和增加税收的问题。

最后，品牌建设问题。面对内蒙古1000多家牛奶企业的激烈竞争，蒙牛从有限的

---

① 学会蒙牛的资源整合法，你也能成为成交高手［EB/OL］.［2021-06-17］. https：//mp. weixin. qq. com/s/ QiEZ2fCNceVKJuTvQjv-CQ.

资金拿出数百万元做路边户外广告，标榜"蒙牛和伊利一起把内蒙古乳业推向全世界！"当时伊利是内蒙古乳业的"老大"，这一策略巧妙地借助行业"领头羊"伊利的品牌效应，迅速提升了蒙牛的市场地位。这就是在整合资源方面借力，整合了"老大"的品牌资源。

牛根生曾言，98%的资源来自整合。正是这种资源整合的智慧，使蒙牛集团如同火箭般迅速崛起，成为乳业巨头。

三、资源整合的机制与过程

（一）整合资源的机制

诸葛亮在古时条件有限的环境下，巧妙地利用自然和人文环境的优势成就大业，展现了资源整合的智慧。对于现代社会的初创企业而言，创业资源整合是创业过程中的关键步骤，也是决定企业成败的重要因素。创业者能否发现并抓住创业机会，往往取决于他们掌握和整合资源的能力，以及如何有效利用这些资源，这就需要建立一套有效的资源整合机制。

1. 识别利益相关者及其利益

利益相关者理论认为，在企业的经营决策和管理过程中，应全面考虑所有利益相关者的意见和需求，以实现利益最大协调。因此，对于资源匮乏的创业者来说，整合资源背后的利益机制尤为重要。虽然利益相关者之间存在利益关联，但这并不意味着能够实现资源整合，创业者需要寻找利益相关者之间的利益共同点。在识别出利益相关者后，创业者应逐一分析每个利益相关者关注的利益点，以便找到他们之间的共同利益，形成一套资源整合机制。

所有直接或间接影响企业利益的个体或组织均为利益相关者。利益相关者之间的关系可能是直接的、间接的、显性的、隐性的，有时甚至需要创造性地构建。在识别利益相关者时，不仅需要关注共同点，还需要考虑双方可以互补的方面。一般来说，利益相关者包括三类：企业内部的利益相关者，如经营者和员工；资本市场的利益相关者，如股东和债权人；产品市场的利益相关者，主要包括顾客、供应商、所在社区和工会组织。利益相关者与企业及其目标的利益关联越强、越直接，整合资源的可能性就越大。因此，创业者整合资源的首要步骤是识别并分析这些利益相关者之间的利益关系，必要时还需创造新的利益关联。

2. 构建多方共赢的机制

资源整合本质上是一种交换和共享，其目的在于创造与合作者的共同利益，实现"1+1>2"的结果，这便是所谓的共赢。有效的资源整合需要设计一个能够帮助各方在扩大利益同时降低风险的共赢机制，以最大化资源整合的潜力。在知识经济时代，共赢不仅是一种绝佳的策略，也是创业者的理性选择。通过合作创造共赢，是企业发展的理想途径，有时候帮助他人也等同于帮助自己。

以四川航空公司的创新商业模式为例，该公司通过与风行汽车的合作，实现了多方共赢的局面。四川航空公司首先以每台 9 万元的价格购买了 150 台原价 14.8 万元的风行菱智 MPV，并承诺在车辆上进行广告宣传。这不仅为风行汽车提供了广泛的流动广告，还极大地节省了广告预算。随后四川航空以每台 17.8 万元的价格把车出售给司机，并保证司机每载一名乘客即可获得 25 元的服务费。这为司机提供了稳定的客源和收入，相比在市区四处寻找乘客的出租车司机来说，更为划算。最后，四川航空推出购买五折以上机票即可享受免费市区接送服务的活动，这不仅为乘客节省了昂贵的打车费，也解决了从机场到市区的交通问题，同时增加了航空公司的机票销量和利润。通过这种商业模式，四川航空不仅在购买和出售汽车的过程中赚取了差价，还因为提供免费接送服务而大幅增加了机票销量。这种资源的整合与重组，寻找多方共赢的机会，是企业良性发展的关键。

3. 维持信任长期合作

创业合作伙伴最忌讳相互猜疑，创业者需要与利益相关者建立长期信任的合作关系，确保双方的互动是持续且有效的，共同解决问题，实现共同的目标。因此，重视与利益相关者之间的沟通至关重要，需要建立开放、透明且双向的沟通渠道，这是维持长期合作关系的关键。

长期合作的基础是稳固的信任关系。信任包括基于情感的人际信任和基于理性的制度信任。合作初期，人际信任可能基于相互了解、共同理念和情感联系而迅速建立，帮助迅速推进事务。然而，当遇到无法仅凭道德和情感解决的问题时，缺乏制度信任可能导致严重的后果。因此，通过制定明确的规章和制度来建立制度信任，用商业的方法来解决和预防合作中的纠纷至关重要。在资源整合过程中，创业者需要迅速从人际信任过渡到制度信任，建立更广泛的信任关系，以获取更大规模的社会资本。

4. 发挥资源杠杆效应

创业资源的杠杆效应指的是利用创业者的自有资源来撬动更多资源，从而最大化创业资源的效用。成功的创业者善于利用关键资源的杠杆效应，通过利用他人或者其他企业的资源来实现自己的创业目标。这包括用一种资源来补足另一种资源，创造更高的复合价值，或者利用一种资源撬动和获得其他资源。大公司不仅仅是积累资源，它们更擅长资源的互换，进行资源结构的更新和调整，积累战略性资源。这要求创业者更长久地使用资源，延长资源的使用寿命，从而节约创业成本；更充分地利用其他人未意识到的资源，以及将不同的资源叠加，产生更高的复合价值。对创业者而言，容易产生杠杆效应的资源主要包括人力资本和社会资本等非物质资源。合理利用这些杠杆资源，有助于创业者取得一定的杠杆收益，达到事半功倍的效果。

（二）整合资源的过程

创业资源的整合是一个复杂的过程，涉及从不同来源、层次、结构和内容中选择、汲取、配置、激活和有机融合资源的过程。总体来看，创业资源整合的路径主要有两种：一种是基于内部资源积累的能力构建机制，另一种是基于对外部资源利用的资源获取机制。

1. 资源识别

创业者需要具备敏锐的洞察力，能够识别并分析周围的各种资源属性，避免资源的闲置和浪费。不同类型的企业所需资源不同，需要获取资源的内容也大相径庭，因此，创业者需要根据资源分类体系，将企业已有的资源与所需资源进行对比分析。首先，创业者应明晰自身的资源禀赋和企业的初始资源，包括所有有价值的有形资产和无形资产，如人才、技术、品牌、设备等。这一步骤中，创业者需要找出自己的资源优势和不足，区分哪些是战略性资源，哪些是一般性资源，并确定资源的数量、质量、使用时间和顺序。创业者自身拥有的资源，如教育、经验、声誉、行业知识、资金和社会网络等，对获取到企业外部资源至关重要。其次，创业者还需要识别外部资源，及时发现创业企业所需的资源，确定缺失的资源可以从哪些渠道获得，谁拥有这些重要资源，并对资源获取的难易程度进行排序。最后，创业者应深入分析资源所有者的利益需求，与自己所拥有的资源进行比较，找到利益契合点。

识别创业资源对创业者至关重要。首先，创业者应提高对市场变化的敏感度，从市场变化中识别所需资源；其次，资源识别在很大程度上依赖于创业者的个人特质，如对风险倾向、成就需要、内控制源和对不确定性的容忍度等因素，这些都会影响资源的识别过程。

2. 资源获取

资源获取是根据资源识别的结果，通过特定的手段和途径想方设法获取企业所需资源的过程。对于新创企业，资源通常不完整，因此在寻找资源供应商或合作联盟时，需要突出展示自身的资源优势，如声誉、能力、社会网络资源、资金资源、技术资源等，以展示较高的获利可能性，吸引潜在合作者提供资源。

企业资源的获取途径主要分为内部积累和外部获取两种。内部积累主要是指企业通过内部培育的方式获取所需资源，包括企业内部开发新技术、员工技能培训和内部资金积累等。外部获取则分为外部购买和外部吸引两种方式。外部购买是企业利用财务杠杆在外部战略要素市场上购买所需的显性资源，如设备、厂房等，这是新创企业获取资源的最重要途径。有时企业可以以低于市场价的成本获取这些资源。对于重要的隐性资源，则需要通过外部吸引和内部积累两种方式获取。外部吸引是指企业利用自身资源来撬动和获取其他资源，创业者需要取得各种资源供应商的信任，可以通过展示企业的优势，如出色的商业计划书、良好的行业发展前景或其他优点来吸引资源拥有者。这些优势可以为企业带来信任和机会，从而获取所需资源。当创业企业基础较为稳固时，外部吸引还可以通过战略联盟和兼并收购或特许经营等方式实现。

需要注意的是，在资源获取过程中，创业者需要评估资源对实现企业目标的关键性，并创造性地设计双赢的合作方案，以形成长期的互利关系。

3. 资源利用

资源利用是企业在获取大量资源的基础上，对资源进行调整、分配和布置的过程，以生产产品或服务，为客户创造价值。许多资源不能直接利用，需经过合并和转化，以发挥其特有的能力和功能。对于大多数新企业而言，组织资源的形成并非一蹴而就，需要创业者整合各类离散的产权型资源和知识型资源，经过一段时间后才能形成。这一过程既可以在现有资源和能力基础上进行，提升现有能力，也可以通过吸收新资源来开发新能力。资源转化要求在组织和整合离散资源的同时，创业者或团队需将个人的优势资源和能力融入新创企业，与组织优势结合，形成独特的竞争优势。资源转化中，创业者的知识和能力是实现新企业资源规模不断扩大、价值逐渐提高的必要基础。例如，要通过利用历史文化资源来促进少数民族织锦的销售，就需要深入挖掘这一资源，找到与产品相关的连接点，并通过创意和设计，如编织传说故事，将这些历史文化资源转化为产品包装和宣传资源，再通过适当的渠道进行推广。

经过重新组合后的资源应具备新颖性和柔性。企业必须依据自身的竞争优势，在市场中占有一席之地。资源整合并转化为企业内部的独特优势后，创业者需要协调各种资源之间的关系，匹配有用的资源，剥离无用的资源。通过这种协调，企业不仅能获取财富资源，还能利用现有的竞争力资源进行拓展，进一步开发资源的范围和功能，从而获得持久的竞争优势。

4. 资源拓展

资源拓展是指建立之前未联系的资源之间的联系，将新获取的资源与已有资源进行联结融合，进一步开发潜在的资源为企业所用，这是企业持续竞争优势的根本来源。资源的开拓和创造过程能为创业企业带来新的能力，使其能更充分地发现和掌握创业机会。

【案例讨论】

党建引领+创业拼凑：石子口乡创公司助力乡村振兴之路①

石子口村位于山东省济南市章丘区文祖街道南端，三面环山，石头成堆，石屋、石墙、石巷随处可见。20 年前，因为耕种条件差、交通闭塞等原因，石子口村的不少村民举家"逃离"，使之成为避之不及的贫困村。自 2017 年党的十九大报告提出乡村振兴战略以来，石子口村吸引了外来创业者孙同山，积极推进精品民宿建设和乡村旅游发展。2019 年，石子口乡创公司创始人孙同山给农民发工资支出 100 万余元，带动 40 余位村民就业。截至 2020 年底，石子口村累计吸引投资近 3000 万元，村集体收入已经超过 50 万元，石子口村成为远近闻名的美丽乡村齐鲁样板村，孙同山也由一开始的孤军奋战，到现在拥有自己的创业圈子——既有村集体和高校基于党建共建的鼎力支持，又有媒体和政府的多方助力，还有创客、艺术家添彩和村民的信任支持。

1. 寻梦之路：扎根乡村创业，打造利益共同体

孙同山当时决定在这里创业有三个原因：一是村里有一定的可利用资源，不少废弃的、集中连片的老石头房子保存还算完整，正好可以拿来开发特色民宿。另外，村边的齐长城遗址有着 2500 多年的历史，可以作为对外推广的特色吸引点。二是村里有一支优秀的党组织队伍，支部书记建立了农业合作社（花椒、小米等农产品）。三是整个村落的内外部条件都符合旅游业发展的要求，除了靠近高速路口、拥有茂密的森林

---

① 中国管理案例共享中心案例库。

植被，还有丰富的民间故事可以挖掘，在这里也可以感受到淳朴的民风。所有游客关于中国乡村的美好印象，在这里都可以找到印记。

很快，在支部书记的支持下，孙同山与村两委商定好合作方式：石子口村特色民宿"时养山居项目"由石子口乡创公司主导运营，文祖街道办事处监督，石子口村委会协助管理；村集体收入的一部分拿出来入股，参与到时养山居项目建设中，年底按一定比例进行分红。对石子口村来说，这是个不错的集体收入来源。村民则以石屋等方式入股合作社获取分红收入。除入股之外，孙同山开发乡村旅游配套设施还需要租赁村里的石头院落、破旧的仓库等，这样一来既盘活了闲置资产，又给村里带来了额外的收入。除了能够分钱，石子口乡创公司在民宿建设和运营过程中，还雇用了本村劳动力，直接为本村村民增加收入。村民能够在家门口打工赚钱，还能亲身参与到村庄建设，对民宿项目表现出了极大的支持。

2. 筑梦之路：创业资源拼凑，壮大集体经济

已经找准了乡村旅游的发展机会，明确了打造主题民宿的战略定位，而且也获得了石子口村的信任和支持，孙同山开始着手民宿的建设。但钱从哪里来？他将自己的全部积蓄拿了出来，甚至将自己的房子和车也抵押了出去。在村领导的帮助和对接下，石子口乡创公司积极寻求政府政策资金扶持，争取到村集体经济试点项目、产业扶贫项目投入共计230万元，民宿项目的改造建设等工作开始逐步推进。

2018年10月，主题民宿院落、游客服务中心和石子口村委会基本建成，如何推广呢？孙同山首先想到自己的母校，一方面，他拼凑以自我为中心的关系网络资源，通过自己的"朋友圈"吸引游客，让来体验之后觉得民宿确实不错的朋友，再介绍给其他朋友。另一方面，积极对接山东大学管理学院旅游管理系党支部（后更名为文化和旅游学系党支部），在专家建议和推介下，石子口乡创公司的时养山居项目开始对接章丘乃至济南市文旅相关管理部门，并通过参加各种比赛和媒体宣传不断扩大知名度。渐渐地，时养山居民宿项目有了一定的名气，也获得了国家级森林村居、中国国际乡村民宿设计大赛金奖、"创青春"中国青年创新创业大赛全国总决赛铜奖等荣誉。山东大学的专家教授在学术会议、讲座培训中也极力推介石子口村的民宿产品，与此同时，孙同山还充分依托媒体的力量，在采访中宣传推广自己的理念，石子口村举办节庆活动时也邀请诸多媒体前来报道宣传。

随着民宿项目走上正轨，但人才的问题一直困扰着孙同山。虽然孙同山凭借良好的项目前景和个人魅力一直维持着一个十人左右的创业工作团队，但是创业这几年来，创业团队人员流动较大，本村返乡创业的人也有限。为解决人才的问题，公司、村集体和高校一起合计，想出了三个办法：①"请高人上山"——开创了村集体、企业和高校三方党建共建发展模式，高校的专家、教授以及其他高层次人才不定期进村对石子口村的发展进行指导，提供智力支持，并同时承担对外宣传员的作用。②"引青年进村"——打造创业基地，为创业者提供空间场所，从而招募年轻人才到项目中来。③"帮村民发展"——要村民更大程度地参与到本村乡村旅游建设中来，从事技术建设、餐饮服务、客房服务等工作，并为他们进行培训。

3. 梦的延伸：扩充乡村业态，赋能创新发展

随着项目的发展，孙同山发现石子口村现有的文化资源对游客产生的文化吸引力和影响力远远不够，必须借助其他形式来丰富文化资源。但仅凭自己的力量来丰富乡村业态和深度挖掘资源，他又没有那么多的时间和精力。

孙同山通过朋友介绍、招商宣传等形式，直接引进成熟的项目如四维无人机实训基地、兵者拓展基地、太极拳培训中心、齐长城研学基地等来丰富业态，延长游客逗留时间。

在文化 IP 打造方面，一是通过筹划文化艺术节、深挖本地民俗来提升文化吸引力。二是与外部团队进行合作，通过表演和文化输出提升石子口村文化影响力。孙同山为合作艺术团队提供场所及淡季免费住宿机会，艺术家则利用石子口村优美的生态环境和深厚的文化底蕴作为创作环境和灵感来源，在石子口村留下艺术作品并输出到全国各地。

石子口乡创公司利用民宿和艺术节吸引游客，再通过餐饮、田园体验和娱乐项目等活动盈利，项目运营成效显著。但如何保持项目的生命力、实现可持续发展，是项目"长红"必须要考虑的问题。在时养山居民宿项目小有名气之后，孙同山便借势打造济南市乡创文旅众创空间，吸引了很多年轻创客入驻，这样，各方彼此借力，互利共赢，石子口村也逐渐成为能人荟萃的创业基地。

如何突破创业资源限制，继续巩固和深化现有的创业成果？能否探索出一条乡村旅游助力乡村振兴的实现路径，为下一步创业决策提供指引？孙同山还需不断思考，继续前行等。

讨论：

在资源不足的条件下，以党建合作为基础的创业拼凑模式如何催生旅游发展的内在动力？

【思考题】

1. 什么是创业资源？它有哪些分类方法？
2. 如果你准备创业，应该如何获取创业资源？
3. 资源整合的内容有哪些？如何进行资源整合？
4. 资源整合的机制是怎样的？

【实训练习】

1. 如果你要成立一家培训公司，现有如下资源：

资源名称	排序序号
投资 50 万元，需占 50% 股份	

续表

资源名称	排序序号
资深运营总监	
与教育主管部门合作的机会	
获得一套完善的网络培训平台	
与知名师范大学合作机会	
较偏远租金低面积大的场地	
获得一套专业的培训课程	
资深培训专家	
银行有息（7%）贷款 10 万元	
资深培训顾问	
与某知名培训集团合作的机会	
市中心租金高面积小的场地	

（1）请将 12 种资源按重要程度进行排序。

（2）如果你是培训公司的创始人，12 种资源你只能选 4 种，你会怎么选择？为什么？

（3）你还需要哪些资源？如何整合现有资源以获得所需资源？

2. 实地调查一家文旅创业企业，了解其创业过程中所需要的资源种类及获取方式和技巧。

第六章 创业融资与项目财务分析

【引入案例】

瑞幸咖啡融资历程：从初创到巨头的崛起[①]

1. 瑞幸咖啡的初创

瑞幸咖啡成立于 2017 年，是一家以线上订购和线下门店销售相结合的新型咖啡连锁企业。其创始人兼首席执行官陆正耀曾在某知名互联网公司担任高级副总裁，具备丰富的互联网行业经验。他看到了中国咖啡市场潜力巨大，决定打造一家以快速便捷服务为特点的咖啡品牌。

2. 初期融资

瑞幸咖啡在成立之初就吸引了众多投资者的关注。2018 年 1 月，瑞幸完成了由 IDG 资本、红杉中国等领投的 1.9 亿美元 A 轮融资。这笔融资使瑞幸能够迅速扩张门店数量，并加大对市场推广和品牌建设方面的投入。

3. 爆发式增长与 B 轮融资

随着消费者对于方便快捷饮品需求不断增长，瑞幸咖啡迅速扩张并取得了爆发式增长。2018 年 11 月，瑞幸宣布完成由红杉资本中国、腾讯、贝塔斯曼亚洲投资基金等领投的 2.4 亿美元 B 轮融资。这笔融资进一步加强了瑞幸在市场上的竞争力，并使其成为咖啡行业的新巨头。

4. 上市与 C 轮融资

2019 年 5 月，瑞幸咖啡在美国纳斯达克交易所成功上市，成为首家登陆美股的中国咖啡连锁企业。这次上市募集到了 5.75 亿美元，进一步提升了瑞幸咖啡的知名度和品牌价值。

同年 12 月，瑞幸宣布完成由海航创新投资基金、天图创投等领投的 2.5 亿美元 C 轮融资。这笔融资将用于扩大门店数量、提升供应链能力以及加大技术和数据分析方面的投入。

5. 造假丑闻与重组

然而，在 2020 年初的一起关于瑞幸造假丑闻的报道，称瑞幸咖啡存在虚增销售额

[①] 瑞幸咖啡融资历程：从初创到巨头的崛起［EB/OL］．［2024-03-31］. https：//www. kafei. net. cn/post/42173. htm.

等违规行为。这一消息引发了市场的震动，瑞幸股价暴跌，并被纳斯达克交易所暂停交易。

面对丑闻曝光，瑞幸咖啡采取了积极应对措施。公司成立了特别委员会进行内部调查，并于 2020 年 7 月公布了调查结果。根据调查结果，公司确认存在虚增销售额等违规行为，并宣布重组计划以恢复经营和信誉。

6. 重组与再融资

2020 年 11 月，瑞幸咖啡宣布完成由海航创新投资基金、天图创投等领投的 2.5 亿美元再融资。这笔融资将用于支持公司重组计划和未来业务发展。

在重组计划中，瑞幸关闭了涉及造假丑闻的门店，并进行人事变动以加强内部管理和监督机制。同时，公司加大对技术和数据分析能力的投入，并推出更多线上渠道以适应消费者需求变化。

7. 重返正轨与复苏

经过一段时间的整顿和调整，瑞幸咖啡逐渐恢复了业务发展势头。2021 年第一季度，公司营收同比增长约 78%，门店数量也有所增加。

瑞幸咖啡通过严格管理和监督机制的建立，以及对产品质量和服务体验的不断提升，重新赢得了消费者的信任。同时，公司继续推动线上线下融合发展战略，并积极拓展国际市场。

从初创到巨头的崛起再到遭遇造假丑闻，在瑞幸咖啡融资历程中可以看到其曲折而又坚定的发展道路。虽然面临困境时曾一度备受质疑，但通过重组和再融资等措施，瑞幸成功扭转局面并实现了复苏。未来，在中国日益增长的咖啡市场中，瑞幸有望继续保持竞争优势并实现更大规模的发展。

创办企业之初，创业者不仅需要估计创业成本或启动资金，还需要考虑融资。而许多创业者不明白需要多少创办资金，没有科学具体的财务计划指导，对企业未来现金流入与流出量也没有清晰的把握。虽然任何人无法准确预测企业开办前几年需要的资金数量，但是进行实际可靠的估算还是有可能的，创业者应树立财务规划的理念，做好基本的财务规划。

第一节　创业项目的筹资决策

一、资本成本

资本成本是指企业为筹集和使用长期资金而付出的代价，包括筹集代价和使用代价。其中，筹集代价是指在筹集过程中所发生的发行手续费、律师费、公证费等，往往是一次性发生的；使用代价是指在资金使用过程中所支付的股息和利息，是在整个使用期上反复多次发生的。

资本成本通常以相对数表示，称为资本成本率，在数值上等于资金在使用过程中每年平均支付的净成本与筹资净额的比值。

$$资本成本率 = \frac{资本年均使用成本}{筹资总额 - 筹集费用} \times 100\%$$

资本成本是创业项目在财务管理中需要考虑的重要因素。这是因为：

首先，资本成本为创业项目的筹资决策提供了标准。筹资方案制定，在可能的约束条件下，应该力求要获取更为"便宜"的资金来源，即让总的资本成本达到一个较低的理想状态，这样既能让现有的项目更加有利可图，也能增加投资项目的备选范围。

其次，资本成本也是创业项目进行投资决策必须考虑的关键因素。任何投资项目，资本成本率是项目投资必须达到的最低收益率，只有预期投资收益率超过资本成本率的项目，才是能够增加企业价值的投资项目。

一般来说，创业项目会选择不同筹资方式筹集资金，为了进行合理的筹资决策，研究资本成本的合理性，就必须计算全部长期资金的综合资本成本。通常使用加权平均法，权重是各个长期资金占企业总资金的比重。其计算公式为：

$$WACC = \sum_{j=1}^{n} K_j W_j$$

$WACC$ 是加权平均资本成本，K_j 是第 j 种个别资本成本，W_j 是第 j 种个别资本占全部资本的比重。

【例 6-1】某创业项目需要资金总额 2500000 元，拟采取多种筹资方式筹措资金，其中长期借款 1000000 元，资本成本 6.84%；优先股 500000 元，资本成本 7.22%；风险投资投入 1000000 元，成为企业的所有者，其资本成本为 14.42%，则该项目最终的加权资本成本是：

$$WACC = 6.84\% \times \frac{100}{250} + 7.22\% \times \frac{50}{250} + 14.42\% \times \frac{100}{250} = 9.95\%$$

在筹资决策时，如果有多个筹资方案备选，一般选择让加权平均资本成本最低的筹资结构。在投资决策中，将预计的创业项目的投资收益率与加权资本成本进行对比，只有高于它，项目投资才是有利可图的。

二、财务杠杆

借助杠杆，可以用较少的力量撬动较重的物体；财务中的杠杆效应是指由于某些因素的作用，导致某一财务变量较少变化，带来目标财务变量较大变化。

（一）概念及公式

财务杠杆是指由于债务的存在，导致息税前利润的较小变化带来每股收益的较大变化。息税前利润是指在支付利息和所得税之前企业获得的利润总额。

为什么债务存在会产生这样的效应呢？这是因为债务所带来的利息支出是固定的，当息税前利润增加的时候，每一元利润所负担的利息费用就会减少，从而留给股东的剩余收益就会以更快的速度增加，就形成了财务杠杆效应；反之亦然。

财务杠杆的计量有两个公式，一是理论公式，其表达方式为：

$$DFL = \frac{\Delta EPS/EPS}{\Delta EBIT/EBIT}$$

DFL 是财务杠杆；EPS 是每股收益，ΔEPS 是每股收益变动额；EBIT 是息税前利润，ΔEBIT 是息税前利润变动额。

$$EPS = \frac{(EBIT-I)(1-T)}{N}$$

I 是利息支出，T 是所得税率，N 是普通股数量。

如果企业存在债务资金，则 DFL 大于 1，该指标越大，财务杠杆越明显；理论公式常用于预测，即已知未来年度息税前利润的变化率和企业的财务杠杆，则可以预计未来年度每股收益的变化率。

二是简化公式。理论公式在计算财务杠杆时往往需要两期的利润数据，计算过程较为麻烦，一般计算财务杠杆大小常使用的是简化公式：

$$DFL = \frac{EBIT}{EBIT-I}$$

从简化公式可以看出，财务杠杆是否存在（大于 1），取决于利息支出，如果企业没有债权类筹资，利息为零，则完全不能享受财务杠杆效应；相反，负债比重越高，利息支出越大，则财务杠杆越高。此外，该公式表明，息税前利润的大小会影响财务杠杆，它们之间呈相反增长关系。

（二）财务杠杆与创业项目的筹资决策

财务杠杆对于创业项目而言，究竟是好事还是坏事？从其概念上看，息税前利润变化较小，每股收益变化较大。在息税前利润上升的时候，自然希望财务杠杆越大越好，这样可以提供更多剩余收益给所有者。但是，如果企业经营不好，息税前利润下降，则每股收益下降得更快，会带来巨大的财务压力。所以说财务杠杆是一把"双刃剑"，它会导致企业财务风险加大。

财务风险是指企业为了取得财务杠杆的利益而利用负债筹资时，增加了破产机会或普通股利润大幅度变化机会所带来的风险，它代表着企业经营的不确定性。要想规避财务风险，根据前面的财务杠杆计算公式，有两个途径：一是提高息税前利润，让杠杆发挥正向效应；二是降低负债，减少利息支出。

财务杠杆对创业项目筹资决策产生影响，当项目未来经营状况趋好，则可以发挥财务杠杆效应，为投资者带来更大的剩余利润；当项目经营状况不够理想的时候，则尽量回避杠杆引发的财务风险，即尽量减少债务融资比重。

三、盈亏无差别点

财务杠杆的提出便于了解债务筹资比重的适用范围。但是，问题也随之而来：具体量化到什么标准，项目的经营状况才算是好的，才可以利用财务杠杆的盈余倍增效应？在什么样的收益标准上则要回避杠杆效应的负作用？为了解答这个问题，就需要使用 EBIT-EPS 分析法，又叫作筹资无差别点法。

（一）筹资无差别点法

该方法以所有者利益为核心，认为所有者关心的是项目运营后所带来的每股收益，它越大，则投资者越满意。但是，每股收益除了要受到项目营利性影响，还与项目筹资结构有关。筹资无差别点就是寻找这样一个收益点，当达到该点时，无论选取何种筹资方案，每股收益是一样的，给所有者带来相同的满意度。如果创业项目的实际收益偏离了该点，则就需要选取能使每股收益更大的筹资结构。筹资无差别点的计算公式如下：

$$\frac{(EBIT-I_1)(1-T)}{N_1} = \frac{(EBIT-I_2)(1-T)}{N_2}$$

$EBIT$ 是息税前利润，I 是利息支出，T 是所得税率，N 是流通在外的普通股股数。

下脚标 1、2 表示不同的筹资方案。筹资无差别点的收益水平就是项目达到的息税前利润水平，在该点上，无论采用何种筹资结构，每股收益是一样的。

【例6-2】某企业原有资本 700 万元，其中长期借款 200 万元，利息率为 12%；剩余资本是所有者投资，普通股 10 万股，总金额 500 万元。现因为拟上马新项目，需追加资金 300 万元，有两种筹资方式：一是发行新股 6 万股来吸引风险投资；二是全部向银行贷款，利率仍为 12%。企业所得税率为 25%。问筹资无差别点的盈利水平是多少？

解： 计算筹资无差别点

$$\frac{(EBIT-24)\times0.75}{10+6} = \frac{(EBIT-24-36)\times0.75}{10}$$

$EBIT=120$

$EPS=4.5$

结果表明，当息税前利润为 120 万元时，使用两种筹资方式所产生的每股收益都是 4.5 元，所有者对这两种筹资方案没有偏好。

（二）筹资无差别点与筹资决策

当创业项目的实际收益偏离了无差别点，应该如何决策？根据前文财务杠杆部分的描述，当企业经营状况不好时，不变的利息支出成为沉重的财务负担，会导致留给所有者的利润减少。因此，可以认为，当息税前利润低于筹资无差别点，企业会偏重更为保险的筹资方式，即增加自有资金的比重，以较高的资本成本代价换取较低的财务风险。相反，当息税前利润高于筹资无差别点，企业会偏重更为激进的筹资方式，提高债务筹资比重，以风险换取收益的倍增。筹资无差别点的筹资决策效应如图 6-1 所示。

从图 6-1 可以看出，筹资线的斜率是每股收益变动额与息税前利润变动额比值，可以代表财务杠杆，因此，高负债筹资结构线更为倾斜。在筹资无差别点左边，即项目盈利状况不好时，保守资本结构的每股收益更高，此时所有者更倾向于少负债；而在筹资无差别点右边，激进的资本结构每股收益位于上方，所有者更愿意多负债。这就是筹资无差别点指导下的项目筹资策略。

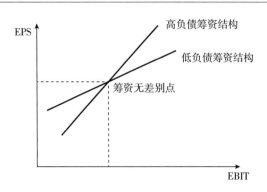

图 6-1 筹资无差别点的筹资决策效应

第二节 创业融资

一、创业所需资金的测算

创业资金是指创业企业在筹备和运行初期所需要的资金。创业融资并非资金量越大越好，资金多少与来源由所在行业、企业规模和地点、企业团队等多种因素而定。因此确定创业所需资金这项工作十分重要。

（一）创业资金的预测

创办企业的费用包括流动资金和非流动资金、投资资金和运营资金。

1. 流动资金和非流动资金

流动资金是指企业日常经营所需要的资金，主要用于购买生产资料、招聘管理与生产人员、产品生产加工、宣传推广、物流等。流动资金的流动性好，极易使用和变现，一般可在一个营业周期内收回或耗用，属于短期资金的范畴。流动资金预测方法一般遵循"六三一黄金法则"，即六成开办成本，用于店面租金、装潢、经营设备购置等。三成运营费用，用于保证企业无营业收入期间能正常运行。一成则是紧急准备金，以备不时之需。非流动资金指投资在固定设施方面的投资，如厂房、机器、设备等。它们一旦投资，短期内不可撤回且难以转为他用，具有长期资金的性质，能够在一年以上的经营过程中给企业带来经济利益的流入。创业者在进行创业资金估算时，往往将其作为一次性的资金需求对待，采用长期筹资的方式筹集相应资金。非流动资金的预测方法，多数在参考同类或相近企业生产规模基础上，再结合创办企业的基本情况而定。

2. 投资资金和运营资金

投资资金是指企业开始运营（生产或提供服务）之前必须支出的资金，包括购买土地、建设厂房、购买机器、购置办公设备、企业开办费、开业前的广告宣传费用等。其中企业开办费主要包括企业注册登记费、营业执照费、市场调查费、咨询费、技术资料费等,可以根据相关部门收费标准或参考同行业情况进行测算。运营资金是指企业开始运作直到产生的销售收入能弥补相应的开支期间所需的资金,包括材料费、工资福利费、销售费、设备维修费、水电费、保险费、税收、工商管理费等很多项目。创业者通常只考虑机器、设备、办公费、材料费等基础投入,忽略企业开始经营的一段时间其销售收入根本无法满足各项支出需求的情况,因而常常低估对这部分资金的需求量。对于一般创业企业而言,需要预测一定的收入以假设成本费用最低期限,通过对运营前成本和运营前期成本进行估计的加总得出创业启动资金预算。

（二）创业资金的估算方式

以上仅仅是粗略的估计,创业者可以通过以下方式获得一些真实的数据和信息:

（1）同行:通过考察行业,访谈业内相关企业家等,可以获得相关信息。

（2）供应商:供应商是未来的合作伙伴,他们的意见值得参考,可以向供应商询问设备租赁、大量购买的折扣额、信用条件、启动的库存量以及可能降低前期成本的其他选择。但不要过分相信初次接触的供应商,可以多家供应商进行成本比较。

（3）相关企业:如特许经营、连锁加盟机构,以及其他利益相关企业,但不要把这些数据当作绝对值,因为费用会因为地区的不同而变化。

（4）行业协会:加入行业协会,收集行业相关信息,协会可以提供启动费用明细和财务报表的样本、行业内相关的企业家和供应商名单、市场调研的数据和其他有用的信息。

（5）企业退休高管:他们熟悉行业情况,是企业经营的行家里手,对资金运作有切身感受。

（6）政府部门:收集相关产业政策和金融信息,预判后期资金供应情况。

（7）金融机构:与银行保险甚至证券机构保持联系,建立人脉关系,熟悉政策,网罗人才。

（8）创业相关文献:收集相关公报、年鉴、白皮书等文件,掌握基本事实;收集相关学术文献,了解发展趋势。

（9）创业顾问:可以提供关于启动资金的相关建议,甚至为创业者做很多调查,也可以帮创业者将调查变成有用的财务预测和具体方案。

二、创业融资渠道

融资渠道是客观存在的筹措资金的来源方向和通道。创业融资的渠道主要有私人资本融资、机构融资、政府引导基金、风险投资、天使投资等。

（一）私人资本融资

创业企业自身的融资劣势,使创业者很难通过银行借款、发行债券等传统的融资方式获得资金,所以,私人资本融资是其创业融资的主要组成部分,包括创业者自有资金和亲友融资。

自有资金是创业者企业融资的第一渠道。自有资金的成本最为低廉,同时外部投资者在投资时一般也会要求企业必须有创业者的个人资金投入其中,这不仅代表着创业者对企业的支持，更说明对其创业项目充满信心。几乎所有的创业者都向他们新创办的企业投入过自有资金。除此之外，亲朋好友的融资也是私人资本融资的来源，这是一种筹措资金速度快、风险小、成本低的融资方式，但是缺陷在于会给亲友带来资金风险甚至损失，如果创业失败，还会影响双方的感情。所以，在向亲友融资时，创业者最好用现代市场经济的游戏规则、契约原则和法律形式规范融资行为，从而保障各方利益，减少不必要的纠纷。首先，创业者需考虑清楚融资行为对亲友关系的影响，必须将未来有利和不利的因素告知亲友，尽可能降低未来创业失败后对亲友关系的不利影响。其次，创业者需要告知亲友所融资金的性质，是投资或借款，从而确定彼此的权利和义务。最后，通过书面形式确定所有事项，以避免未来纠纷。

（二）机构融资

机构融资主要包括银行贷款、中小企业间的互助机构贷款、非银行金融机构贷款等。

1. 银行贷款

银行贷款有四种形式：一是抵押贷款，指借款人以其所拥有的财产做抵押，作为获得银行贷款的担保，抵押期间，借款人可以继续使用其抵押的财产，包括不动产、动产和无形资产等；二是信用贷款，指银行仅凭对借款人资信的信任而发放的贷款，借款人无需向银行提供抵押物，如信用卡取现和透支消费；三是担保贷款，指借款人向银行提供符合法定条件的第三方保证人作为还款保证的借款方式；四是贴现贷款，指借款人在急需资金时，以未到期的票据向银行申请贴现而融通资金的贷款方式。银行贷款融资的优点是程序简单、融资成本相对较低、灵活性强。缺点是由于一般要提供抵押或担保，往往附加比较苛刻的前提条件，其目的是约束创业者的资金使用和创业行为，或者在企业经营不善时拥有处置的权利，所以较难筹集。

2. 中小企业间的互助机构贷款

中小企业在向银行融通资金的过程中，根据合同约定，由依法设立的担保机构以保证的方式为债务人提供担保，在债务人不能依约履行债务时，由担保机构承担合同约定的偿还责任，从而保障银行债权实现的一种金融支持制度。信用担保可以为中小企业的创业和融资提供便利，分散金融机构的信贷风险，推进银企合作，是解决中小企业融资难的突破口之一。

3. 非银行金融机构贷款

非银行金融机构是指以发行股票和债券、接受信用委托、提供保险等形式筹集资金，并将所筹资金运用于长期性投资的金融机构。根据法律规定，非银行金融机构包括经国家金融监督管理总局批准设立的信托公司、企业集团财务公司、金融租赁公司、汽车金融公司、货币经纪公司、境外非银行金融机构驻华代表处、农村和城市信用合作社、典当行、保险公司、小额贷款公司等机构。创业者还可以从这些非银行金融机构取得借款，筹集生产经营所需资金。

（三）政府引导基金

近年来，政府充分意识到中小企业在国民经济中的重要地位，尤其是各省市地方政府，为了解决初始创业者资金燃眉之急，帮助创业者轻松上路，不断采取各种方式扶持科技含量高的产业或者优势产业。为此，各级政府相继设立了一些政府基金予以支持，如再就业小额担保贷款、科技型中小企业技术创新基金、中小企业国际市场开拓资金等。

（四）风险投资

风险投资也称创业投资，是指职业的创业投资者投入到新兴的、迅速发展的、有巨大竞争潜力的企业中的股权资本。经济合作与发展组织提出：凡是以高技术与知识为基础，生产经营技术密集的高技术或服务的投资，均可视为风险投资。风险资本的主要模式是通过承担高风险来博取高回报，一般在企业中以入股的形式投入资金，最后以上市或者转让的形式退出创业企业，套取现金。风险投资的对象大多数是处于初创时期或快速成长时期的高科技企业，如 IT、生物工程、医药等企业。但在中国，由于其发展中国家的性质，很多行业方兴未艾，所以即便是技术含量不高的传统行业，只要拥有广阔、发展迅速的市场，也属于风险投资的对象。

风险投资基金具有其他融资来源所不具有的优点：一是无需创业企业的资产抵押担保，手续相对简单；二是通过风险投资基金融资没有债务负担；三是可以得到风险投资家专业帮助和指导，特别是高新技术产业，风险投资通过专家管理和组合资源，可降低投资周期长而带来的行业风险，但对所投项目选取会有比较严格的要求，如优秀团队、好的商业模式等，相对来说投资成长期、种子期、初创期的项目较少，只有少数介入。

（五）天使投资

"天使投资"一词源于纽约百老汇，特指富人出资资助一些具有社会意义演出的公益行为，后被应用到经济领域。天使投资是指个人出资协助具有专门技术或独特概念而缺少自有资金的创业家进行创业，并承担创业中的高风险和享受创业成功后的高收益，是一种非组织化的创业投资形式。天使投资主要有两个来源：曾经的创业者、大型企业的高级管理者或高校科研机构的专业人员，他们拥有丰富的创业知识和洞察能力，希望通过自己的资金与专业经验辅导和帮助那些正在创业的人们，以自己的企业家精神来激发后者的创业热情，延续或完成他们的创业梦想。

【延伸阅读】

不同阶段的创业企业融资策略①

创业企业一般有种子期、创建期、生存期、扩展期、成熟期等不同阶段，这些阶段的收入预见性、稳定性及信誉可靠性大不相同，因此融资策略相去甚远。

---

① 最新创业融资渠道 ［EB/OL］．［2020-11-07］．https：//www.yjbys.com/chuangye/zhidao/chuangyerongzi/547697.html.

1. 种子期

在种子期内，企业的创业者可能只有一个创意或一项尚停留在实验室还未完全成功的科研项目，创办企业也许是一种梦想。此时，似乎未来的一切都是未知数，创意也许压根儿就是空中楼阁，科研开发的成功性可能遥遥无期。这时候，创业者一切大概都得靠自己，需要投入相当的资金进行研究开发，或继续验证这个创意，好在此时所需的资金不太多。但如果这个创意或科研项目非常好，也许可以吸引一些在西方被称为"天使"的个人风险投资者。此外，创业者还可以向政府寻求一些资助。

"天使"通常是较为富有的人士，他们通过自己职业经历积累了足够的财富，可以用于支持一些小型的科研开发项目或创业项目。尽管他们提供的资金不多，但他们丰富的阅历和经验能够为创业者提供很好的建议和勾勒未来的蓝图，这一点对于初出茅庐的创业者来说尤为重要。搜狐的创始人张朝阳的最初资本来自数字化时代的鼓吹者、著名的 IT 专家等人，而张朝阳放弃 TTC 最初的网络经营模式转向开发搜狐网络搜索引擎，在一定程度上尼葛罗庞帝也起到了作用。

天使融资方式带有强烈的感情色彩。创业者说服"天使"的过程常常需要一定的感情基础，或者是志同道合的朋友，或者是有亲戚关系，或者得到了熟悉人士的介绍等。融资的程序却非常简单。有时候，为了今后明晰产权的需要也会因此注册一个公司，但这个公司主要是作前期的研究开发工作。种子期的主要成果是样机研制成功，同时形成完整的生产经营方案。

2. 创建期

一旦产品研制成功，创业者为了实现产品的经济产业价值，一般会着手筹建公司并进行试生产。在这一阶段，资金主要用于购买生产所必需的厂房、设备、生产材料等，所需的资金是巨大的。靠创业者和天使的资金不能完全支持这些活动，并且由于无过去的经营记录和信用记录，从银行申请贷款几乎是不可能的。

在这一阶段的融资重点是创业者们需要向新的投资者或机构进行权益融资，如何吸引风险投资是非常关键的。因为此时面临的风险仍然非常巨大，是一般投资所不能容忍的。更为重要的是，由于风险投资机构投资的项目实在太多，一般不会直接干预企业的生产经营活动，因而特别强调未来的企业能严格按现代企业制度科学管理、规范运作，在产权上也要求非常明晰，这一点从长远来说对企业非常有好处，特别是对未来的成功上市融资。因为风险投资机构的管理者非常专业，为尽量规避风险，其制定了非常严格的投资程序，对投资项目，特别是创业者及其管理团队的素质非常挑剔。创业者要想成功地融资必须做充分的准备工作。需要提醒的是，在选择风险投资时一定要考虑其实力，特别是在未来继续对企业投资的能力。

3. 生存期

资金困难一直是企业在这一阶段面临的最大问题。产品刚投入市场，销路尚未打开，产品造成积压，现金的流出经常大于流入。为此，企业必须非常仔细地安排每天的现金收支计划，稍有不慎就会陷入资金周转困难的境地中；同时需要多方募集资金以弥补现金的短缺，这时融资组合显得非常重要。由于股权结构在公司成立时已确定，再想利用权益融资一般不宜操作，因此，此阶段的融资重点是充分利用负债融资。

企业负债融资分为长期负债融资和短期负债融资。长期负债融资的来源主要有银行的长期借款和融资租赁等；短期负债融资主要有银行的流动资金短期借款和商业信用形成的应付款项等。因此如何与银行打交道，同银行实现"双赢"成为融资的中心工作。

4. 扩展期

此阶段，企业的生存问题已基本解决，现金入不敷出和要求注入资金局面已扭转。与此同时，企业拥有了较为稳定的顾客和供应商以及比较好的信用记录，取得银行贷款或利用信用融资相对来说比较容易。但企业发展非常迅速，原有资产规模已不能满足需要。为此，企业必须增资扩股，注入新的资本金。原有的股东如果能出资当然最好，但通常的情况是需要引入新的股东。此时，企业可选择的投资者相对较多，比起孕育期容易很多。

需要提醒的是，这一阶段融资工作的出发点是为企业上市做好准备，针对上市所需的条件进行调整和改进，这次融资实际上是引进战略合作伙伴。

5. 成熟期

成熟期的工作重点是完成企业上市的工作，企业成功上市如同鲤鱼跳龙门一般，会发生质的飞跃，企业融资已不再成为长期困扰企业发展的难题。因此，从融资的角度，上市成功应是企业成熟的标志。同时，企业上市可使风险投资成功退出，使风险投资得以进入良性循环。

第三节　创业项目的投资决策

创业项目的投资决策涉及的金额大、时间长，且具有相当的风险，一旦决策失误就会造成难以弥补的损失，甚至可能使企业破产消失。所以必须经历周密的项目调查、科学的项目评价、有效的投资决策和严格的项目执行等一系列程序。

一、创业项目的现金流量估计

进行投资分析首要的任务是预测创业项目未来每年的现金流量。为什么使用现金流而不是项目利润来进行投资分析？原因主要有两点：第一，现金流计算是基于收付实现制的，而利润计算是基于权责发生制的，即不以现金实际收付为准。货币是有时间价值的，相等数量的货币在不同时刻点上价值是不同的，未来的价值要小于现在的价值。利润不等同于到手的现金，所以使用收付实现制的现金流计算会更准确。第二，利润容易被人为操纵，只要修改某些会计政策或者会计估计，如设备折旧方式或者折旧年限，就会调节利润，而现金流是实实在在的，所以使用现金流更合适。

项目评估的准确性主要取决于现金流量预测的准确性。在预测的时候，必须掌握一些基本的原则。

（一）现金流估计原则

（1）现金流量不等同于会计利润。就是按照收付实现制而非权责发生制来估计未来现金流量，这样会计中的成本费用与现金流出就不等同了，如会计费用中包含的摊销和折旧，在现金流出量里就必须排除。

（2）不考虑沉没成本。沉没成本是指过去已经支付，不会影响当前决策的，且无法收回的支出。由于该支出已经与当前决策无关，所以在计算现金流时候应该忽略。例如，在更新设备投资时，原有旧设备如果不能变现，其购买价格就是沉没成本。

（3）考虑机会成本。机会成本是放弃投资机会而损失的收益，是经济意义而非会计意义上的成本。例如，如果选择继续使用某旧设备，而该旧设备可以出售可获得的变现收入就是该方案的机会成本。尽管使用旧设备没有实际上的现金支出。

（4）不计融资的现金流量。融资所产生的现金流出量包括利息支出、股利支付等，即前文所讲的资本成本。由于人们将估算出来的未来现金流量在项目投资决策预算中，都要按照资本成本进行折现，目的是保证项目投资收益率要高于资本成本。因而，如果在计算现金流量时候减去了为融资所付出的代价，就会产生重复扣减问题。

（5）不要忽略所得税的影响。所得税会影响现金流量的计算，如旧设备变现损益的所得税效应、设备折旧的抵税效应等。未来的现金流量估算应体现为税后形式。

（二）创业项目现金流量的估算

在确定创业项目现金流量时，一般将一个项目划分为初始投资期、经营期和终结期三个阶段。

1. 初始投资期现金流量

项目在初始投资期的现金流主要包括：第一，新资产的构建及其他相关的资本性支出，如投资前期的各种考察发费用、工程费用、设备价款、安装建设调试成本等。第二，垫支的营运资金，由于项目实施引发的流动资产需求增量，一般在投资期投入，在整个项目运营期间被占用，到项目终结期才能收回。第三，被替代资产的变现收入。第四，与资产变现相关的所得税，如果资产变卖产生了损益，都会引起所得税缴纳的增加或减少，相应带来现金流的变化。

初始项目现金净流量=-（新资产的构建及相关资本性支出+垫支的营运资金-
被替代资产的变现收入+/-与资产出售相关的所得税增减）

2. 经营期的现金流量

项目交付使用后产生现金流入的期间段，主要包括以下流量：第一，销售产生的现金收入，由单价和销量决定。第二，付现生产成本，包括固定成本与变动成本两个部分，固定成本是指与产销量无关的成本，是由企业生产能力决定的，例如制造费用；需要说明一点，折旧费不能包含在成本中，因为折旧费没有带来当期的现金流出。变动成本是指随产销量增加而增加的成本，如直接人工和直接材料等。第三，付现的期间费用，包括销售费用、管理费用等。同样，不能包含折旧和摊销等非付现成本。第四，缴纳的所得税。

经营期现金净流量＝收现收入-付现生产成本-付现期间费用-所得税

＝（收现收入-付现成本和费用-非付现成本费用）（1-所得税率）+

非付现成本费用

＝净利润+非付现成本费用

以上公式的非付现成本费用简单而言就是各期产生的折旧与摊销等非现金支出。

3. 终结期现金流量

终结期即项目寿命最后一期，它所产生的现金流量除了最后一期经营所带来的现金流量之外，还有：第一，项目投资资产的残值收入，即最后一期将固定资产报废清理产生的现金收入；第二，垫支的营运资金的回收，到了项目最后一期，垫支的营运资金不用再投入到下一个营运周期中，这是一项现金流入。

终结期现金净流量＝经营期现金净流量+残值收入+垫支营运资金回收

＝净利润+非付现成本费用+残值收入+垫支营运资金回收

【分析案例】

随着经济发展及人口增加，国内汽车产业多年保持两位数的增长速度，但围绕汽车的配套服务远远落后，尤其是配套车库产业。国际规定人均车库占有比例标准不低于1∶0.8，而目前我国车库的人均占有比例却是1∶0.35，车库数量严重不足。而传统车库建设方式造成土地使用效率低下。在寸土寸金的时代，传统车库已不能满足时代需求，由此出现了是立体机械式停车场，具有明显优势。例如，传统停车场停放50辆车需要1650平方米，而新型的立体停车场只需要60平方米，而且存取车时间不超过100秒，不会出现排队取车现象，极大降低了空间占用。

现有一立体机械停车场创业项目，需要建设800个停车位，其中停车库的设计、制造与钢结构部分支出合计3300万元，消防、照明和排水投资800万元，土建工程3200万元。由于处于繁华区，车位平均价位20万元，预订销售车位数200个，由于车位供不应求，预计投产后当年年末即可全部销售完毕。车位租赁费，按照每小时2元标准，每天租金收入平均20元，全年7300元。单个车位年运行成本，包括水电照明和人员工资为1900元。停车场外围可展示广告，每年广告收入为50万元。此外，还可在停车场周边提供洗车配套服务，年均洗车次数18250次，每辆洗车收入30元，洗车水电及人工成本为15元。车库运营年限为20年，残值为100万元，直线法计提折旧。项目需要一年建设期。项目开始时，需投入营运资金50万元，项目所得税为25%。

解：（1）项目投资期现金流量。

车场设计、制造和钢架结构资金支出3300万元；消防设施、照明和排水设计800万元；土建部分3200万元；垫支流动资金50万元；立体车库项目第0期现金净流量为-7350万元。

（2）项目经营期与终结期现金流量，由于项目需要一年的建设期，一年后投入使用，产生效益应在第2年年末，项目经营期是20年，所以这里包含年份是第2~21年。

第 1 年是建设期，现金流量为 0（见表 6-1）。

表 6-1　年现金净流量计算额　　　　　　　　单位：万元

年份	0	1	2	3	4～20	21
初始投资	-7350					
车位销售收入			200×20=4000	0	0	0
车位出租收入			0.73×600=438	438	438	438
洗车服务收入			1.825×30=54.75	54.75	54.75	54.75
广告收入			50	50	50	50
车位付现成本			0.19×800=152	152	152	152
洗车付现成本			15×1.825=27.375	27.375	27.375	27.375
折旧			(7300-100) /20=360	360	360	360
所得税（25%）			1000.84	0.84	0.84	0.84
净利润			3002.5	2.5	2.5	2.5
残值收入			0	0	0	100
垫支营运资金回收			0	0	0	50
现金净流量	-7350	0	3362.5	362.5	362.5	512.5

二、创业项目的长期投资决策方法

（一）回收期法

回收期是指计算项目未来所产生的现金流量收回初始投资所需要的时间长度。其中，按照是否考虑货币时间价值，分为静态回收期法与动态回收期法。

1. 静态回收期法

即不考虑货币时间价值，将每年现金流量简单相加来计算回收期的投资决策方法。

2. 动态回收期法

考虑了货币时间价值，将项目未来每年产生的现金净流量按照项目的资本成本或投资者要求的最低投资回报率进行贴现，然后计算贴现值的累计数，求得收回初始投资所需要的时间长度。动态回收期法计算结果比静态回收期更长也更客观。

【例 6-3】某一创业项目，初始投资金额为 10 万元，项目寿命期为 5 年，每年产生的现金净流量为 3 万元、3.5 万元、3.2 万元、3.4 万元和 2.9 万元。请计算项目的静态、动态回收期。项目资本成本为 10%。

解：（1）静态回收期法。

表 6-2　静态回收期法的计算　　　　　　　　　单位：元

年份	现金净流量	累计现金净流量
0	−100000	−100000
1	30000	−70000
2	35000	−35000
3	32000	−3000
4	34000	31000
5	29000	60000

从表 6-2 中可以看出，项目累计现金净流量在第 3~4 年发生了由负到正的逆转，则回收期介于 3~4 年。假设现金流入是均匀的，则使用线性插值计算回收期。

回收期为：3+3000/34000=3.088（年）

（2）动态回收期法。从表 6-3 中可以看出，项目累计现金流量在第 3~4 年发生了由负到正的逆转，回收期介于 3~4 年。假设现金流入是均匀的，则使用线性插值计算回收期。

表 6-3　动态回收期法的计算　　　　　　　　　单位：元

年份	现金净流量	贴现现金流量	累计现金净流量
0	−100000	−100000	−100000
1	30000	27273	−72727
2	35000	28926	−43801
3	32000	24042	−19759
4	34000	23222	3463
5	29000	18007	21470

回收期为：3+19759/23222=3.85（年）

3. 回收期法的解读

由于回收期法计算简单，可以反映项目收回投资的速度大小，一般用于创业项目的初次筛选中，接受标准是回收期是否小于投资者可接受的回收期。但是回收期法也存在明显的缺点，就是没有考虑回收期满后项目的现金流量状况。例如，以下两个项目的比较：

【例6-4】从表6-4中可以看出，A项目的回收期要快于B项目，但是这样会得出错误结论，因为明显B项目产生的现金流量要远远大于A项目。所以在多个方案比较中，不能单纯使用回收期法。

表6-4　创业项目的现金流量　　　　　　　　　　单位：元

年份	项目A	项目B
0	100000	100000
1	50000	45000
2	80000	55000
3	20000	90000
4	0	80000
5	0	70000
6	0	30000

（二）净现值法

1. 净现值法的应用

净现值法是非常重要的项目投资决策方法。净现值 NPV 在数值上等于项目未来现金净流量的现值之和，实际上也就是未来现金流入量的现值与现金流出量现值的差额。其计算公式如下：

$$NPV = \sum_{t=0}^{n} \frac{NCF_t}{(1+i)^t}$$

NCF_t 是第 t 年的现金净流量，i 是项目资本成本或者是投资者要求的最低报酬率，n 是项目寿命年限。

如果项目只是在期初有投资，则上式可以表达为：

$$NPV = \sum_{t=1}^{n} \frac{NCF_t}{(1+i)^t} - ICO$$

ICO 是初始投资额。

【例6-5】某一创业项目，其产生的现金流量如表6-5所示。

表6-5　创业项目的年现金净流量　　　　　　　　　　单位：元

年份	0	1	2	3	4
投资额	100000	10000			
现金流入量		36000	36000	36000	36000
净现金流量	−100000	26000	36000	36000	36000

项目要求的最低收益率是10%，问该项目的净现值是多少？

解：$NPV = 36000 \times (P/A, 10\%, 4) - 10000 \times (P/F, 10\%, 1) - 100000$
　　　　$= 5025.4$（元）

该案例计算结果得到大于零的净现值，这说明什么呢？是否仅仅说明了项目未来的现金流入超过了现金流出，项目是盈利的？

事实上，净现值大于零表示未来现金流入量折现之后的数值还大于初始投资，这说明该项目不仅赚钱，而且其所赚的收益率超过了折现所使用利率。这恰好是净现值法的优点，它在评估项目的时候，不仅要求现金流入要超过现金流出，而且还必须超过最低的报酬率，这个报酬率既可以是资金成本，也可以是投资者要求的最低心理预期收益率。因此，在使用 NPV 方法时，常使用资金成本或者最低投资报酬率作为项目的折现率。以此类推，净现值等于零表示投资项目的收益率恰好等于贴现率，而净现值小于零则意味着投资项目没有赚到期望的收益率。

2. 净现值法的解读

运用净现值法决策的原则是：第一，对于独立项目，如果方案的净现值大于零，则项目可行；反之则放弃。第二，对于互斥方案，应选择净现值最大的方案。

该方法的优点很明显：考虑了货币时间价值；考虑了项目寿命周期内所有的现金流量；保证项目投资必须达到的最低收益率。

该方法的缺点是：不能动态反映项目的实际收益率，即只能反映项目的收益率超过了多少，但具体收益率不能表示。当各方案经济寿命不相等时，难以进行评价。净现值的大小与贴现率有关，与贴现率成反比，但是贴现率的确定有一定主观性。一般情况下，贴现率可使用资本成本或者资本资产定价模型来确定，后者可以反映项目所经历的风险大小。

净现值法在资本预算中具有重要的地位，它相较其他方法具有难以比拟的优点。当净现值与其他投资决策方法发生矛盾时，往往以净现值法为准。

（三）盈利指数法

1. 盈利指数法的应用

指项目未来现金净流量的现值与投资额现值的比值。与净现值法不同的是，净现值计算的是现金净流量和投资额现值的差额，是绝对指标；而 PI 计算的是比值，是一个相对指标，能够表示每一元投入的现金现值所创造的流入量现值是多少。它是一个效率指标，可以反映不同投资额项目的效率大小。其计算公式为：

$$PI = \sum_{t=1}^{n} \frac{NCF_t}{(1+i)^t} \Big/ \sum_{t=0}^{n} \frac{ICO_t}{(1+i)^t}$$

ICO_t 是第 t 年的投资额。

【例 6-6】以【例 6-5】的数据，计算项目的 PI。

解：$PI = 36000 \times (P/A, 10\%, 4) / [100000 + 10000 \times (P/F, 10\%, 1)]$
　　　　$= 1.046$

2. 盈利指数法的解读

盈利指数的接受标准：只要项目的盈利指数大于 1，相当于 NPV 大于零，则项目就可以接受。针对任何一个独立项目，使用 NPV 和 PI 接受的结果是一样的。

如果是互斥项目，可能会出现盈利指数与净现值法互相矛盾的情况。如表 6-6 所示。

表 6-6　项目 NPV 与 PI 的比较　　　　　　　　　　　单位：元

年份	项目 A	项目 B
0	-100	-100000
1	0	
2	400	156250
NPV（10%）	231	29132
PI	3.31	1.29

此时 NPV 和 PI 结果互相矛盾，应该以何种指标为准？

假定企业正好拥有 10 万元现金，如果以 PI 为准，选取项目 A，但是项目 A 的投资额太小，尽管其效率高，但是投资完毕之后剩余的资金不足以投资项目 B，就会造成资金的浪费。此时可以使用差量净现值法，即将投资大项目的现金流量减去投资小项目的现金流量，得到差量现金流量，然后再使用净现值法进行计算，如果净现值计算结果大于零，这说明多投资所带来的收益要高过投资者的心理预期，则多投资是合适的，应采纳投资大的项目。

（四）内部收益率法

1. 内部收益率法的应用

内部收益率就是让净现值为零时所使用的贴现率。前文说过，净现值为零，说明投资项目的报酬率正好等于贴现率，此时贴现率就是投资项目报酬率。其公式为：

$$NPV = \sum_{t=0}^{n} \frac{NCF_t}{(1 + IRR)^t} = 0$$

【例 6-7】仍使用【例 6-5】的数据，计算该方案的内部收益率。

解：$NPV = \sum_{t=1}^{4} \frac{36000}{(1 + IRR)^t} - \frac{10000}{(1 + IRR)} - 100000 = 0$

上式难以使用传统方程解开，这里使用插值法进行计算，首先估计一个贴现率，代入上面方程，如果计算出来的 NPV 大于零，则说明这个收益率估得太低，需要提高后再次代入，反之亦然；直至得到两个相邻的贴现率，计算 NPV 的值正好处于零值两端，再使用线性插值方法即可得到内部收益率。

将 12% 代入上式，即可得到 NPV 为 424，将 14% 代入上式，NPV 为 -3878，则真正的内部收益率介于二者之间，线性插值公式如下：

$$\frac{14\% - 12\%}{IRR - 12\%} = \frac{-3878 - 424}{0 - 424}$$

$$IRR = 12.2\%$$

·166·

内部收益率法的接受标准是将计算出来的内部收益率与预期报酬率或者资本成本作比较，如果高于它们，则项目可以接受；反之则放弃。

2. 内部收益率法的解读

内部收益率法的优点在于克服了 NPV 法不能动态的表现投资项目收益率的弊端。但是缺点也很明显：第一，可能会出现 IRR 不唯一的情况，当项目的现金流入和流出呈交替出现的话，有可能计算出不止一个内部收益率，若此时项目的资本成本恰好介于不同内部收益率之间，则不利于项目的投资决策。第二，内部收益率法隐藏着一个假设，即项目每期收回的现金可以以该项目的内部收益率再投资。事实上，再投资的收益率很难与原项目相同。但是，净现值法就没有这个缺陷，净现值法假设项目未来产生现金流量将会以贴现率进行再投资。很明显，净现值法的假设更加符合实际。

内部收益率和净现值、盈利指数在单个项目中计算结果是一致的，即 NPV 大于零，PI 大于 1，IRR 一定大于最低收益率。但是在互斥项目中，有可能内部收益率法与净现值法产生矛盾，这主要是由于二者隐含的假设不同而引起的，此时，应以净现值法为准。

（五）综合运用

对于立体机械车库案例，分别使用静态回收期法、净现值法、盈利指数法和内部收益率法对该项目的可行性做出评价。

【分析案例】

已知立体机械车库的项目现金流如表 6-7 所示。

表 6-7 立体机械车库项目 单位：万元

年份	0	1	2	3~20	21
现金净流量	-7350	0	3362.5	362.5	512.5

假设项目筹资的资本成本为 10%。

解：（1）静态回收期法。

静态回收期是 13 年，从回收期上看，项目回收期偏慢（见表 6-8）。

表 6-8 静态回收期计算 单位：万元

年份	现金净流量	累计现金净流量
0	-7350	-7350
1	0	-7350
2	3362.5	-3987.5
3	362.5	-3625
…	…	…
13	362.5	0

（2）净现值法。

$NPV = 362.5 \times (P/A, 10\%, 20) \times (P/F, 10\%, 2) + 3000 \times (P/F, 10\%, 2) +$
$\qquad 150 \times (P/F, 10\%, 21) - 7350$

$\qquad = 362.5 \times 8.5136 \times 0.8264 + 3000 \times 0.8264 + 150 \times 0.1351 - 7350$

$\qquad = -2300$

项目的净现值为负数，说明项目投产后达到的收益率还不足以偿还资本成本，该项目不可接受。

（3）盈利指数法。

$PI = 362.5 \times (P/A, 10\%, 20) \times (P/F, 10\%, 2) + 3000 \times (P/F, 10\%, 2) +$
$\qquad 150 \times (P/F, 10\%, 21) / 7350$

$\qquad = 0.687$

盈利指数小于1，项目不可接受。

（4）内部收益率法。

$NPV = 0 = 362.5 \times (P/A, IRR, 20) \times (P/F, IRR, 2) + 3000 \times (P/F, IRR, 2) +$
$\qquad 150 \times (P/F, IRR, 21) - 7350$

$IRR = 3.95\%$

内部收益率仅为3.95，远低于资本成本，则项目不应投资。

第四节　创业项目的财务报表分析与预算

一、财务报表的种类

（一）按照编制时间划分

1. 历史财务报表

即已经存在的财务报表，通过解读与分析，识别企业现有的财务状况和经营成果，找出问题所在。

2. 预计财务报表

利用财务预算方法进行编制，目标是对未来进行预测，更好地安排经营活动和财务规划。

（二）按照编制内容划分

1. 资产负债表

资产负债表反映一个企业在某个时刻点上资产、负债和所有者权益三项信息的财务报表，是所有报表的核心。它提供了企业在某个特定时刻的财务状况：持有多少资产，是什么资产，企业有多少的负债和所有者权益。资产是企业拥有或控制的资源，是未来盈利的源泉，是企业过去交易或者事项产生的结果。负债和所有者权益则是企业的资金来源，是资产形成的前提基础。

（1）资产负债表的格式。资产负债的编制原则遵循会计恒等式：资产＝负债＋所有者权益。一般有两种编制格式：账户式和报告式。账户式又称丁字式，是左右结构，左边体现企业的资产，右边体现负债与所有者权益。资产表明的是资源在企业存在、分布的形态，而负债与所有者权益则表明了资源取得和形成的渠道。丁字式的这种左右结构能够清晰体现资源及其来源的关系。

（2）资产负债表的作用。第一，资产负债表揭示了企业拥有或控制的能用货币计量的经济资源的总体规模和分布状况。资产负债表的左方详细列示了企业所有的经济资源，按照变现能力可以分为流动资产和非流动资产；按照资产的经济用途可划分为经营性资产与投资性资产①，经营性资产是指企业开展自身经营活动中动用的各项资产，包括货币资金、商业债权、存货、固定资产和无形资产五大类；投资性资产是指企业开展对外投资活动所动用的各项资产，包括交易性金融资产、可供出售金融资产、持有至到期投资和长期股权投资四大类。由于不同形态的资产对企业的经营活动具有不同的效用和意义，因而对企业资产项目的单个分析和总体分析，有助于掌握企业的资源家底，判断企业的盈利模式，甚至可以透视和预测企业的发展战略。

第二，资产负债表揭示了企业的资本结构。资产负债表的右方列示了企业资金的来源：负债与所有者权益。负债按照偿还时间列示为流动性负债与非流动性负债；所有者权益包括实收资本（股本）、资本公积、盈余公积和未分配利润；通过资产负债表右方项目的解读，可以了解企业的长短期债务压力，企业自有资金的构成，自有资金与债务的比重，以及企业整体的财务风险。

第三，资产负债表揭示了企业的偿债能力。将资产负债表左右两边数据进行对比，可以了解企业经济资源偿还债务的能力。一般经济资源流动性越好，规模越大，企业面临的偿债压力就越小。

第四，通过趋势分析可以揭示企业财务状况的发展趋势。资产负债表是静态报表，只能反映在某个时点上企业的财务状况，只有将不同时点的资产负债表结合起来分析，才能了解企业的发展趋势和发展能力。此外，某些企业为了某一时刻点财务信息好看，往往进行短期调整行为，如突击还债或者突击融资等，但并没有改善企业的整体的财务状况和经营能力，所以将若干期中期资产负债表结合起来分析，才能得到对企业财务状况的客观评价。

2. 利润表

又叫作损益表，是反映企业一定期间上的经营成果的财务报表。它提供了企业在一段时间上的收入、成本费用和利润的信息，是动态报表。

（1）利润表的格式。利润表有单步式和多步式的两种结构。单步式利润表是将所有的收入和所有的成本费用加入汇总，用收入合计减去成本费用合计而得出本期利润。

---

① 张新民，钱爱民. 财务报告解读与分析［M］. 北京：电子工业出版社，2012.

这种编制方法对各种收入、费用性质不加以区分，不能反映利润的结构，不利于报表的分析。多步式是将收入与费用按照性质归集，分步计算营业利润、利润总额和净利润。这种编制方式提供的信息更加丰富，可以分析企业盈利的具体模式，对未来经营成果做出正确判断和预测，所以一般都采用多步式。

（2）利润表作用。第一，利润表可以揭示企业的各种收入来源。包括营业收入、投资收益和营业外收入等，有的是企业日常经营产生，有的是对外投资产生的收益，有些是与经营无关的偶发性业务所带来的，通过对不同收入的分析可以了解企业收入的稳定性和持久性。

第二，利润表可以揭示企业成本费用的控制情况。成本费用包括营业成本、管理费用、财务费用、销售费用、资产减值损失，以及营业外支出和所得税等。成本是指企业为生产产品、提供劳务而发生的各种耗费；费用是指企业为销售商品、提供劳务等日常经济活动所发生的经济利益的流出。通过对成本费用项目的解读，可以了解企业产品和服务的市场竞争力，了解费用的发生和控制情况。

第三，可以揭示企业的经营成果和盈利能力。经营成果是企业在一段时间上生产经营活动所创造的有效劳动成果的总和；盈利能力是指企业一定时期内运用一定经济资源获取经营成果的能力。通过对利润表中各种利润组成的分析可以了解企业利润获取模式和企业盈余管理程度。例如，查看营业利润在利润总额的比重就能了解企业利润的持续性；通过毛利率大小可判断企业产品的市场竞争能力。

3. 现金流量表

现金流量表是反映企业在一定时期现金流入和现金流出动态状况的报表。利润表的编制是基于权责发生制，其优点是可以正确反映各个会计期间所实现的收入和为实现收入所应负担的费用，从而可以把各期的收入与其相关的费用、成本相配合，合理确定每一会计期间的经营成果。但是，权责发生制不能很好地反映企业的财务状况，一个在损益表上看来经营很好、利润很高的企业，在资产负债表上可能没有相应的变现资金而陷入财务困境。这就需要现金流量表的收付实现制对利润的现金收支质量进行补充说明，知道利润是形成了现金还是账面上的债权；而且通过现金流量表的透视作用还可以发现资产负债表和利润表中人为操纵的因素。所以说现金流量表是代表着另一种声音的报表。

（1）现金流量表的结构。包括经营活动、投资活动和融资活动。

经营活动包括企业投资活动和融资活动以外的所有交易和事项，其产生的现金包括销售商品、提供劳务收到的现金；购买商品接受劳务付出的现金；支付给职工的现金；日常管理费用和销售费用中需要付现的部分；支付的税金或收到的税费返还等。

投资活动是指获取和处置企业内部长期资产、获取与收回其他企业的权益工具与债务工具、取得投资收益等活动。

融资活动是指导致企业权益资本和债务资本的规模和构成发生变化的活动。

（2）现金流量表的作用。第一，可以说明企业在一定期间内现金余额发生变化的具体原因，现金是来自经营活动、投资活动还是融资活动。

第二，可以揭示企业的现金支付能力和偿债能力。高利润并不一定代表企业的具有现金的支付和偿债能力。现金流量表的编制完全以现金收支为基础，消除了会计政策和会计估计对盈利能力和偿债能力的影响，可以更加科学地分析现金的支付能力和偿债能力。

4. 三个报表的关系

资产负债表是"实力"，利润表是"面子"，现金流量表是"日子"。利润表是资产负债表中的股东权益中的利润因素的展开说明，说明盈余公积和未分配利润年度内的实现过程；而现金流量表是资产负债表中货币资金项目年度内变化情况的展开说明。两个报表都是围绕资产负债而进行的。

二、历史财务报表的比率分析

财务比率是根据财务报表数据计算而来的反映财务报表各项目之间相互关系的比值，是相对数。使用比率分析，更有利于不同企业之间比率的互相对比。

（一）单比率分析

单个比率一般是针对某个方面进行分析，比较片面，如果单个比率出现异常，还需要结合其他相关的比率一起分析，才能真正地说明问题。

1. 偿债能力

偿债能力是反映企业用现有的资产偿还债务的能力的比率，可以揭示企业的财务风险。它包括短期偿债能力与长期偿债能力两类。

（1）流动比率。即流动资产与流动负债的比率。

$$流动比率 = \frac{流动资产}{流动负债}$$

该比率表示每一元的流动负债有多少流动资产作为偿还的保障，反映了企业流动资产偿还流动负债的能力。流动比率越大，说明流动资产较多，而流动负债相对较少，企业短期偿付债务的能力就越强，面临的财务风险就越低。但是流动比率不是越大越好，因为相比较于长期资产，企业流动资产的收益较低，流动比率过高意味着企业资产的收益性低，资产没有得到很好的运用。一般经验值认为 2 是适当的流动比率。

该指标的缺陷在于只考虑了流动资产的总规模，而没有考虑其具体构成，流动资产中各项目的流动性并不相同，如存货项目的流动性相对较弱，尤其是时效性较强的存货，变现时间较长，变现价值较低，但是，流动比率不能反映这种情况。

（2）速动比率。又叫作酸性比率，是速动资产与流动负债的比值。

$$速动比率 = \frac{速动资产}{流动负债}$$

速动资产 = 流动资产 - 存货

将流动资产中变现能力较差的存货扣除就成为速动资产。它克服了流动比率不能反映流动资产结构比重的缺陷。它与流动比率一起使用，用来判断和评价企业的短期偿债能力。速动比率越高说明企业短期偿债能力越强；同样速动比率太高，意味着企业存在较多收益很低的货币资金，或者应收债权，从而延缓资金周转，降低资金收益能力。一般认为，速动比率为 1 是合适的，表示每一元的流动负债都有一元的速动资产进行保障。

（3）资产负债率。是负债总额与资产总额的百分比，反映企业资本结构和长期偿债能力。

$$资产负债率 = \frac{总负债}{总资产}$$

资产负债率反映每一元的总资产中有多少是负债筹集的，用于衡量企业在清算时债权人利益受保护的程度。资产负债率这个指标对于不同的利益主体有不同的期望值：

从债权人角度看，当然希望这个比率越低越好，该比率越低表明企业资产的安全度越高，企业有充足的自有资金，偿债有保证，借款不会有太大的风险。

从股东角度看，股东关心的是全部资本利润率是否能够超过借入款项的利率，如果可以超过，则根据财务杠杆原理，股东所得的就会加大；反之，则会加速减少。所以从股东角度看，当企业经营得好，也就是全部资本利润率超过借款利率时候，资产负债率越高越好；反之，则越低越好。

从经营者角度看，如果举债很大，超过债权人心理承受程度，则被认为是不保险的；如果举债很小甚至没有，说明企业畏缩不前，利用财务杠杆为股东创造收益能力很差。所以经营者认为资产负债率维持在一个适度范围是合适的，它能够向外界传递企业经营信心。

2. 营运能力比率

又叫作活力比率，反映企业资金利用效率的指标，表明企业管理人员经营管理与运用资金的能力。它包括：

（1）存货周转率。也叫作存货周转次数，是一定时期内营业成本与存货平均余额的比值。

$$存货周转率 = \frac{营业成本}{平均存货}$$

$$平均存货 = \frac{期初存货+期末存货}{2}$$

$$存货周转天数 = \frac{360}{存货周转率}$$

该指标是衡量和评价企业存货转换为现金或应收账款的速度。由于存货只有在销售时候才会体现为营业成本，所以用营业成本与存货比值度量存货销售的速度。之所以分母用平均存货而不是存货余额，原因是分子和分母的数据要匹配。分子代表一定时期内企业实现的营业成本，是时期数据，但是资产负债表中的存货余额是时点数据，所以就必须进行相应的转换。但是，平均存货的计算隐含了一个假设，就是假定存货在一定时期中是匀速使用的。对于随季节性波动变化的企业而言可能会有误差。

存货周转率越高，表明存货周转一次所使用的时间越短，存货资金的利用效率就越高，在其他条件不变的情况下，盈利能力就越强。相反，则说明存货积压严重，产品没有市场。但是存货周转率也不能绝对的越高越好，周转率过高可能会带来缺货成本。

（2）应收账款周转率。是一定时期内赊销收入与平均应收账款的比率，表明流动资产的流动速度。

$$应收账款周转率=\frac{赊销收入}{平均应收账款}$$

$$平均应收账款=\frac{期初应收账款+期末应收账款}{2}$$

$$存货周转天数=\frac{360}{应收账款周转率}$$

该指标度量一定时期内应收账款转变为现金的平均次数。由于赊销收入数据无法从财务报表获取，一般使用营业收入替代。

应收账款周转率越高，说明平均收账期越短，应收账款的回收速度越快，企业在应收账款上的管理质量越高，坏账损失的风险也越低。相反，应收账款将长时期占有企业资金，却没有什么回报，严重影响企业资金周转，加大坏账损失的程度。但是该指标并不是越大越好，该指标过高可能说明企业执行了过紧的信用政策，会影响销售。

（3）总资产周转率。是营业收入与总资产平均余额的比值。

$$总资产周转率=\frac{营业收入}{平均总资产}$$

$$平均总资产=\frac{期初总资产+期末总资产}{2}$$

同样，该指标越大，说明总资产周转越快，企业的销售能力就越强，总资产创造收入的能力就越高。该指标可以与盈利指标结合在一起使用。

3. 盈利能力

盈利能力反映企业赚取利润的能力。盈利能力都是正指标，但是没有绝对评价标准，因为不同行业收益能力各不相同，所以在评价一个创业企业盈利能力时，需要进行同行业的横向对比和与本企业历史的纵向对比，才能得出客观的结论。

（1）毛利率。

$$毛利率=\frac{营业收入-营业成本}{营业收入}\times100\%$$

毛利率可衡量管理者根据产品成本进行产品定价的能力，也能够体现产品的市场竞争力，毛利率越大说明产品的竞争能力越强，盈利能力越高。

（2）总资产报酬率。

$$总资产报酬率=\frac{息税前利润}{平均总资产}\times100\%$$

息税前利润是指在支付利息和缴纳所得税之前的利润，由于财务报表不会公布利息费用支出，所以可以使用利润总额加上财务费用作为近似替代。总资产来源于债主和股东共同的投资，所以这个比率可以考察企业利用现有资源创造利润的能力，这些利润可由债主和股东共同分配。

（3）所有者权益利润率。

$$所有者权益利润率 = \frac{净利润}{平均所有者权益} \times 100\%$$

该比率是衡量所有者权益获利能力的指标，分子之所以使用净利润而不是利润总额是因为只有净利润是归属企业所有者的，表达每一元所有者的资产创造属于自己利润的能力。

4. 发展潜力

由于是针对创业企业进行评价，所以企业的发展潜力指标也很重要。

（1）三年资本平均增长率。

三年资本平均增长率 = （$\sqrt[3]{年末所有者权益/三年前年末所有者权益}$ -1）×100%

该指标反映资本连续三年的积累情况，体现了企业的持续发展水平和发展趋势。因为一般的资本增长率指标具有一定的滞后性，所以使用三年的数据可以从一个较长的窗口期看出企业稳步成长的趋势。该指标越高，表明企业所有者权益得到的保障程度越大，企业可以长期使用的资金越充足，抗风险和持续发展的能力越强。

（2）三年收入的平均增长率。

三年收入平均增长率 = （$\sqrt[3]{当年营业收入/三年前营业收入}$ -1）×100%

该指标表明企业主营业务连续三年的增长情况，体现企业的持续发展态势和市场扩张能力。利用三年数据，能够避免因少数年份业务波动而对企业发展潜力的错误判断。该指标越高，表明企业主营业务持续增长势头越好，市场扩张能力越强。

（二）杜邦分析

以上比率是针对企业财务状况和经营成果的某一个方面进行的分析，只能反映企业在某些方面可能存在问题，却不能得出问题产生的原因。

杜邦分析法是比率分析的综合利用，是将所有者权益利润率这个企业股东主要关注的指标的组成因素进行分解，找到该指标下降的原因，发现提高该指标的途径。该指标分解体系是由杜邦公司提出，所以叫作杜邦分析法。它实际上是一种层层分解的思路，从一个指标出发，逐级分解为多项财务比率的乘积，从而发现问题的根源所在。其指标体系如图6-2所示。

杜邦分析法从所有者权益利润率 ROE 出发，将其进行层层分解，目标是发现有哪些因素会影响 ROE 指标的大小。其中，销售净利率反映的是企业的盈利能力，总资产周转率反映的是资产的营运能力，权益乘数是资本结构的表示，也可以反映企业的偿债能力。杜邦分析体系表明，要想提高股东的满意度，就需要从多方面努力，包括增加收入、控制成本费用、提供资产的利用效率和有效地利用财务杠杆。

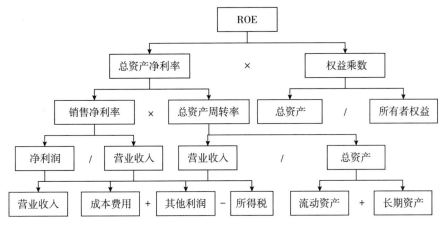

图 6-2　杜邦分析体系

三、预计财务报表的编制

（一）预计财务报表编制内容

预计财务报表的编制包括预计的资产负债表、利润表和现金流量表的编制。完备的预计财务报表的编制能够反映企业在未来期间预计的财务状况和经营成果，能够帮助企业积极主动地实施财务管理，合理地分配人力、物力和财力等资源，据以实现战略目标。

预计财务报表的编制必须以财务预测为基础，需要进行全面的预算，全面预算由经营预算和财务预算组成，其财务预测内容和编制顺序如图 6-3 所示。

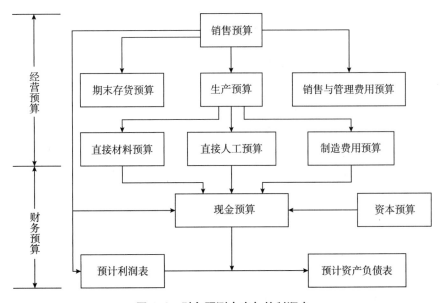

图 6-3　财务预测内容与编制顺序

（二）预计财务报表编制步骤

预计财务报表编制的起点是要进行销售预算。

1. 销售预算

销售预算的起点是销售预测，主要是预计未来的市场销量和销售价格：

预计销售收入＝预计销量×预计销售单价

进行销售预测主要考虑以下因素：定价政策、市场研究、经济景气程度、行业走势、促销办法、行业竞争强度、产品季节性变动等。销售预测的方法主要有定性分析法和定量分析法。定性分析法，如市场调查法和主观判断法，定量分析法主要是统计分析法，如使用历史数据进行趋势分析和相关分析等。

2. 生产预算

生产预算是预测为满足市场的销售和产品库存要求而必须达到的生产数量。其计算公式为：

预计产量＝预计销量＋预计期末存量－预计期初存量

预计产量与预计销量以及库存量有关，生产预算就是进行统一规划，在保证销售活动正常进行的同时，防止了存货的积压浪费。

3. 直接材料预算

以生产预算为基础编制，显示计划年度直接材料的消耗数量与消耗金额，其计算公式为：

预计直接材料额＝（预计产量×单位产品材料耗用量＋预计材料期末存货－
　　　　　　　　预计材料期初存货）×单价

直接材料预算与产量预算目的相同，就是在保证正常生产销售的前提下，避免过多材料积压而占用资金。

4. 直接人工预算

预计生产产品所需要耗费的人工数量以及工资支出。其计算公式为：

预计直接人工＝预计产量×单位产品直接人工小时×每小时工资

5. 制造费用预算

除了直接材料和直接人工，其余所有生产支出都属于间接的制造费用预算范畴。按照与产量的关系，分为随产量变化而变化的变动制造费用，包括水电费、检测费、燃料动力费等；变动制造费用与直接人工预算相似，估算每小时所分摊的制造费用率。不随产量变化的是固定制造费用，包括相关人员工资和折旧费等，其中，折旧费不会带来现金支出，要从预算中扣除。其计算公式为：

预计付现制造费用＝预计直接人工小时×变动性制造费用分配率＋
　　　　　　　　预计固定性制造费用－折旧

6. 期末产成品存货预算

在做完直接材料、直接人工和制造费用预算后，必须将其合并，进行产成品的成本预算。编制产成品预算的目的有两个：一是为预计利润表提供主营业务成本数据；二是为编制预计资产负债表提供产成品库存数据。编制步骤是：首先确定产品单位成本，其次将单位成本乘以预计期末产成品存货数量即可。

7. 销售与管理费用预算

对可能发生的除财务费用之外的期间费用做出计划，其编制仍然是按照是否与产量有关分为变动性和固定性销售与管理费用两个部分。其中，变动性销售与管理费用包括销售佣金、提成等，固定性销售及管理费用包括广告支出、财产税与相关人员的薪金等。

8. 现金预算

到销售与管理费用为止，经营预算全部编制完毕，下面就是进行财务预算的编制，产生预计的财务报表。

现金预算由现金收入、现金支出、现金多余与不足、现金的筹集与归还组成。现金预算是制作预计现金流量表的基础。现金预算中的基本关系如下：

期末现金余额＝期初现金余额+现金收入－现金支出±现金的筹集（归还）

【案例讨论】

Bizooki 公司：多途径融资[①]

2008 年，一名贝尔蒙特大学的学生安迪·塔巴尔为创办 Bizooki 公司而烦恼，该公司是一家互联网公司，试图通过动用全球智慧提高商业活动的效率。其创意是：越来越多的企业需要更有效地实施专业项目，但在公司内部又缺乏专业人才，通过将工作外包给全球专业服务商，有助于以更低的成本同时更及时地完成项目。Bizooki 公司的角色是中间商，帮助有技术需要的企业与全球供应商对接。尽管 Bizooki 公司的启动资金并不宽裕，但塔巴尔的融资方式能给大多数创业者带来启示。塔巴尔并没有拘泥于从投资者或银行家那里获取资金，而是采用了步步为营、向朋友和家人借款，以及创造性的融资途径等方式。

塔巴尔在很小的时候就有过融资经历。在读高中的时候，他就创办了一个网站，但没有投入太多资金。高中毕业后，他对于如何获取信用卡、在什么时候需要外部融资等问题有了很好的认识。他采取的第一步行动就是办一张信用卡，为自己建立信用记录。

在俄亥俄州长大的塔巴尔选择贝尔蒙特大学的原因是看重学校提供的创业培训计划。在创办 Bizooki 之前，他尝试过不少商业创意，并且坚持使用不同的方式获取资金或资源。在大一时，他加入了学校的学生创业实践计划，在这期间，塔巴尔与 70 名同班同学共享课集、计算机、电话、传真机、复印机以及头脑风暴萌发的创意。他多次参加商业计划竞赛，并在 2006 年和 2008 年分别获得学校的最高奖项，每次都赢得了5000 美元的奖金。

借助这些途径积累的资金，塔巴尔把他的创意变成现实，成立了 Bizooki 公司。他

---

① 王艳茹，王兵．创业基础课堂操作示范［M］．北京：北京师范大学出版社，2014.

从一些意想不到的途径借钱，但每笔钱的数目都不大，他在一家专业借贷网站注册，而不是从银行筹集资金。Prosper 是一家专门为需要借钱和愿意借钱的人牵线搭桥的网站，借助该网站，他从多个人那里获得了资金，每笔都是 5000 美元左右，这些人都是塔巴尔的朋友或家人。Prosper 提供了一个便利、正式而合法的借贷网络平台，即便是熟人之间的借贷也是如此。

面向未来，塔巴尔还需要更多的资金来支撑 Bizooki 公司的成长。他已经会见了不少的天使投资人，这些投资人都是在贝尔蒙特大学的创业培训项目上认识的。但是他目前并不想动用这些资源，而是将它作为长期的资源储备。他坚信自己要谨慎行动，并认为只有在恰当的时候才可以从外部投资者那里获取资金。同时，他仍在继续搭建自己的信用记录，以便在将来银行融资时使用。

讨论：

塔巴尔在创业过程中都采用了哪些融资方式？你还了解哪些融资方式？

【思考题】

1. 什么是财务杠杆？企业在筹资时应该如何正确利用财务杠杆？
2. 为什么在创业项目投资决策时候使用的是未来预计的现金流而不是利润？
3. 回收期法有哪些优缺点？为什么它只能作为创业项目初次筛选使用？
4. 当盈利指数法与净现值法发生矛盾时，以什么为准？为什么？
5. 在使用净现值法进行创业项目投资分析时，应该如何选取贴现率？
6. 如何理解筹资无差别点在筹资分析时的作用？
7. 要制作预计的财务报表需要进行哪些前提工作？
8. 对现有财务报表进行偿债能力分析可以使用哪些比率？
9. 想了解企业发展前景可以使用哪些比率？
10. 几大财务报表的内容是什么？它们之间有什么关系？

【实训练习】

假定第三节中的立体机械车库项目可以享受政策补贴，在筹建等方面有很多政策支持和融资补贴，产生的结果是：第一，其土建工程支出可以下降到 1200 万元；第二，车库使用年限从原先的 20 年延长到 50 年；第三，享受税收优惠，所得税率享受免二减三；第四，获得低息贷款，项目资本成本下降至 6%。

要求：（1）请重新测算该项目的现金流量。

（2）使用静态回收期法重新计算该项目的回收期限。

（3）请使用 NPV 和 IRR 法再次判断该项目是否值得投资。

第七章　创业风险管理

【引入案例】

和仙坊民俗文化村的没落①

和仙坊民俗文化村，位于陕西省渭南市，占地 88028 平方米，总投资达到 24356 万元，自 2013 年 3 月开工到 2015 年 2 月完工，是一座集美食、主题公园、马场、作坊街、游乐园于一体的综合文化村。这里开设了美食一条街，有陕、甘、晋、豫等地的名优特色小吃百余种，以其悠久的传统和民间文化为特色，成为人们休闲娱乐的乐园。

然而，开业不到两年，和仙坊民俗文化村就陷入了困境。从 2016 年下半年开始，这里的业务出现了下滑，商家纷纷撤离，如今顾客寥寥无几。曾经红极一时的和仙坊民俗文化村如今已经人去楼空，显得冷清而萧条。为什么古镇项目凋零得如此之快呢？

1. 缺少市场调研和精准定位

和仙坊民俗文化村没有经过仔细调研，也没有考虑到市场的需求，"民俗村模式"同质化严重，景区设施简陋、缺乏特色和独特性。许多项目只是简单地模仿其他地方的建筑和文化元素，没有与本地的文化和风俗相融合，缺乏文化品位。

2. 运营资金不足

该项目是典型的农村开发旅游项目，大多由村民自主经营，缺乏统一的规划和管理。由于项目缺乏长期的运营资金，在开业不久后就陷入了困境。

3. 缺乏持续有效的运营与宣传

一方面，宣传手段单一，主要依赖传统媒体和线下活动，未能充分利用互联网等新兴媒体进行广泛传播；另一方面，宣传内容缺乏新意和吸引力，未能形成独特的品牌形象。景区在运营过程中也缺乏持续有效的管理和维护，导致游客体验不佳。

虽然和仙坊民俗文化村的失败让人感到遗憾，但这也为未来的旅游开发提供了宝贵的经验教训。在未来的旅游项目中，应该更加注重本土文化的传承和发扬，避免简单的模仿和复制。同时，应该更加注重项目的市场调研和精准定位，制定出更加科学合理的营销策略。

---

① 依据网络资料改写：陕西 2.4 亿建的假古镇，开业 2 年即倒闭，如今人去楼空 ［EB/OL］. ［2023-12-08］. https：//baijiahao. baidu. com/s？id＝1784676863086439496&wfr＝spider&for＝pc.

16 世纪，希腊诗人和政治家索伦说过：干任何事都会有风险，在企业创建初期，没人知道它的命运会如何。在很早之前，人们就对风险有了认识，包括承认风险的存在，并尽力挽回风险造成的损失。对于创业者来说，创业项目的选择、实施及退出等创业实践的不同阶段，都可能存在可控和不可控的风险。所以，创业者只有充分的认知风险、有效地规避和处理风险，才能使其企业生存和发展。

第一节　创业风险概述

一、创业风险的含义

风险是指一定环境、一定时间段内，影响决策目标实现的不确定性，或是某种损失发生的可能性。对于一个企业来说，风险就是造成其资产和盈利潜力发生损失的可能性，这里的资产除了存货和设备外，还包括如企业员工和信誉等方面的因素。对于创业风险的界定，学术界与企业界并没有形成一般概念。例如，杰弗里·蒂蒙斯和小斯蒂芬·斯皮内利认为创业风险是创业决策环境中的一个重要因素，其中包括处理进入新企业或新市场的决策环境以及新产品的引入。[①] 赵光辉[②]和牟永红[③]主要从人的角度界定创业风险，认为创业风险是由于创业环境的不确定性、创业机会与创业企业的复杂性、创业者、创业团队与创业投资者的能力与实力的有限性，而导致创业活动偏离预期目标的可能性及其后果。刘骅[④]将创业风险分为系统风险和非系统风险，系统风险是指由于创业外部环境的不确定性引发的风险；非系统风险是指非外部因素引发的风险，即与创业者、创业投资和创业企业有关的不确定因素引发的风险。

从企业风险管理理论及创业管理实践角度来看，创业风险就是指由于创业者及创业团队价值观的差异性、能力与实力的局限性、创业环境的多变性、创业机会与市场的复杂性、创业过程以及创业资源的不确定性而导致创业活动偏离预期目标的可能性及其后果。

二、创业风险的分类

创业的过程是将某一构想或技术转化为具体的产品或服务，在这个过程中，可能会出现资金短缺、技术研究不成熟、技术专长者和投资者之间缺乏信任、资源缺口和管理能力较低等情况，从而导致一系列的创业风险。创业风险的分类标准众多，主要

---

① ［美］杰弗里·蒂蒙斯，小斯蒂芬·斯皮内利. 创业学［M］. 周伟民，吕长春，译. 北京：人民邮电出版社，2005.

② 赵光辉. 论人才创业风险的来源与控制［J］. 当代经济管理，2005（4）：109-116.

③ 牟永红. 创业中的人员风险及管理［J］. 经济管理，2003（7）：52-55.

④ 刘骅. Agent 视角下创业团队技术创新风险决策系统机理研究［J］. 软科学，2010，24（11）：9-14.

包括如下几种:

(一) 按风险产生的原因划分

1. 主观创业风险

主观创业风险是在创业阶段,由于创业者身体、心理素质等主观方面的因素导致创业失败的可能性。如创业者的决策能力、认知偏见、考虑不周、应对压力的能力所带来的风险。这些风险与创业者本身的素质和能力息息相关。

2. 客观创业风险

客观创业风险是在创业阶段,由于客观因素导致创业失败的可能性。如市场变动、政策变化、竞争态势以及其他不可预见的挑战,这些因素都可能对创业活动造成负面影响并增加失败的风险。

(二) 按风险内容的表现形式划分

1. 项目风险

项目风险是指由于项目选择错误或项目运行失败导致的创业失败可能性。在商业机会的识别与评估过程中,由于各种主客观因素的影响,如信息获取不足、逻辑推理偏误、项目评估不科学、高估商业可行性、低估风险与难度等,以及错误地选择创业项目,或错误地放弃原本有价值的创业项目,都会使创业一开始就面临方向错误的风险。

2. 环境风险

环境风险是指由于当地社会、政治、经济和法律环境的变化或者意外灾害导致的创业失败可能性。如国家政权的更迭、国家政策的调整、国际关系的变化、战争、瘟疫等,都可能会给创业活动带来风险。

3. 技术风险

技术风险是指拟采用技术的不确定性,以及技术与经济互动过程的不确定性,导致创业活动达不到预期目标的风险。如技术成功的不确定性、技术前景、技术寿命的不确定性、技术效果的不确定性、技术成果转化的不确定性、与之相关的配套技术和替代技术的变动所带来的不确定性也会带来失败的可能,特别是对于高新技术企业而言,技术的生命周期越来越短,现有技术很容易被更新的技术替代。

4. 市场风险

市场风险是指市场情况具有不确定性,导致创业企业收益或损失的不确定性。市场风险包括产品市场风险和资本市场风险。如市场价格的变化、市场供需的变化、市场对新产品的接受时间与接受能力的不确定性、产品扩散速度的不确定性、市场战略失误、新企业市场竞争能力的不确定性等。

5. 管理风险

管理风险是指在创业阶段因管理不善而导致创业失败的可能性。创业的管理风险主要包括人力资源管理风险、营销管理风险、管理制度风险等。其中,人力资源管理风险主要包括创业团队分裂、员工招募不当、关键员工流失、人员配置不科学等风险;营销管理风险包括新产品市场定位不准、营销策略失误、营销人员管理松懈、营销执行力不足等风险;管理制度风险包括管理制度缺失、制度制定不科学、制度执行不力等风险。

6. 财务风险

财务风险是指企业财务结构不合理、融资不当，使企业丧失偿债能力而导致投资收益下降或破产的可能性。创业企业的财务风险主要包括筹资风险、投资风险、现金流风险等。

（三）按风险影响程度划分

1. 系统风险

系统风险源于企业之外，如战争、经济衰退、通胀、高利率等与政治、经济和社会相联系的风险，创业者无法对其进行控制或施加影响。

2. 非系统风险

非系统风险源于企业本身的商业活动和财务活动，如企业的管理水平、研究与开发、广告推销活动、消费者口味的变化及法律诉讼等，可以通过多元化投资组合将其分散。

（四）按创业过程划分

可将创业过程划分为四个阶段：识别与评估创业机会、制订创业计划、确定并获取创业资源、创业企业管理。

1. 识别与评估创业机会风险

指在机会的识别与评估过程中，由于各种主客观的因素，如信息获取量不足，把握不准确或推理偏误等都可能使创业面临一开始方向就错误的风险。另外机会风险，即因创业所放弃的原有职业所面临的机会成本，也是该阶段存在的风险之一。

2. 制订创业计划风险

指创业计划制定过程带来的风险。创业计划制定过程中各种不确定因素与制定者自身能力的限制，也会给创业活动带来风险。

3. 确定并获取创业资源风险

指由于存在资源缺口，无法获得所需的关键资源或即使可获得，但获得成本较高，从而给创业活动带来一定的风险。

4. 创业企业管理风险

主要包括管理方式、企业文化的选取与创建，发展战略的制定、组织、技术、营销等各方面的管理中存在的风险。

（五）按创业与市场和技术的关系划分

1. 改良型风险

改良型风险是指利用现有的市场和技术进行创业所带来的失败可能性。这种创业风险最低，但是经济回报有限。一方面，新企业会遭遇已有市场竞争者的排斥或进入壁垒的限制；另一方面，新企业即便进入，也很难占有一定的市场份额。

2. 杠杆型风险

杠杆型风险是指利用新的市场、现有的技术进行创业带来的失败可能性。这种创业风险稍高，对一些跨境企业来说，这种风险往往是地理上的，常见于挖掘未开辟的市场。

3. 跨越型风险

跨越型风险是指利用现有市场、新的技术进行创业所带来的失败可能性。这种创业风险稍高，主要体现在创新技术的应用方面，领先者可获得一定的竞争优势，但模仿者很快就会跟上。

4. 激进型风险

激进型风险是指利用新的市场和技术进行创业所带来的失败可能性。这种创业风险最高，如果市场很大，可能会带来巨大的机会，因为它的竞争风险较低，但是知识产权保护力度很弱，市场需求和产品性能不确定。

【阅读案例】

这家创业旅企如何绝处逢生?[①]

1. 公司介绍

孙荪创立的 TravelRight 是一家以航班延误理赔为核心业务的旅游服务提供商。这家公司以欧盟航空理赔条例 EC261（以下简称"EC261 条例"）为主要依据，为从欧盟境内出发或抵达欧盟境内且由欧盟航空公司承运而出现延误的旅客提供航班理赔申请。这家在 2018 年创立的公司先后与航班管家、同程、携程等大型 OTA 企业合作，帮助航班延误的旅客拿回"意外惊喜"，是中国旅游科技服务行业的一匹"黑马"。

2019 年，欧洲华人旅游规模达到了 1350 万人次。TravelRight 调研发现，这其中约有 50 万张预订机票符合理赔资质，平均每张机票有机会拿到最高达 600 欧元的理赔金，但现实是只有 0.02% 的乘客向航空公司发起理赔。

根据 TravelRight 所依据的 EC261 条例，符合条件的航班航程≤1500 千米，导致旅客延误超过 2 小时以上，赔偿 250 欧元；航程>1500 千米的欧盟境内航班，或 1500 千米<航程≤3500 千米的出入欧盟航班，导致旅客延误超过 3 小时以上，赔偿 400 欧元；航程>3500 千米的航班，导致旅客延误超过 4 小时以上，赔偿 600 欧元；若航空公司为旅客改签的航班抵达时间未晚于原定时间 2/3/4 小时（分别对应上述 3 类航班），现金赔偿可以减半。此外，该条例理赔追溯期为 2~6 年，且对旅客国籍没有限制。而 EC261 条例的执行，也成为整个欧洲航班准点率提高的一个重要推动因素。

航班延误理赔，本质上是与航司打官司。这一过程因收集材料的烦琐、对理赔流程的不熟悉、沟通周期漫长，致使个人维权成本高。于是，委托一个专业的第三方机构显得十分必要。目前 TravelRight 是亚洲地区最权威的航班延误理赔服务提供商，通过与中国 OTA 企业的合作，该公司才可以把智能的理赔方案精准地推送给需要的乘客。根据 TravelRight 提供的数据测算，其所针对的欧盟航线理赔领域每年理论的市场规模超过 2 亿欧元。

---

① 疫情下的"生死大考"：这家创业旅企如何绝处逢生？[EB/OL]. [2020-02-29]. https://m.21jingji.com/article/20200229/8fd44cfbd1075674daa73783d681f620.html.

2. 错失良机

柏林国际旅游展（ITB Berlin）是全球最大的 B2B 旅游专项展览会，每年 3 月在德国柏林举行。这项拥有 54 年历史的活动，每年吸引了来自 180 多个国家 10000 多家参展商，对世界旅游业极为重要。

但正当业务迎来发展黄金期，这家初创企业遭遇了因新冠疫情中欧航线意外停摆的状况，业务受到冲击。

2020 年的活动原定于 3 月 4 日至 8 日开展，但疫情原因，ITB Berlin 宣布展会取消，TravelRight 由此错失了一年一度亮相世界舞台的机会，而围绕着行程取消产生的一系列麻烦又随之而至。

由于住宿预订平台 Airbnb、英国航司易捷航空将新冠疫情视作不可抗力，对孙荪的住宿和机票不予退款，后经过争取，Airbnb 参照其在中国境内的做法同意退款，但易捷航空表示坚决不退款，从而更加坚定了孙荪的创业之途。

3. 初创公司的"生死挑战"

如果没有疫情的影响，2020 年 2 月、3 月是 TravelRight 发展的黄金时期。公司将迎来新版网站上线、与国内另一家 OTA 龙头企业开展新合作等重要事宜，而春节旅游旺季以及 OTA 平台的引流，也将给该公司带来业务量的可观增长。

但由于新冠疫情导致 TravelRight 业务量下降。全球范围内的欧洲航线、欧洲航司因疫情原因陆续取消、停飞，这对于主要理赔欧盟航线、航司的 TravelRight 而言，是一场"生死考验"。参照孙荪的自身经历，因新冠疫情而取消的航班属于不可抗力，很难适用于 EC261 条例。这意味着，TravelRight 在未来一段时间将失去一笔不小的业务增量。

面对这一重大打击，孙荪和她的团队不得不去寻找新的业务增长点。考虑到 EC261 条例有 2~6 年的追溯期，公司开始转向历史航班挖掘增量，并且依托于 OTA 平台的引入，填补缺失的业务量。除航班理赔外，该公司预计将向行李服务或保险等其他航旅服务环节延伸。在不裁员的情况下，缩减开支也成为这家初创公司应对"生死考验"的无奈之举。

筹备一年半后本可迎来业务快速增长的黄金期，但疫情的出现突然将一场"生死考验"摆在 TravelRight 面前。作为一家创业公司，类似风险是不可避免的，顺利熬过风险，才能真正让企业成长。

三、创业风险的识别

在创业过程中，创业者遭遇创业风险的情况是不可避免的，只有加强对创业风险的识别，才有可能对风险进行化解，继而将风险转换为机遇。所谓创业风险识别是创业者依据企业活动，对创业企业面临的现实以及潜在的风险运用各种方法加以判断、归类并鉴定风险性质的过程。简单地说，企业风险识别就是创业者逐渐认识到自己在哪些方面面临风险的过程，它是风险管理的基础。

（一）创业风险识别的步骤

风险识别是一项复杂而细致的工作，需要按照特定的程序和步骤，选择恰当的方法去分析各种情况，并实事求是地做出评估，它是一项持续的、系统的工作。

1. 收集信息

通过调查、问讯、现场考察等途径获得基本信息或数据，然后通过敏锐地观察和科学地分析对各类数据及现象做出处理。信息是了解风险、识别风险的基础，信息收集全面与否，直接影响最终的判断。信息收集主要有两种途径：一是内部积累或专人负责；二是借助外部专业机构的力量。利用第二种途径通常可获得更丰富的信息资料，有助于较全面地识别面临的潜在风险。

2. 建立风险因素清单

根据信息的分析结果，确定风险或潜在风险的范围，对已辨识出的风险进行必要的筛选、排除和调整，形成风险辨识清单。

3. 创业风险因素分类

对风险进行分类分级。例如，可以根据企业在运营过程中可能遇到的风险，逐步找出一级风险因素，然后再进行细化，延伸到二级风险因素，再延伸到三级风险因素。因素罗列得越全面，越利于风险的识别。

4. 科学预测

采用科学的方法对风险进行深入分析和预测，确定各种风险发生的可能性以及发生之后的损失程度。

5. 综合评估

根据风险预测的结果，应用各种风险评价技术来判断风险影响的大小、风险程度的高低，最好是针对不同风险选用不同的方法进行评价，从而做好风险预警工作。

（二）创业风险识别的方法

每个企业都有自身特点，遇到的风险也不尽相同，创业者必须依据企业业务特点、环境变化和经营需要，对其做出适当的选择和组合。

1. 环境分析法

环境分析法是指根据所收集和整理的企业内部、外部的各种事件与趋势的信息，了解和掌握企业内外部环境的变化，辨识机会和威胁，结合企业的优势和劣势，找出这些环境可能引发的风险和损失。在这个过程中，应该重点分析环境的不确定性及变动趋势，因为这些不确定性因素往往是企业最难以预料的，同时要分析环境中的变动因素及其相互作用对企业产生的各种制约和影响。可采用的分析方法有头脑风暴法、德尔菲法、SWOT分析法等。

2. 情景分析法

情景分析法是通过使用多维的预测方法，帮助创业企业对其长期的关键性薄弱环节做出评价，它可以使创业者能够评估不同的偶然事件对自身发展的潜在影响。不利事件的发生经常会给创业造成巨额损失甚至导致失败，情景分析可以很好地提前辨别这种潜在的问题，因为它要分析的是一系列事件对企业整体状况的影响，同时它也被认为是一种非常主观的风险识别工具。

3. 财务状况分析法

财务状况分析法是根据企业或其他单位的资产负债表、损益表、财务状况表和财产目录等材料，对企业的固定资产和流动资产的分布进行风险分析，以便从财务的角度发现企业所面临的潜在风险和财务损失的一种分析风险的方法。

4. 流程图法

流程图法是将风险主体按照生产经营的过程、活动内在的逻辑联系绘成流程图，针对流程中的关键环节和薄弱环节调查风险、识别风险的办法。将创业企业的发展阶段和经营过程中的各环节按其逻辑关系以流程图显示出来，并以此判断各要素之间的联系和风险因果的传导机制，进而识别风险。

5. 保险调查法

保险调查法是指企业可以委托保险公司或保险咨询服务机构，对潜在损失和由于风险事件的出现可能造成的消极影响、赔偿责任进行调查分析，提出预防风险损失出现的措施，并向企业建议可自保的项目和应向保险公司投保的项目的一种分析风险的方法。

6. 事故树分析法

事故树分析法是利用图解的形式，来调查损失发生前种种失误事件的情况，或对各种引起事故的原因进行分解分析，具体判断哪些失误最可能导致损失风险发生的方法，即从结果推导出引发风险事故的原因。

7. 风险专家调查列举法

风险专家调查列举法是指由风险管理人员将该企业、单位可能面临的风险逐一列出，并根据不同的标准进行分类的方法。专家所涉及的面应尽可能广泛些，有一定的代表性。

四、创业企业的基本风险防范管理方法

风险管理是指为了保护企业的资产和提高企业的持续运营能力而对企业所面临的风险采取的各种措施。它是创业管理的一个重要组成部分，尤其是对于处于创业阶段的小企业来说，创业企业的管理者必须建立起一整套风险管理的程序，在需要的时候可以分别或综合地加以使用。

（一）风险管理的步骤

1. 风险识别

识别企业风险是管理企业风险的第一步，由于风险具有可变性和相关性，所以创业者如果在企业损失发生之前能识别出风险的表现形式、可能造成的损失和后果，那么这个风险就有可能被管理，从而为下一步进行正确的风险计量和选择适当的风险规避方法奠定基础。所以，风险识别是进行风险管理的基点，是采取有效风险处理措施的依据。

2. 风险评估

风险评估是在风险识别的基础之上，通过对收集的大量损失的详细资料进行定量

和定性分析，界定风险源，初步判定风险及其可能的危害程度的过程。简单来说，风险评估就是量化测评某一事件或事物所带来的影响或损失的可能程度。所以创业者在评估风险时，着重注意两点：损失发生的可能性、损失带来的影响因素。常用的定量风险评估方法有盈亏平衡分析法、决策树法、标杆法等；定性风险评估方法有德尔菲法、历史资料法、逻辑分析法等。在实际的风险管理中，应结合具体情况来选择合适的评估方法，甚至可以同时或交叉使用多种方法，从而达到更好的效果。

3. 风险预警

风险预警是对风险保持高度的警惕和严密的戒备，在风险实际发生之前，建立必要的监控机制，能够捕捉和监测到各种活动的变化，及时发现隐患，并发出警报。在风险早期阶段，其信号是很容易被人忽视的，所以企业在早期需要严格监控风险，建立起完善的信息管理系统，及时捕捉迹象并传递信息，防止事态的进一步扩大。

4. 风险预防

创业企业所面临的各种风险，可以用众所周知的方法加以降低，预防办法是消除可能产生风险的条件，是对风险有针对性的回应。尤其是那些发生概率大、后果严重的事件，需要重点防范。风险预防的具体做法是多种多样的，如消极躲避、合理合法渠道下的转移和分数风险等。例如，创业企业可以采用多种方式来预防重要数据丢失，使用更安全的数据存储方式，如使用加密存储设备、建立完善的数据备份管理制度等。对于创业企业来讲，风险预防还需要建立起财务和人力资源的准备，从而防止后续工作的漏洞。

5. 风险处理

风险处理是对已发生的风险进行应急处理，选择合适的风险管理方法和技术来降低风险的损失。创业企业尤其是需要在管理控制上进行合理安排和计划，以降低损失的频率和幅度，对无法控制的风险，还需要进行财务准备，以弥补损失。在风险处理过程中，一定要建立起快速反应机制，及时控制局面。当然，在风险管理方法的选择上也需要谨慎对待。

6. 风险管理效果评价

对风险的处理不能被动补救。风险处理之后，还需要对自身失误进行反思，对相关责任主体进行惩戒，同时，总结经验教训，对风险管理方法的效果加以检查、分析和评价，使具体操作方案更具有可操作性和有效性。风险的动态性会导致风险的出现和损失发生变化，所以必须总结在风险管理过程中的经验和教训，改进企业的经营管理模式。

（二）风险管理的方法

创业者在面对众多复杂且多样的风险时，需要具体问题具体分析，选择恰当的风险管理方法，实现最大安全保障。常见的风险管理方法主要有风险规避、风险自留、风险抑制和风险转嫁等。

1. 风险规避

风险规避是指创业者考虑到风险事件的存在和发生的可能性，主动放弃或拒绝实施可能导致损失的方案。这是较为常用的方法，也是一种消极的风险管理方法，它可能会导致企业错失良机、损失利润，所以通常在某种特定风险所致损失的频率非常高、损失的后果相当严重时，或者创业者不能接受采用其他风险管理方法所产生的成本时才会采用此方法。例如，新产品在研制阶段出现各种问题而停止试制；在职业经理人选聘前，制定好相应的选拔原则和激励、制约机制，以达到规避人员流失风险和道德风险的目的。

2. 风险自留

风险自留是创业者自身承担风险损失的一种方法。当处理风险的成本大于承担风险所付出的代价；无法转移或防止的风险，企业本身可以承担风险时，创业者出于风险全局考虑所做出的局部牺牲，风险自留既可以是被动的，也可以是主动的；既可以全部自留，也可以部分自留，这种方法常常在风险损失概率和幅度较低、损失短期内可以预测以及最大损失不影响创业活动的正常进行时采用。对于承担自留风险所需要的资金，创业者可以通过事先建立内部意外损失基金和从外部取得应急贷款或特别贷款的方法解决。

3. 风险抑制

风险抑制是指在损失发生前消除损失可能发生的根源，并设法降低损失概率或设法缩小损失幅度的一种方法。风险抑制的基本点在于消除风险因素和减少风险损失。消除和减少风险因素可以通过防止风险因素的产生、减少企业已存在的风险因素、加强风险单位的防护能力等方面来解决，如生产管理人员通过加强安全教育和强化安全措施，以减少事故发生的机会，从而减少在创业过程中的生产风险。控制风险损失是在风险损失不可避免要发生时，通过各种措施以遏制损失继续扩大或限制其扩展范围。例如，在创业过程中，严格控制内部核算，制定各种资金运作方案以达到减轻财务风险的目的。

4. 风险转嫁

风险转嫁是指创业者为避免承担风险损失，有意识地将损失或与损失有关的财务后果转嫁给他人去承担的一种风险管理方法。具体来说，创业者可采用控制型非保险转移、财务型非保险转移、保险三种方式。

控制型非保险转移是企业通过契约或合同将损失的财务负担和法律责任转移给非保险业的其他人，以降低风险发生频率和缩小其损失幅度。具体有三种方法：出售、分包和辩护协定。如在创业初期可以通过租赁融资的方式，租赁厂房和设备，以降低生产风险；也可以通过分包或转包的方式，把自己的生产环节转给其他企业承包，自己专心于研发和管理，不仅可以提高效率，还在一定程度上减少技术和管理风险。

财务型非保险转移是转让人通过合同或协议寻求外来资金补偿其损失，具体方法可以是中和、无责任约定、保证、合资经营和实行股份制等。例如，创业者可以通过引入风险投资或者其他资金参股的形式，降低创业者自身所承担的风险。当企业发展到一定规模，可以公开上市，把企业的风险部分地转移给股东。

保险是指新创企业以合同形式将自然灾害、意外事故等可能造成的财产损失、人身伤亡及对他人的经济赔偿责任造成的经济损失转嫁给保险公司。它除了能给创业企业以损失补偿外，还能减小风险的不确定性和提供风险管理的服务，是企业风险管理的最有效、最科学的方法。

第二节　项目选择风险管理

一、项目选择风险及其表现

很多创业者在创业初期激情高，容易盲目选择项目，未进行前期市场调查和绩效分析，看到别人干什么也跟着模仿，缺乏针对自己特长及资源的调查分析。创业项目选择风险就是创业者在选择创业项目时所面临的盈利或亏损的可能性和不确定性，这种不确定性主要体现在以下五个方面：

（一）市场需求量的不确定性

不同于成熟产品市场需求稳定性，依托某一创新技术开发的创业企业产品，其需求具有不确定性，市场多是潜在的、待成长的。产品推出后，顾客往往不愿或不能及时了解其性能，从而对新产品持观望态度，甚至做出错误判断。例如，智能手机的上市、微信的推出都曾被消费者质疑。因此，创业者对市场是否会接受其产品以及有多大容量难以做出正确估计，而市场容量往往决定了产品的市场商业总价值。很多创业者在做创业计划时，常常会根据调查的数据进行主观推理，结果可能过大地估计市场的需求量，从而做出错误判断，导致产品的市场价值无法实现，投资无法收回，创业活动可能会因此而终止。

（二）市场接受时间的不确定性

无论是市场上已有的同类产品，还是一个全新的产品，进入市场并被市场所接受都需要一定的过程和时间，消费者对于不知名的新产品，接受过程相对缓慢。若创业企业无法找到合适的推广模式进行有效的营销传播，产品被市场接受的过程就会更久，导致产品销售不畅，甚至造成产品积压。创业企业容易面临资金流中断的风险，导致创业夭折。例如，中国汽车厂商比亚迪早在 2004 年就推出了电动汽车，但市场对这种新产品长期保持观望态度，直到十年之后才看到实现新技术商品价值的机会。可见，新产品进入市场所需要的周期较长，投资回报较慢。

（三）市场扩张速度的不确定性

产品推向市场后，其扩张速度很难测算。对于大多数产品而言，即使产品为市场所接受，如果不能迅速向大众市场普及，企业也难以获得较大的成长，创业投资难以获得足够的回报，从而给创业者及该项目的盈利机会造成损失。如果创业企业在市场扩张前夕耗尽资源中止了项目，就会与创业成功擦肩而过。

（四）市场竞争能力的不确定性

产品市场竞争力是企业在市场上获得竞争优势的能力，直接关系到企业发展和生存，由于竞争对手的行动、行业需求的变化、技术的进步等，创业者很难确定新产品的未来市场竞争能力。

第一，产品特性是产品竞争力的重要指标，它是消费者购买产品考虑的主要因素之一，高质量的产品能够增加竞争优势。此外，产品的外观、包装、品牌形象等也是影响市场竞争力的重要因素。第二，产品定价是产品市场竞争力的关键。大量创业企业将失败的缘由归结于产品定价过高或过低。当高定价的产品超出了市场承受力，很难被市场所接受，从而丧失价格竞争力，投资无法收回。当新产品逐渐被市场接受，其高额利润会吸引众多的竞争者模仿，可能造成供大于求的局面，导致价格下跌，也会影响投资回报。第三，市场营销策略是企业树立竞争优势的重要手段，是否有明确定位、准确的市场划分和明晰的营销目标，都是影响企业在市场上曝光率和销售额的因素。第四，创新能力是企业提升竞争力的核心动力，通过持续的研发和技术创新，企业才能不断提升产品的附加值和竞争优势，这里的创新除了技术方面，还包括业务模式和营销策略的创新。

（五）企业战略的不确定性

企业战略的不确定性是对企业战略决策有重大影响的不确定性。在企业战略决策中，不确定性往往是由于外部和内部因素的变化而产生的。例如，政府政策的调整、市场需求的变化、媒体报道、自然灾害等因素都可能导致企业战略结果产生变化。如果企业不能妥善应对这种不确定性，很可能会采取错误的战略选择，从而浪费企业的时间和资源，甚至导致企业发展陷入停滞或失败。如果企业改变战略，采取新的商业模式来适应新情况，可能会导致企业削减成本、裁员甚至全面重组。在战略规划过程中，不确定性风险在战略管理者中普遍存在。战略分析和决策者受到他们与生俱来的个性、经验、教育背景、价值观、文化特征、习惯、决策偏好，甚至决策的情感影响，判断结果会有所不同，这需要创业企业提高对战略规划者能力和素质的要求，以尽可能减少这种风险的影响。

二、创业项目选择的原则

（一）优势原则

优势原则指的是创业者选择创业项目时要在熟悉的领域做自己资源最多和优势最明显的项目。即在这个项目中最能突出自己在专业知识、专业技能、人脉关系、市场资源、行业经验等方面的优势。不盲目追求社会经济热点，以避免决策失误。

（二）政策原则

政策原则指的是创业者选择的项目一定要符合国家政策、产业政策和地方政策。重点发展国家产业政策鼓励、支持的产业和项目，因为在国家、产业和地方扶持政策背后都有资金和税收等方面的支持，同时回避国家产业投资明确限制和压产的项目。

（三）市场原则

市场原则指的是创业者所选择的创业项目一定要有市场需求，最好是有刚性需求和紧迫性需求，同时还有一定的潜在服务需求，即重点放在需求量大、发展前景广阔的项目上。

（四）效益原则

效益原则是指创业者选择的创业项目首先要有价值，能产生利润；同时要对社会有贡献价值，项目产品与服务创造的附加值越高越好。

（五）竞争性原则

竞争性原则指的是创业者选择的创业项目市场的竞争对手数量不能太多，实力不能太强。创业企业如果进入的是一个红海市场，有很多很强的竞争对手，其很难在市场中占有一席之地；而如果进入的是一个蓝海市场，竞争者很少，市场竞争力也不强，创业者就有机会迅速抢占市场，让企业快速成长起来。

三、项目选择风险的规避方法

（一）了解行业发展趋势，择优投放项目

任何项目都归属于一定的行业，必须面向市场，要了解项目所处行业的发展情况，判断行业的兴衰，才能预判投资项目未来的发展情况。对于行业兴衰的甄别可以从以下三个方面进行：首先，可以通过行业工资收入差别判断行业的兴衰，一般高层次收入行业的垄断性强、新型附加值大、资本和知识的密集度高，第二层次收入行业的市场竞争性强、传统性色彩浓、劳动密集度高。其次，可以根据世界富豪从事行业的变迁间接反映中国经济发展的困境。从发布的 2023 年胡润百富榜来看，制造业、房地产、电商、金融等是上榜企业家最主要的财富来源。最后，根据行业的产业政策判断行业发展的风向标，只有那些国家鼓励政策支持的行业才有潜力、有前途。党的十九大报告中强调，加快建设制造强国，加快发展先进制造业，推动互联网、大数据、人工智能和实体经济深度融合，在中高端消费、创新引领、绿色低碳、共享经济、现代供应链、人力资本服务等领域培育新增长点、形成新动能，明确提示了创业者可选择的项目。

（二）建立动态战略调整机制

市场和竞争环境的变化是企业面临的一个主要挑战，为保持竞争力，创业企业需要不断更新战略，以适应市场变化和需求。战略调整有助于创业企业更好地应对风险，抓住机遇，提高绩效和市场份额。在进行战略调整之前，创业者需要了解当前的市场环境和需求，从而确定战略调整的方向，当环境发生变化或达到特定程度时，企业就需要重新审视战略计划，进行必要的调整。企业有时只需要微调即可，有时需要进行彻底的战略转型，以满足新的市场需求。为了确保调整的效果，企业需要定期评估战略的收益，通过持续监控和评估，对企业战略进行优化和调整，才能保证战略调整的有效性和适应性。建立市场预测及战略调整机制，其实就是定期重复市场分析过程，保持对市场关键信号的敏感度，不断总结和改进，以保持持续发展状态。

（三）及时放弃或谋求合作

创业企业在实践过程中，如果发现自己提供的产品或服务不仅与短期市场需求不符，而且与三五年内的市场需求也无法接轨，那么就有必要果断终止对现有产品或服务的人力、物力和精力的投入；如果创业企业能够确定现有产品短期内不符合市场需求，难以判断出其在三五年能否适应市场的变化，那么可以暂时停止或大幅减少对现有产品或服务的投入，等待市场趋势的明朗化。此时的等待并不是消极的，而是充分获取灵活性的价值，因为等待意味着拥有对未来做出进一步决策的权力，而这种权力具有优于现在就做出决策的价值。

创业企业在创业实践过程中，还会遇到一种情况，那就是虽然短期内市场对它们提供的产品或服务的需求不够明显，但是经过一定时间的投入和培育，消费者的需求就会被唤起。当然，需求被唤起之后，企业的经营业绩取决于当时的经营实力和资源情况。在这种背景下，借助行业中强势企业的力量是有效、简捷的方法之一。有的创业企业选择向更有实力的企业出让部分股权，获得资金后，便有机会待市场需求爆发时获得更高的回报。

（四）采取有针对性的市场营销策略

创业不只是把产品生产出来、把经营模式提出来，更重要的是运用经营模式和思路把产品推销出去，得到市场的认可。因为项目的销售量和销售金额决定着创业项目是否可行，所以营销策略至关重要。销售一般会经历从导入期到成长期，然后进入成熟期，直到衰退期的生命周期。在每一阶段，企业将面对不同利润潜力和销售增长潜力的机会与问题，所选择的营销策略需要做出相应的调整。导入期的营销策略的关键在于尽可能减少不确定因素，通过大量的促销活动迅速打开市场，得到消费者的认可；成长期的企业市场需求迅速扩大，此时应密切注意市场结构的变化，在形象、产品、服务、渠道上与顾客需求相适应，不断扩大规模，提高市场占有率；成熟期的企业需要创新营销理念，无论是寻求新的细分市场、发展产品的新用途，还是业务模式、营销模式的重新组合都可能为企业开辟新的利润增长点。

（五）制定合理的价格策略

针对不同的产品采用差异的定价策略。对于一般商品，可适当调整产品质量或功能，进行差别定价；对于某些功能少的产品可采取渗透定价的方式来吸引顾客。顾客对高新技术产品质量要求较高，创新企业无法采取以中低品质为基础的价格策略，由于消费者对高新技术信息不了解，常常通过价格判断品质，加之不完全竞争性，所以创新企业应主动控制价格。考虑到消费者对正在销售的产品的评价，在确定价格时，降价不是向顾客表明优质产品的最好方式。通过价格做出的逆向选择效应不适用于高新技术产品，尤其是新产品。高新技术产品一般用快速撇脂的价格策略，以尽快收回成本，在新的竞争对手出现时，采取有利于自己的变价策略，取得领先对手一步的竞争优势。同时，可考虑运用优质高价策略，树立高质量的产品形象，为后续更新产品的市场进入取得先声夺人的效果。事实上，由于高技术市场的交叉价格弹性和需求价格弹性较小，也使较高的定价成为可能。

第三节　创业融资风险管理

一、创业融资风险

创业融资指创业者根据其创业计划和创业活动对资金的需要，通过各种融资渠道和方式，有效地筹集资金的过程，是创建新企业的重要步骤之一。融资是启动新企业的第一推动力，创业之初的融资关系到企业的生死存亡，忽视融资风险会导致创业企业被迫中止经营。创业融资风险有如下几种表现：

（一）融资规模不当引发的风险

1. 融资规模太小

企业所筹集的资金通常比企业实际需要的更多，而且要在非急需时期获取。另外，为确保对烧钱率（消耗资金的速度）做出保守的估计，因此，所需资金往往是创业者实际预想的两倍。筹集足够的资金对于企业的生存和成长、适应未预见到的情况和变化、聘请优秀的员工和购买精良的设备、向外界展示良好的企业形象来说必不可少。如果在资金容易筹集时不筹集足够数量的资金，将消耗企业现金流，增加企业急需期的融资难度。

2. 融资规模过大

创业融资规模不是越大越好。"欲戴皇冠，必承其重"，融资本身属于风险活动，融资可以理解为企业提前获得了一大笔钱让企业的现金流更充足，并不意味着这是企业创造的经营利润。因此，企业需要具备与之匹配的盈利能力，不然将会面临巨大的发展瓶颈。"有多大能力，办多大事"，当融资规模超出企业需要且没有适当的财务约束时，创业企业很容易在"文火煮青蛙"的宽松环境中放松对财务预算的约束，令创业者形成资金可随意使用的认知和行为，最终在不知不觉中陷入融资困境。另外，企业还需考虑融资信用风险、经营管理风险、财务风险等，当融资规模过大而把握不好时，负面影响则可能会像"滚雪球"般越来越大，最终导致企业从顶峰走向谷底。

【阅读案例】

"共享办公鼻祖"——WeWork 全美最有价值初创企业难逃破产[①]

1. 诞生与崛起

2008 年，WeWork 的两位创业者在纽约市的一场鸡尾酒会上相识，当时他们正在

---

① 昔日明星创业公司接连破产，其中最高估值曾达 3400 亿！［EB/OL］．［2024-03-13］．https：//www.sohu.com/a/763822172_355070.

各自的项目中挣扎。米格尔·麦凯维是一名建筑师，而亚当·诺伊曼则是一名没有固定职业的企业家，但他有一种愿景：改变世界的工作方式。他们注意到，许多企业，尤其是初创企业和自由职业者，往往需要一个灵活、设备齐全的办公空间，无需长期租赁和大量投资。于是在 2010 年，两人联合在纽约市 SoHo 社区开设了第一家 WeWork，允许从自由职业者到大型企业的任何人租用办公空间和办公桌。

随着公司的成立，WeWork 迅速吸引了众多创业者和投资者的关注。WeWork 的模式很简单，但也很新颖：租赁大楼的整层或多层，然后将其分割成共享的办公空间，再转租给小企业或个人。其独特的商业模式，结合了共享经济和高端市场的特点，使公司在竞争激烈的行业中脱颖而出。WeWork 为创业者们提供一个理想的工作环境，让他们能够专注于事业的发展和创新。据《华尔街日报》报道，2014 年 12 月，WeWork 完成了第一笔大额融资——3.55 亿美元的 D 轮融资，公司估值达到 50 亿美元。至此，WeWork 开始通过融资等方式飞速扩张，公司估值飞速上涨至 470 亿美元，折合人民币约 3400 亿元。

2. 腾飞与隐患

然而，随着 WeWork 在全球范围内的快速扩张，一些问题也开始逐渐浮现。公司的内部管理出现了混乱，高层之间频繁的内斗导致了决策效率的下降。同时，创始人亚当·诺伊曼的奢侈消费也被媒体曝光：诺伊曼被指控利用地位和影响力，为自己谋取私利，如出售自己持有的 WeWork 商标、从 WeWork 租赁自己拥有的物业，以及在融资前出售自己的股份等。诺伊曼还被曝光有着奢侈和放纵的生活方式，这与他所宣扬的理念和价值观相悖。

随着负面信息的公开，投资者开始对 WeWork 的前景持怀疑态度。IPO 的价格被大幅下调，最终被迫撤销。并将其预计估值从 470 亿美元降至 100 亿美元。2019 年 9 月，在董事会上，诺伊曼辞去了首席执行官一职。此外，WeWork 的现金流出现断层，无法按时支付租金和其他费用。商业模式中的巨大风险被揭露：公司的主要收入来源是长期租赁物业并转租给客户，这种模式的盈利空间有限，且对资金的需求量大。为了维持高速的扩张速度和满足股东的期望，WeWork 不断借入大量的债务，导致公司的债务负担越来越重。

3. 亏损与溃败

2020 年 5 月，据美国消费者新闻与商业频道（CNBC）报道，向 WeWork 投资超过 100 亿美元的软银 CEO 孙正义表示，他对投资该公司感到"愚蠢"，而当时 WeWork 估值已跌至 29 亿美元。

由于市场环境变化，竞争加剧，WeWork 的资金压力日益加剧，已成为美国金融体系中最不稳定的巨雷。让本已连年亏损的 WeWork 更是难以支撑。高额的租赁成本和运营成本使其难以实现盈利，而投资者对其估值的过高预期也开始破灭。公司的财务状况持续恶化，面临严重的资金危机。为了挽救局势，WeWork 不得不寻求新的资金来源，包括出售资产、裁员以及与投资者的紧急融资谈判等措施。然而，这些努力都未能改变公司命运的多米诺骨牌已经倒下的现实。2023 年 11 月 6 日，WeWork 申请破产保护。

（二）融资时机把握不当引发的风险

1. 融资过早带来的融资风险

过早融资容易导致企业战略灵活性的下降。一旦创业企业面临挫折，需要根据环境及市场做出战略性调整时，外部投资者会妨碍创业者在不确定环境中采取"尝试之后调整"的发展方式，而这种方式往往是创业企业走向兴旺之路的必要条件。创业者认为新的战略会扭转当前危险局势，但投资者害怕再一次出现企业困境而不愿意再次支持。

2. 融资过晚带来的融资风险

创业企业初期是资金需求量非常巨大的阶段，资金供给量不仅要充足，还要及时。因为创业企业缺乏融资经验，应该尽早考虑融资问题，不要等到出现严重的现金短缺时才寻找资金。一般而言，筹集资金需要花费 8 个月甚至更多时间。除了现金流方面的问题，等到出现现金短缺才筹集资金，这种行为所隐含的缺乏规划性问题会破坏企业管理团队的可信度，对公司与投资者谈判的能力产生负面影响。

3. 失去继续搜寻投资资源耐心引发的融资风险

在与某些投资者达成意向后，企业相信交易已经完成并过早终止与其他投资者谈判，即使有投资者已经向企业抛出了橄榄枝，企业也必须清楚融资计划不能中止，还需要继续寻找其他投资者，不然可能因此错过某些更好的机会。将艰苦的融资工作告一段落是冒险的做法，坚持寻找其他投资者不仅会给企业节省大量的时间，而且会增加企业在谈判中的主动性。

4. "拿了钱就跑"的短视行为

即融资后不再与投资者保持积极联系，这对于需要战略和业务指导的创业企业是不利的。它会导致创业者永远不能正确评估某些关键的长期问题，即投资者除资金之外能为公司提供的资源和帮助。这类创业者或许不知道其投资人到底有多少市场和行业中的相关知识和经验，不清楚是否还能够为其提供战略指导获取介绍企业所需的优秀人才，仅仅拿到了资金而丧失了其他机会。

（三）不计融资成本引发的风险

1. 因忽略机会成本使成本被严重低估

在创业企业融资过程中，创业者通常把一半的时间和几乎所有的创造力都用在了试图从外界筹集资金方面。有许多创业者为了寻找投资人四处宣传，甚至为之放弃了所从事的所有其他工作。创业者为融资付出了大量的时间和精力，从而没有太多的精力开展业务，这期间的现金流出也会大大高于现金流入，公司业绩也会不可避免地受到影响，甚至一些新建的企业在融资失败后很可能会因不堪重负而倒闭。就创业企业生存而言，其实融资远没有完成订单及积攒现金重要。

2. 融资成功的后续成本支出

即使融资成功，其成本也是相当可观的。如果企业上市，上市成本包括给律师、承销商、会计师、印刷厂以及市场监管者的各种费用——将达到较小规模上市公司融资额的 15%~20%，有时甚至可以达到 30%。上市公司发行股票之后还将面临其他一些成本的增加，如按照美国证券交易委员会的要求进行公司信息披露而造成的管理费用和法律费用的增加。此外，上市后聘请董事的费用和责任保险赞助也会相应增加。

在融资过程中，对时间和金钱的要求是不可避免的。创业者所能做的就是不要忽视这些成本并进行周密的计划。

3. 因融资而被公开的商业秘密

创业者在融资时为了说服投资者给予资金支持，需要提供各种信息，可能需要向许多不同的投资人或机构介绍公司情况，包括公司的团队构成、管理层的能力及缺陷、创业团队所拥有的股份、如何获得收益、公司的竞争及市场战略、公司的财务状况甚至个人财务状况等重要信息。这是让资金支持者投资的必要措施，而有一些信息涉及商业机密或个人隐私，所以容易出现信息披露的风险。因此，在做出融资决定时，一定要有秘密被泄露的思想准备。

（四）投资者选择不当引发的风险

1. 投资者的规模引起的偏见

投资者所属公司的地位和规模常常成为创业者选择的首要标准。然而，这会给创业者的成功融资带来很大变数。最大、最知名的权威公司投资者不见得是最适合自己企业的，抛开对投资者规模和地位的偏见，找寻与自己创业领域相关度最大的投资者，融资成功率可能更高。因此，无论债务融资还是股权融资，寻找那些理解相关技术、了解市场、有专业人脉的投资者，是避免此类风险的常用方法。

2. 忽视投资者的专业领域

对创业企业来说，投资者的作用不应仅仅是提供资金。创业企业必须关注合作伙伴的行业经验，与潜在供应商、营销渠道、客户的关系以及商业信誉等重要问题。这要求创业者在融资时必须详细地了解所选创业项目所属的领域，了解各类资金提供者的情况，对比自己的项目是否与投资者的要求和选择相匹配。评价投资者对项目所属领域的熟悉程度，可能会给创业者带来客户资源、优秀专业人才或者其他融资渠道等附加价值。

二、产生创业融资风险的原因

（一）缺乏完善的融资战略设计

一些创业者对总的战略策划设计得非常完善，但在融资的具体战略设计方面却准备不足。中小企业融资的具体战略设计其实是总体战略设计的一项重要内容，是总体战略的支撑性战略。因此，这一部分内容应该进行精细的策划。策划的内容包括：哪些风险投资商对创业者的项目和产品感兴趣？他们一般可能采取哪种投资合作形式？他们一般在第一次接触中会提出哪些问题？创业者应该做哪些准备才能展现本项目的优势和特点？

（二）缺少对融资方案的比较性选择

尽管国内中小企业融资渠道不是很健全，但渠道较多。如果采用出让股权的方式进行融资，则必须做好投资人的选择。只有同自己经营理念相近，其业务或能力能够为投资项目提供有商情价值的渠道，或者有效地战略指导的投资者才能有效支撑创业企业的成长。因此，创业者一定要加强对融资信息的收集与整理，在掌握充分情报信息的前提下，做出最优的选择。

（三）缺乏资金规划和融资准备

融资是企业发展过程中的关键环节，创业企业要获得快速发展，必须要有清晰的发展战略，并要从里到外营造一个资金愿意且能够流入该企业的经营格局。不少创业企业把企业融资当作一个短期行为来看待，希望突击拿款或突击融资，而实际成功的机会很少。缺乏融资准备最典型的表现是多数创业者对资本的本性缺乏深刻的研究和理解，在这种情况下就盲目融资，往往效果不佳。其实，资本的本性是逐利，不是救急，更不是慈善。因此，创业企业在正常经营时就应该考虑融资策略，并和资金方建立广泛联系。融资前，还应该先将企业梳理一遍，做好相应的准备。融资时，能够把企业及公司业务清晰地展示在投资者面前，让投资者看到给创业者资金之后"逐利"的可能性和现实性，他们才会放心。

（四）缺少必要的企业融资知识

很多创业者有很强的融资意愿，但缺少相应的融资知识。真正理解企业融资的人很少，很多融资者认为钱贷容易到手，而不用心研究企业融资知识。他们往往把融资简单随意化，由于缺乏必要的融资知识，中小企业融资视野狭窄，只看到银行贷款或股权融资，不懂得或不知道除银行贷款和股权融资外，租赁、担保、合作、购并及无形资产输出和转让等方式都可以达到融资目的。其实，企业融资是一个专业化的领域，需要具备丰富的融资经验，广泛的融资渠道，对资本市场和投资人要有充分的认识和了解，还要有很强的专业策划能力及解决融资过程中遇到的各种现实问题的运作能力。因此，融资者必须加强对融资知识的学习和理解，可以聘请企业融资顾问，从培育和铸造企业资金链的高度，帮助企业打造发展的资金支撑。

三、创业融资风险的管理

（一）建立和完善融资风险预警系统

结合企业外部的经济运行情况、原材料价格指数、资本市场利率的变动，内部的现金流、库存、资产结构以及获利能力等方面的风险因素，从资金获取成本、偿债能力、利率变动、经济效率、库存状况、研发投入、企业预期盈利能力等方面设置融资风险预警指标，保证企业资金供给。

（二）分阶段进行融资

创业投资谈判中最敏感的问题是双方对企业的价值评估和投资后的股权结构。所以应当采取分阶段引入投资的方式。前期引入投资额度少，可以避免过早地失去控股权；随着创业过程的推进，开发出新产品、开始有销售额、实现盈利，下一阶段融资的合约谈判会比较容易，创业者将会有能力、有信用引入更多的创业投资。通过分阶段融资，投资者可以获得创业团队、技术、项目、市场发展趋势等信息，有利于选择继续投资或放弃投资；也可以避免因一次性融资额过大而过早、过分被稀释股权，导致控制权的丧失。因此，分阶段融资是投资者和创业者之间的双边理性选择。

（三）发展关系融资

关系融资是经济人与其他相关利益主体建立合作关系，通过合作关系降低双方信息不对称程度，利益共享，风险共担，进而从对方那里融集资金的融资方式。创业企业难以从正规金融机构获得资金支持，关键是正规金融机构忽略了创业企业财务和经营状况、企业行为、信誉和创业者个人品行等信息的获得和运用，地缘、业缘关系在我国创业融资中起到了很重要的作用。一方面，区域内创业集聚形成的企业集群，其本身可以消除融资刚性约束，相互依存的产业生态增加了信息的透明度，促使企业维持其在此特定区域下的信用。并且，产业集群模式融资使企业信贷产生规模经济，降低交易成本，使融资获得了规模效应和乘数效应，进而减少信用风险。另一方面，一定区域空间集聚的创业群，即使不处于同一产业内，其天然形成集聚使它们相互间交易对象相对稳定，有助于减少制度环境的不确定性或复杂性，使企业间的信用相互融合，如在产品、材料上有业务往来的企业，它们之间的信用互相熟悉，有利于降低信息不对称的程度，从而形成合作型信用，破解单个企业形成的融资刚性约束。[①] 这就要求创业企业在设立时要考虑地理位置，如果在大量同行业聚集的地区或者所谓的产业集群，可能会带来融资的便利。

（四）争取政策性融资

科技型中小企业技术创新基金是经国务院批准设立的，用于支持科技型中小企业技术创新的政府专项基金，通过拨款资助、贷款贴息和资本金投入等方式扶持和引导科技型中小企业的技术创新活动。

根据中小企业和项目的不同特点，创新基金支持方式主要有以下三种：

（1）贷款贴息：对已具有一定水平、规模和效益的创新项目，原则上采取贴息方式支持其使用银行贷款，以扩大生产规模。一般按贷款额年利息的 50%～100%给予补贴，贴息总额一般不超过 100 万元，个别重大项目可以不超过 200 万元。

（2）无偿资助：主要用于中小企业技术创新中产品的研究、开发及中试阶段的必要补助，科研人员携带科技成果创办企业进行成果转化的补助，资助额一般不超过 100 万元。

（3）资本金投入：对少数起点高，具有较广创新内涵、较高创新水平并有后续创新潜力，预计投产后有较大市场，有望形成新兴产业的项目，可采取成本投入方式。高新技术企业可申请获得这类直接融资，这是很多企业容易忽略的一个资金来源。

【案例讨论】

住百家——共享经济第一股的狂奔与失落[②]

2011 年初，Airbnb 刚刚完成 B 轮融资，估值 10 亿美元，新的独角兽的出现，开启

---

① 罗梦琳，胡皎，王建宏. 创业融资刚性约束及化解对策 [J]. 商业时代，2011（16）：57-58.

② 住百家——共享经济第一股的狂奔与失落 [EB/OL]. [2020-02-04]. https://www.163.com/dy/article/F4GSAGR605199J1J.html.

了一场住宿业共享经济的模仿大秀。当时还在"我爱我家"任职的张亨德也注意到了这个热门市场，他想寻求一个更适合国内市场的商业模式。2012 年 3 月，张亨德创立了"住百家"，并说服了 Wimdu 的房源拓展负责人阮智敏，二人决定联合创业。当时，住百家只是一个在线旅游代理商（OTA）的供货商，没有产品，也没有内容，于是找到了百度移动部门的邹鑫，至此，住百家创业团队组建完成，一个面向国内旅客的境外旅行品牌，通过"共享经济"模式，将出境自由行群体对特色民宿的需求与国外优质房源进行整合，帮助中国出境自由行旅客入住海外的短租公寓、民宿、度假别墅的公司，开启了向"共享经济"的狂奔之路。

为了和 Airbnb 进行区分，住百家在 Airbnb 的 C2C 模式的基础上进行了本土化创新，推出了更加"轻资产"的 C2B2C 模式，获得了 C 轮融资，2016 年 4 月，住百家登陆新三板；8 月，新三板第一次定增募资 3200 万元；12 月，新三板第二次定增募资 1 亿元。2017 年 4 月，在住百家成立 5 年之际，海航凯撒、海航酒店以及住百家三方达成战略合作关系，意味着住百家已经进入海航的核心资源圈，但同时，原本应该是住百家披露2016 年度报告的时间，中信证券却对其发出了《风险提示公告》，截至 2018 年 6 月，住百家也没有按期披露 2017 年年报。同时，住百家员工爆料，住百家已经解散，并拖欠员工五十六万元的离职补偿，创始人张亨德退出公司微信群。2018 年 7 月，曾经是"共享住宿第一股"的住百家，终于还是耐不住股转公司的再三施压，正式告别新三板。

有业内人士指出，住百家所谓的 C2B2C 模式，就是不与实际房东签约或接触，仅仅通过数据抓取境外平台（如 Airbnb）的房源，然后加价卖给用户，并同时承担各类预订退款和补偿风险。在这种模式下，房源的品控以及客户体验成为影响公司发展的重要因素，房态的更新速度、线下服务到位程度等都使服务成本不断提升，再加上承担各类预订退款和补偿风险等，高昂的服务成本、较低的毛利乃至巨额亏损成为必然结果。住百家不得不拓展业务范围，2017 年与凯撒旅游达成战略合作，除了提供大量非标住宿产品，还提供一站式旅行服务，包括行程规划、接送机、租车、机票、景点门票、酒店代订等，但这种毛利率很低的业务根本无力支撑高额的销售和管理费用。

其实这个业务方向并无问题，但负责这个业务拓展的核心团队成员频繁出走，导致此业务拓展无以为继。2017 年 3 月，住百家原董事长秘书突然由邹鑫更换为郑铁球。同年 5 月，阮智敏与妻子梁惠敏递交辞职报告，阮智敏最早作为短租网站 Wimdu 的房源拓展负责人，在加入住百家时，直接带来了数百套经过筛选的高品质海外房源，这也成为住百家早期最大的资源优势。2016 年，住百家宣称拥有 30 余万套房源；但到了2017 年，住百家的说法依然是拥有房源 30 万套，增长几乎停滞。随着阮智敏和梁惠敏的离开，住百家内部出现高管离职潮。2017 年 8 月，监事吴贵桂递交辞职报告；随后，董事长秘书兼首席财务官郑铁球也提交辞职报告，由首席运营官邹鑫暂代首席财务官及信披人职责。住百家再度陷入没法按时披露 2017 年度报告的尴尬境地。

在住百家面临重重危机的紧要关头，创始人张亨德采取的自救措施也令人大跌眼镜。

张亨德对民宿短租的行业理解并不深入，对其商业市场的变量判断也并不坚定，甚至还曾表示：创业过程中不能太轻易相信任何人，包括创业的创业团队、投资人、合作方等。住百家公开资料显示，张亨德实际控制公司股东大会 33.62%的表决权，超过公司三分之一的股份，在阮智敏离职后，更是一人独大。

2017 年，一个名为"Travel 旅行链"（TRA）的项目进入公众视野。公开资料显示，Travel 旨在通过区块链的技术和理念，建立起一个去中心化的全球旅游出行平台，打着"上币暴涨 1000%"的口号开始了铺天盖地的宣传。2018 年初，Travel 上线数字货币交易平台 OKEx。根据该项目白皮书，Travel 核心团队成员来自住百家，并与住百家达成战略合作。可以认为，住百家正是旅行链背后的实际项目方。

但 TRA 的项目备受质疑，其平台运营方对平台的把控力较弱，因此很难代表平台去向供应商谈判。旅游行业本身是一个重视渠道和供应商的行业，成立于 2008 年的 Airbnb，时至今日依然不能和传统在线旅游平台匹敌。2018 年 4 月至 5 月，TRA 的交易量已经微乎其微，想用 ICO 募资的资金向住百家"输血"的算盘彻底落空了。

张亨德的旅行链 ICO 项目失败了。持续扩大的亏损，没有新的融资到账，高管先后离职，住百家成了"毒角兽"。2018 年 7 月 9 日，被称为"共享住宿第一股"的住百家被摘牌。

自 2016 年以来，国内在线短租市场高速扩张并进一步分化，业内多家大额融资也增加。途家在获得携程、去哪儿巨大的流量入口优势之后，开始加速布局海外市场。小猪在完成 D 轮融资之后，也与飞猪开始合作，打通流量入口。再加上海外老牌优势平台 Airbnb 的夹击，房源掌控力及导流能力都存在较大差异的住百家，在其专攻的海外民宿短租市场上，被抢占了较多市场份额。民宿短租市场已进入一个白热化的竞争阶段——平台的运营管理能力与融资能力将成为平台笑到最后的资本。

住百家的失败案例，不仅民宿短租业应警醒，其他旅游互联网企业和相关投资方也应该仔细研究和考虑，什么才是值得发展的，什么才是值得投资的。

讨论：

住百家出现了哪些风险？在旅游市场竞争如此激烈的当下，如何化解风险挽救住百家？

【思考题】

1. 创业企业存在哪些风险？
2. 如何识别创业风险？
3. 防范创业风险的方法有哪些？
4. 如何规避项目选择风险？
5. 创业融资存在哪些风险？如何规避这些风险？

【实训练习】

走访文旅行业的企业家，了解这个企业是他（她）的第几次创业？在创业中遇到了哪些问题（风险）？他（她）是如何应对的？

第八章 创业计划书的写作与评价

【引入案例】

旅游企业如何高效融资从 Airbnb 天使轮 BP 说起[①]

从售卖设计贴了奥巴马和麦凯恩图片的麦片盒求得生存的草根创业公司，到如今成为一家估值超 310 亿美元受全球投资人追捧的共享经济领域巨头，Airbnb 用了近 10 年时间。这 10 年间，Airbnb 经历了不低于 10 轮的融资，共计 44 亿美元。2016 年，Airbnb 实现净收入 17 亿美元，比去年同期增加 80%，并在 2016 年下半年实现了盈利，已进入上市快车道。

过去这 10 年，全球旅游市场的格局和环境发生了很大变化，但 Airbnb 天使阶段的 14 页 BP 所展现出的商业模式的清晰和精炼，在商业环境越来越复杂的当下，依然震撼人心，堪称教科书级别。

融资过程中，Airbnb 遭到了很多拒绝，也有个别投资人因为具体价格问题错失良机，但 Airbnb 的融资相对是非常顺利的，从决定融资到拿到天使轮，只用了两个月左右时间。以下就是 Airbnb 公司早年的 BP。

第 1 页 简单描述产品

Airbnb 只用了一句话来介绍自己：Book rooms with locals, rather than hotels。预订当地人的房间，而不是宾馆。简洁明了，没有任何废话，但是标签鲜明。

---

① 旅游企业如何高效融资 从 Airbnb 天使轮 BP 说起 ［EB/OL］. ［2017-10-02］. https：//www. 163. com/dy/article/CVP9OQ8R0Q8R0519BI4G. html.

第 2 页　市场痛点

人们对酒店价格敏感、传统酒店使人们与当地文化隔离、没有一个平台能便利的预订当地人的房间或让当地人成为房东。

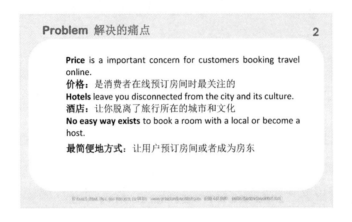

第 3 页　解决办法

提供一个能够让当地人出租房间给游客的平台，在这个平台上，游客订房性价比更高、房东能挣钱，可以更好的分享和感受当地文化。

第 4 页　市场验证

Airbnb 从两个平台的数据来展示这个市场的空间，Coushsufing 是 2004 年一个叫范特的年轻人创立的国际非营利性沙发客网站，在 2008 年已经有 66 万用户；Craigslist 是 1995 年在美国加利福尼亚州创立的一个大型免费分类广告网站，2008 年 7 月 9~16 日，发布了 5 万个新的房源。

第 5 页　市场规模

Airbnb 预估全球可预订房间数量在 20 亿间左右，其中有 5.6 亿个房间能够进行在线预订，Airbnb 平台上能够发展的潜在房间规模在 8400 万间左右。

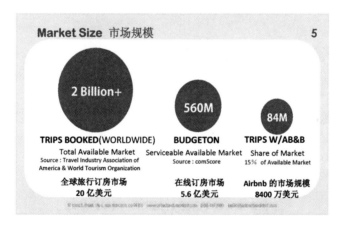

第 6 页　产品展示

搜索你要去的城市，查看可预订的房间列表，预订房间！

第7页 收入模式

Airbnb 一开始的盈利模式就很简单而直接，到现在基本是一致的。每一笔交易，Airbnb 将从中收取 10%的佣金。目前，Airbnb 在交易完成后向房东收取交易额 3%的佣金，向租客收取 6%~12%的服务费。

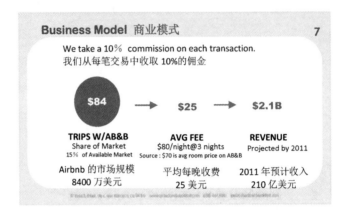

第8页 获客渠道

Airbnb 列举了三类获客方式：

（1）事件营销，清晰地呈现了与 Airbnb 目标人群匹配的赛事活动以及每场活动的人群数量。

（2）资源置换/合作。

（3）在 Craigslist 平台发布房源信息。

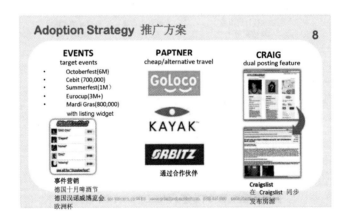

第9页 竞争格局

Airbnb 通过交易平台类型、价格两个维度，很清晰地将这个市场的主要参与者分成了四个象限，Airbnb 的特性和竞争力非常明显：性价比最高的线上交易平台。

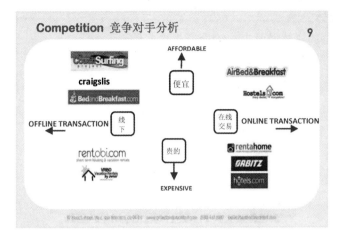

第10页 竞争优势

六个主要方面的优势可以总结为三个词：更科学、更便捷、更互动。与前面的市场痛点相呼应。

第11页 核心团队

Airbnb 的创始团队谈不上豪华，但每人的两三行介绍已经让人觉得是个还算靠谱的团队：专业出身、分工明确、有成功案例。

第 12 页　媒体关注

通过有公信力的媒体做背书，给投资人更多信心。

第 13 页　用户反馈

找了四个用户，分别讲了不同的方面：体验很好、性价比高、便捷、与当地人互动交流。

第 14 页　融资目标

一目了然的融资诉求和对应结果：天使轮融资 50 万美元，支撑在未来 12 个月做到 8 万笔交易，实现 200 万美元收入。

第一节 创业计划书

一、创业计划书简介

创业计划书是创业者就某一项具有市场前景的新产品或服务，向潜在投资者、风险投资创业企业、合作伙伴等游说以取得合作支持或风险投资的可行性商业报告，又叫商业计划书。创业项目计划并非一份合同、一份协议或一份预算。相反，它是有关新企业的一个故事、一个有关机会发展路径以及企业打算如何创造并收获价值的可信故事。创业计划书与商业计划书在一般意义上可以互相替代。如果一定要进行区别，当商业计划书是创业用的，就叫它创业计划书。美国俄亥俄大学创业研究中心的罗伯特·F. 谢勒认为，创业之路如同航行在大海上，漫无边际，深不可测。因此，必须重视创业计划，认真进行调查，花时间来制订合理的商业计划。[1]

创业计划书是将创业者所有关于创业的想法借由白纸黑字最后落实的载体。在这份白纸黑字的计划书中，详细记录创业的一切内容，论证其创业的可行性，包括创业的种类、资金规划、阶段目标、财务预估、营销策略、可能风险评估、内部管理规划等在创业的过程中不可或缺的元素等。

广义的创业计划书是创业者自己在创业前需要准备的一份书面计划，是创业者创业的蓝图，是创业者吸引各个"合作伙伴"加入的工具，尤其是筹措创业资金的重要依据。创业计划书作为全方位描述与创建新企业有关内外部环境条件和要素的书面文件，旨在阐述商机的意义、要求、风险和潜在收益，以及如何抓住这个商机。它涵盖新企业创建中所涉及的市场营销、生产与运营、产品研发、管理、财务、关键风险以

---

① ［美］杰克·M. 卡普兰，安东尼·C. 沃伦 . 创业学 ［M］. 冯建启，译 . 北京：中国人民大学出版社，2009.

及一个完成目标任务的时间表。① 狭义的创业计划书，又可以称为创业融资计划书，是指一无所有的创业者就某一项具有市场前景的新产品或服务向风险投资家游说，以取得风险投资的商业可行性报告。

创业计划书不仅是创业者成功创建新企业的运营路线图，还是管理新企业的纲领性文件和执行方案。创业计划书描述的是一个组织的基本哲学思想，当创业者选定了创业目标，在资金、人员、市场等各方面的条件都已准备妥当，或已经累积了相当实力之时，就必须提交一份完整的创业计划书，创业计划书是创业者所要准备的最主要的商业文件，是整个创业的灵魂。

【延伸阅读】

创业的关键是你怎么样找到资金，最重要的一点就是，要做好一份能吸引资金的商业计划书，说出来就是你这个计划要可行，你得说得对，别人听着靠谱才会投资。

——万达集团董事长王健林

越成功的公司，做的生意越简单，都是一两句话就能说明白的，我建议你一定要把投资者关心的一些问题给说清楚，最关键的，第一个是团队介绍，把你的联合创始人（co-founder）给说清楚，讲哪些能增强投资人的信心，不能只有一页纸那么简单；第二个是商业模式，要简明扼要地把你要做的事情给说清楚，不要说一些看起来很时髦的名词，要用深入浅出的几句话，说明白你要干什么，这是非常重要的一件事；第三个是市场潜力，要用可信的方式，描述未来 5~10 年，这个东西到底有多大的机会，如果满足所有条件的前提下，你这公司能做多大的规模。其实风投（VC）不怕你的梦想大，就怕你梦想不够大。

——小米科技创始人雷军

很多创业者不是项目不好，而是写的商业计划书不堪入目，如果你能在商业计划书中写清楚这三点，我最少会投资 200 万元。

第一点，你做的是什么产品？我反复强调，请用最简洁的话来描述你的产品，告诉别人你是做什么的。如果你写不出来，我敢说根本就没花心思在产品上，天天用心琢磨的产品，只怕是你写起来一发不可收。如果你有好的团队，也请记得介绍，优秀的团队非常加分！

第二点，你的产品有哪些市场？你产品的价值首先要写出来，你的产品会面对什么样的人群，这些人有哪些特点，同时，他们为什么要用你的产品而不是你竞争对手的产品，你的产品优势在哪里呢？如何让更多的人去使用你的产品。全部要写明白，而不是让投资人去帮你想。

第三点，你靠什么来盈利？创业的很大一个根本目标可能就是赚钱。所以你前面写了很多铺垫，如果没有写到盈利模式，那么之前写的都是白搭。要在商业

---

① 贺尊. 创业计划书的撰写价值及基本准则［J］. 创新与创业教育，2012，3（5）：77-79.

计划书里写明你的成本有哪些，你能做到多大的规模，何时能有利润，利润又有多少。

写清楚以上三点，投资人才可能给你投钱，如果你有好产品，好团队，成长型的市场，那么投资人几乎是抢着给你送钱的。

——新东方创始人俞敏洪

二、创业计划书的作用

虽然某些管理专家认为"商业计划从打印机输出的那一刻起就过时了"，但是，撰写创业计划书对于面临资本束缚的创新型企业来讲，不仅是相当必要的，而且是其获得创业资本和资源的重要工具。① 创业计划书除了能让创业者系统地思考新创企业的各个环节，坚定创业的目标外，还可以兼具说服其他"合作者"的功能，如创业者可以借着创业计划书去说服他人合资、入股，甚至可以募得一笔创业基金。

（一）说服自己

一个酝酿中的项目往往很模糊，没有清晰的发展方向。尤其是对初创企业来说，非常需要通过制订创业计划书，把正反理由都写下来，然后逐条推敲，让创业者以认真的态度对自己所有的资源、已知的市场情况和初步的竞争策略做尽可能详尽的分析，并提出一个初步的行动计划，通过创业计划书对项目有更清晰的认识。可以这样说，在创业融资之前，创业计划书应该首先是给创业者自己看的。

著名投资家克雷那曾说："如果你想踏踏实实地做一份工作，那可以写一份创业计划书，它能迫使你进行系统的思考。有些创意可能听起来很棒，但是当你把所有细节和数据写下来的时候，发现它并不能实现。"可能许多创业者在刚开始投入到一项事业中时，凭借的仅仅是一腔的热情，然而当真正着手去做一些事情时，才会发现需要考虑的地方有许多，一些创业者只是在自己的脑海里形成一幅蓝图，但是如果未雨绸缪，就需要制订一份创业计划书，会更不容易偏离自己原先预定的方向。

另外，创业计划书还是创业资金准备和风险分析的必要手段。对初创的风险企业来说，创业计划书的作用尤为重要，一个酝酿中的项目，往往对项目中的细节考虑都较为模糊，通过创业计划书论述出项目的可行性细节，对可行性进行反复考虑，创业者就能对这一项目更清晰且更自信。可以这样说，创业计划书首先是把计划中要创立的企业推销给创业者自己。

（二）说服合作伙伴

创业计划书除了能使创业者厘清思路、明确方向，还有一个功能就是吸引合作伙伴。

---

① 贺尊. 创业计划书的撰写价值及基本准则［J］. 创新与创业教育，2012，3（5）：77-79.

首先，创业计划书是创业者筹措资金的必备工具。对于那些能给创业者提供一定资金帮助的人，创业计划书的重要作用就是帮助创业者把自己的想法、项目和企业推销给风险投资家。对于正在寻求资金的创业者来说，创业计划书的好坏往往决定了融资的成败。创业计划书必须说明创办企业的目的，创办企业所需的资金，为什么投资人值得为此注入资金等一些问题，从而引起投资人的注意，促进其进行正面评估，从而做出快速的投资决策。

其次，对于已建立的创业企业来说，创业计划书可以为企业的发展定下比较具体的方向和重点，使员工了解企业的经营目标，并激励他们为共同的目标而努力。

最后，创业计划书可以使企业的出资者以及供应商、销售商等了解企业的经营状况和经营目标，说服出资者（原有的或新来的）为企业进一步发展提供资金。

（三）有计划地行动

创业计划书是降低创业风险的重要方法。创立新企业的构想通常相当复杂，创业计划书作为创业之初的行动指南，可以给创业者及创业团队提供有效的指导，也为"合作者"提供了快速了解企业相关信息的书面依据，节省了与合作者沟通的时间，让"合作者"带回研读之后，再进行沟通，既省时又省力。例如，在吸引风险投资时，很难将众多投资者召集在一起进行讨论，也无法在短时间内达成共识，最有效的方式是将一份正确清楚、通俗易懂的"创业项目计划书"同时发给众多的投资者，再个别稍加解释。让有共识的人聚集在一起开会，才能很快达成决议。

创业者必须意识到创业计划书的沟通协调作用，否则，在与众多"合作者"打交道的过程中，单凭口头沟通，会耗费大量的精力，这也是许多新创企业难以踏出第一步的原因。

综上，创业计划书能够为创业者提供战略方向、战略指导、经营策略，推动与"合作伙伴"的关系；为未来的决策提供一个标准；建立财务及运营架构；吸引资金。

创业计划书的作用在于，用完整的架构介绍产品，使别人读完便能够了解创业者的产品。好的商业计划书重点在于构建优秀的创业团队，团队成员要因理想走在一起，而不是单纯的利益集合。首先要明确目标，整合成员的想法，这样才能带来真实收益，企业才能更有竞争力。

【延伸阅读】

创业计划书对于企业来说是一种重要的沟通工具，它能够帮助企业与投资者、合作伙伴、管理层和员工进行有效的沟通与协作。每个读者都有其特定的关注点和期望，了解这些关注点将有助于企业在编写创业计划书时更加有针对性，从而更好地实现企业目标（见表8-1）。

表8-1 创业计划书的读者需求①

读者		希望看到的主要内容
内部读者	企业创业者和初始管理团队	这部分读者也是创业计划书的撰写者，撰写的过程促使他们更加细致地思考企业的各部分，并就一些重要问题达成一致
	普通员工	这部分读者愿意看到企业计划能实现什么以及如何实现的清晰阐述，这些信息有助于员工将自己的行为与企业目标保持一致
	董事会成员	对于董事会成员来说，创业计划书树立了一个标杆，根据这个标杆，能够评价高层管理团队的绩效
外部读者	潜在投资者	对投资者来说，创业计划书提供有关商业机会的优势、企业高层管理团队质量和其他相关信息的证据；投资者也会对他们将如何实现投资回报感兴趣，如首次公开上市、出售企业或管理层收购等
	潜在的贷款银行	银行家关心新企业的贷款何时以及如何偿付，新企业是否有担保以确保贷款安全；此外，银行家还会对企业如何从潜在的危机中谋生感兴趣
	潜在的合作伙伴和重点客户	高质量的联盟伙伴和大型客户一般不愿意与不熟悉的公司打交道，一份有说服力的创业计划书有助于打消他们的顾虑
	前来应聘的关键员工	关键职位应聘者往往看重商业机会的吸引力、报酬计划与企业前景

三、创业计划书的基本设计框架

创业计划书通常包括封面页、保密要求、目录表、执行摘要、正文（主体）、附录六个部分。

（一）封面页

封面的设计要有审美观和艺术性，可以考虑用企业的标识，或者企业产品彩图吸引注意力，一个好的封面会使阅读者产生最初的好感，形成良好的第一印象。同时确保留出足够的空间书写下列内容：创业计划书编号、创业企业名称、创业团队、地址、联系方式（电话、传真、电子邮件）、联系人、创业企业主页、日期等。

（二）保密要求

保密要求一般放在封面之后。主要是要求收到创业项目计划的"拟合作伙伴"妥善保管创业项目计划，未经融资企业同意，不得向第三方公开创业项目计划涉及的商业秘密。

（三）目录表

目录表用页码顺序依次列出创业项目计划的各主要部分和章节，为了发挥最佳的导引作用，必须确保不断修改后目录页码同内容的一致性。

---

① 姜淑凤，王世刚. 创新创业理论与实践［M］. 武汉：华中科技大学出版社，2022.

（四）执行概要

执行概要是对整个创业计划书的概括，是浓缩了创业项目计划的精华。执行概要涵盖了计划的要点，以求一目了然，以便阅读创业项目计划的人能在最短的时间内评审计划并作出判断。执行概要一般包括以下内容：创业企业介绍；管理者及其组织；主要产品和业务范围；市场概况；营销策略及销售计划；财务计划；资金需求状况等。

摘要尽量简明、生动，用最简练的语言将计划书的核心、要点、特色展现出来，特别要说明自身企业的不同之处（尤其是产品优势）以及企业获取成功的市场因素和未来收益。虽然执行概要放在创业项目计划的开头，但它提供的是对整个计划的总结，应该最后才写，并将篇幅控制在2~3页。

（五）正文

正文是创业计划书的主体部分，要分别从创业企业基本情况、经营管理团队、产品/服务、技术研究与开发、行业及市场预测、营销策略、产品制造、经营管理、融资计划、财务预测、风险控制等方面对投资者关心的问题进行介绍，要求既要有丰富的数据资料，使人信服，又要突出重点，实事求是。

（六）附录

附录是对正文中涉及的相关数据、资料的补充，凡是不宜在正文中过多阐述，或者作为参考和补充功能存在的资料和数据均可放在附录中，作为参考的备查。

【延伸阅读】

创业计划书是一份全方位的商业计划，虽然没有严格固定的格式，但基本内容框架是相通的，创业者需要清楚每一部分编写的内容及重点，以及发挥的作用，才能在撰写创业计划书时有的放矢（见表8-2）。

表8-2　创业计划书的内容框架

构成		内容	作用
封面		创业计划书名称、组织名称/地址、核心人员姓名/联系方式、撰写时间、计划书适用时间段等	计划书名片
保密要求		要求投资方项目经理妥善保管创业计划书	保护创业者的利益
目录表		提供创业计划书关键部分的页码	结构框架
执行概要		创业计划书主要内容概述，在其他部分完成后开始写作	计划书精髓
前言		创业的背景、目的、方法、意义等的说明	背景与过程
正文	商机及产品介绍	产品（包括服务）定义、产品功能、技术含量、产品创新	展示商机及把握商机的载体
	环境分析	宏观环境、行业与市场环境、企业内部环境、竞争环境	创业环境分析
	市场与竞争分析	顾客需求、市场规模、顾客价值；竞争对手及竞争优势	市场开发潜力

续表

	构成	内容	作用
正文	企业战略	企业使命、发展战略、竞争战略、核心竞争力	企业发展整体方略
	营销计划	STP战略；产品策略、价格策略、渠道策略、促销策略及其他营销策略	营销的整体部署
	生产运作计划	产品研发、原料供应、生产技术和流程、生产条件要求及其现状	生产水平和能力
	经营管理及创业团队	业务流程、组织结构、人力资源管理、创业团队展示	企业内部运行方式
	财务与融资分析	经营业绩预测、财务报表及其分析、融资（额度、对象、方式、回报、退出）、投资（资金使用、监管）	创业企业资金资源运作方式
	风险分析	风险预测、风险分析、风险防范	预测和防范风险
	附录	补充材料，包括管理团队自传、支持商业计划信息的其他重要资料等	计划的补充材料

第二节　撰写与展示创业计划书

一、创业计划书的撰写原则及程序

（一）撰写原则

1. 直入主题，逻辑清晰

投资者常常每天要阅读几十份或上百份创业计划书，他们不可能通读创业计划书的所有内容。因此，创业计划书首先要简洁，开门见山，直入主题，脉络清晰，使投资人可以最简洁地了解新创企业的构思与想法，增加成功的可能性。编写应该尽量开门见山地切入主题，用真实、简洁的语言告知你是谁（who）、你的计划是什么（what）、如何实施计划（how）、在哪里实施（where）、什么时间进行（when）等关于新创企业的信息，并按照"产品先进—市场合理—收益可观—永续发展"的思路进行描述。例如，当创业计划书用来募集资金时，应尽可能突出如何实现创业企业营业循环和盈利，这样能够让创业计划书条理性更清楚，引起投资者的合作兴趣。具体可以按以下原则进行：可支持性原则，即给合作者一个充足的理由，如借助产品或技术的先进性、独特性等说明合作的可行性；可操作性原则，即解释以什么来保证创业及投资成功；可营利性原则，即告诉投资者预期回报的概率有多大，时间有多长；可持续性原则，即告诉投资者企业能生存多久。

2. 内容完整，切合实际

创业计划书是创业者与合作伙伴沟通的工具，首先应该保证披露完整的企业信息，帮助合作伙伴通过创业计划书来判断企业发展前景。一方面，创业计划书要保证结构完整，涵盖创业经营的各项功能要素，前后基本假设或预估相互呼应，不能含有欺骗性或误导性的信息和内容。缺乏财务预估、市场状况及竞争对手数据的创业计划书会影响投资方对方案评估速度，进而降低投资可能性。避免只收集对自己有利的信息，而不去收集或者故意忽略对自己不利的信息。一般来说，战略投资者或风险投资家都是一些非常专业的人士，提出的问题会非常尖锐，如果只收集对自己有利的信息，在遇到质疑时就会显得考虑和准备不充分。

另一方面，根据创业计划书的审阅者进行行文的语调、章节的编排、数据的呈现、重点的强调等，要设身处地从战略合伙人或风险投资人角度分析他们最关心的问题是什么，他们判断的标准是什么。也就是说，要按照阅读创业计划书的读者的思路去写创业计划书，这样就会弄清哪些是重点要具体描述的。必须保证数据尽量客观、切合实际，不要主观臆断随意估计。切勿凭主观意愿高估市场潜力或报酬而低估经营成本，夸大其词。要尽量列出客观的数据出处和参考资料，突出创业计划书的可操作性，一切都要做到有根有据。

3. 通俗易懂，重点突出

撰写创业计划书应忌讳用过于技术化的用词来形容产品或生产运营过程，尽量用通俗易懂的语言将深奥难懂的想法、服务与程序简化，通过收集更多资料强化对市场前景、竞争优势、回报分析等的分析总结，对于可能出现的困难或问题提供可靠的认识和预估，帮助投资者强化项目可行性认识。创业计划书要强调以下几方面内容：项目的独特优势（资源、经验、产品、市场及经营管理能力等）；市场机会与竞争分析；投入、产生与盈利预测；风险及对策分析；如何保持可持续发展的竞争战略等。要保证投资者在最短时间内了解最多的关于创业项目计划的内容。一般执行概要为 1~2 页，主体内容不超过 50 页，30 页以内为佳。注重企业内部经营计划和预算的编制，而一些具体的财务数据则可留待下一步会见时面谈。

4. 书写规范，排版整齐

创业计划书虽然没有完全一致的书写格式，但大多包含了封面、目录、计划概要、正文和附录等内容，要求在撰写过程中根据不同创业企业所处的行业，合理编排，美观整洁。创业计划书要有目录，目录里要指明各章节及附件、附表的页数，以方便投资者很快就可以找到他所要的资料。另外，要具备清楚的段落结构，并且每个段落要有标题（最好每 500 字以内就要总结一个标题），让投资者只看标题就能略了解下面500 个字是要说什么，并决定要不要看详细内容，从而节约审阅时间，增加对计划书的好感。

"七分策划，三分包装"，创业计划书是技术和艺术的统一体。但是过度包装是无益的，企业应该在盈利模式打造、现场管理、企业市场开拓、技术研发等方面下硬功夫，要做到实事求是，适度包装。

【延伸阅读】

撰写目标与避免问题①

在撰写创业计划书时应该达到下列目标：

①力求表述清楚简洁。②关注市场，用事实说话，因此需要展示市场调查和市场容量。③解释潜在顾客为什么会掏钱购买自己的产品或服务。④站在顾客的角度考虑问题，提出引导他们进入自己销售体系的策略。⑤在头脑中要形成一个相对比较成熟的投资退出策略。⑥充分说明为什么你和你的团队最合适做这件事。⑦请你的读者做出反馈。

创业计划书撰写好并向投资者提交时，必须避免下列问题：

①对产品/服务的前景过分乐观，令人产生不信任感。②数据没有说服力，如拿出一些与产业标准相去甚远的数据。③导向是产品或服务，而不是市场。④对竞争没有清醒的认识，忽视竞争威胁。⑤选择进入的是一个拥挤的市场，企图后来居上。⑥显得非常不专业，如缺乏应有的数据、过分简单或冗长。⑦不是仔细寻求最有可能的投资者，而是乱发材料。

（二）撰写程序

创业计划书的完成是创业者的创意转化为现实行动的过程，撰写任何商业计划都要形成一则连贯的故事，并最终产出成品。只有经过深思熟虑地考察论证后被认为存在潜在商业价值的创意才能做出周全的创业计划书。因此，整个创业计划书的编制是一个循序渐进的过程，可以分成五个阶段完成。

第一阶段：初步提出创业计划的构想。

创业者要根据自己的创意写一个简短（少于 5 页）的概述。这可以为创业团队提供一个路线图，沿着该路线即可完成计划书剩余部分的写作。

第二阶段：详细的资料收集准备。

优秀的创业计划书的撰写是建立在大量准备工作的基础之上，资料准备越充分，计划书写作越顺利，质量越高。所收集的资料主要是围绕技术的先进性和市场潜力展开。以市场潜力分析为例，侧重于以下两个方面②：

（1）市场调查。首先，与行业内的企业和专业人士进行接触，了解整个行业的市场状况，如产品价格、销售渠道、客户分布以及市场发展变化的趋势等因素。其次，调查目标客户。准备一份 1~2 页的客户调查纲要，用来获取足够的信息：包括潜在客户的数量、他们愿意付的价钱、产品或服务对于客户的经济价值。还应当收集定性的信息，如购买周期、对于购买决策者来说可能导致他们拒绝本产品/服务的可能障碍、

① 郑云花. 幸福创业［M］. 北京：中国铁道出版社有限公司，2020.
② 雷明. 如何撰写创业计划书［J］. 华章，2010（26）：16.

你的产品为什么能够在你的目标用户和客户的应用环境之中起作用。

（2）竞争者调查。分析本行业的竞争动态，确定潜在的竞争对手。分销问题如何？形成战略伙伴的可能性？谁将会是潜在盟友？调查之后，要形成一份 1~2 页的竞争者调查小结。

第三阶段：正式写作。

利用收集的信息制定创业企业未来的创业发展历程，把相关的信息按照创业计划书的基本结构进行调整，完成整个创业计划书的写作。创业计划书包含了很多部分，各个部分是相互联系互相影响的，因此，不一定要严格按照计划书的结构顺序写作，可以并行，但最佳的写作方式应该从产品/服务描述部分开始。应特别注意的是在完成了所有部分的撰写之后，再写执行概要，执行概要需要简短、精练，具有高度的概括性。执行总结与最初的概要差异很大是不足为奇的，这是由于撰写商业计划的过程中不断修改、不断完善造成的。

【延伸阅读】

创业计划书的两种基本类型①

创业计划书的两种类型：简式创业计划书和详式创业计划书。

（1）简式创业计划书：一般要写 10~15 页，简明描述企业的重要信息和部分辅助材料。适合处于发展早期还不准备写详尽商业计划的企业，计划制订者可能正在寻找资金和准备创办新企业，不愿花太多时间撰写详尽的商业计划。

（2）详式创业计划书：一般要写 30~40 页，详细地描述创业者的创业构思和创业计划的关键部分，并附有 10 多页的辅助性材料。一般在寻求风险投资时需要递交规范、详细的创业计划书。

事实上，创业计划书的读者们都很忙，不会花太多时间阅读长篇累牍的创业计划，因此，详尽的商业计划越精练、准确越好。如创业者简历、技术分析、法规审批、参考资料表等更加广泛的信息最好放在附录中。

第四阶段：创业计划的修改。

在计划完成以后仍然可以进一步论证计划的可行性，并跟踪信息的积累和市场的变化不断完善整个计划。在此阶段，创业者可以寻求智囊团的帮助，借助行业专家的知识和经验，弥补自身的缺陷和不足，通常智囊团的构成可以包括技术顾问、财务顾问、管理咨询顾问、律师和行业协会代表等。切记创业计划书应该由创业者来写，广纳有益的建议，提高创业计划书的可行性和吸引力。

---

① 刘沁玲，陈文华. 创业学［M］. 北京：北京大学出版社，2019.

二、创业计划书的撰写技巧

(一) 执行概要

执行概要是创业计划书中最重要的部分，是为了吸引战略合伙人与风险投资人的注意，而将创业计划书的核心提炼出来制作而成的，如果执行概要短时间内无法吸引阅读者的注意力，他们将不再有兴趣继续阅读后面的内容。因此，创业者需要把创业机会中最具吸引力的方面写在前面，引起兴趣。以创业融资项目计划为例①：

用一两句话概括创业企业的投资亮点。直接、简练地阐述创业项目解决的某个重大问题的方案或产品。可以强调其他亮点，如重量级的顾问、合作伙伴、知名的天使投资人等。

用一两句话介绍创业企业的产品或服务，以及它解决了用户的什么问题。记住用通用的语言，不要用各种术语之类的，具体描述创业企业的产品或服务。

用一两句话清晰地描述创业企业的商业模式——怎么挣钱的？创业者需要明确创业企业在产业链、价值链上的位置，合作伙伴是谁，他们为什么要跟新创立了的创业企业合作？如果已经有收入了，有多少？如果没有，什么时候会有？

用一两句话描述创业企业行业、行业细分、巨大的市场规模、成长性和驱动因素以及美好前景。不要用空洞、宽泛的语句描述市场机会。当前规模小但处于快速成长的市场，会比相对较大稳定的市场更有吸引力。

用一两句话概括创业企业相对于竞争对手的优势。首先要明确竞争对手肯定是存在的，至少创业企业是在跟你的目标客户当前使用的产品或服务提供商在竞争。

用一个表格展示创业企业的历史财务状况和未来的财务预测。如果是初创创业企业历史财务部分可以省略，但3~5年的财务预测，要能满足 VC 的投资回报预期才行。财务预测必须实事求是。

用一两句话陈述创业企业本轮期望的融资金额及主要用来做什么？这个通常是创业企业发展到下一个重要阶段所需要的最少的钱。

用一两句话展示创业者和核心管理团队的背景及"辉煌成就"。不要用一些标准的套话，如"CEO 有 10 年的互联网、新媒体运营管理经验"，而是要具体到"CTO 曾在 Intel 创业企业从事 3 年数据存储方面的研究"。注意对背景及成就的介绍要真实可靠，不能夸大事实。

执行摘要是整个创业项目计划的精华，涵盖计划书的要点。一般要在后面所有内容编制完毕后，再把主要结论性内容摘录于此。创业者要反复推敲，力求精益求精，形式完美，语句清晰流畅而富有感染力，特别要详细说明自身企业的不同之处以及企业获取成功的市场因素。

---

① 桂曙光. VC 融资商业计划书（2）——执行摘要怎么写 [EB/OL]. [2009-10-29]. http：//www. chinaz. com/web/2009/1029/96366. shtml.

【延伸阅读】

撰写执行摘要时应注意的关键问题①

鉴于执行摘要在创业计划书中的重要地位，在撰写时一定要简明生动、精练贴切，以便投资者在其中发现闪光点。一般而言，撰写摘要时应回答下列关键问题：

1. 第一组问题

你的创意由来和存在的理由是什么？

你的理念是什么？

你能准确客观地描述你的目标市场吗？你了解它们吗？

你能给你的目标客户带来什么价值？他们为什么接受？

你预计市场占有份额和增长率会是多少？

你最大的竞争者是谁？你将如何应对？

你需要多少投资？

2. 第二组问题

你预计需要多少融资？怎么安排资金？

销售额、成本及利润情况如何？

你会使用何种分销渠道？

你的核心能力是什么？

何时达到盈亏平衡？你有专利吗？如何保护它？

3. 第三组问题

你的团队能胜任创业工作吗？为什么？

你将如何分工？

你有行动时间安排表吗？请列举行动计划。

为什么你是创业带头人？你能胜任吗？

（二）创业企业介绍

此部分主要介绍创业企业或项目的基本情况。创业者应叙述创业企业的名称，在哪里注册以及对于创业企业理念的简单概括。特别要突出创业企业目前所取得的成绩以及显示创业企业发展进步的里程碑。

一般会分为两种状态进行介绍：如果创业企业处于种子期或创建期，创业企业还处于创意阶段，应重点介绍创业者的成长经历，求学过程，并突出其性格、兴趣爱好与特长，创业者的追求，独立创业的原因以及创意如何产生。如果创业企业处于成长期，应简明扼要介绍创业企业过去的发展历史、现在的状况以及未来的规划。具体而言，包括创业企业概述、创业企业名称、地址、联系方法；创业企业的业务状况；创

---

① 高阳，张晓翔. 创新创业基础［M］. 长沙：中南大学出版社，2022.

业企业的发展经历；对创业企业未来发展的详尽规划；本创业企业与众不同的竞争优势；创业企业的法律地位；创业企业的公共关系；创业企业的知识产权；创业企业的财务管理；创业企业的纳税情况；创业企业的涉诉情况等。创业者可以通过列出创立至今所跨越的里程碑来概括企业现状，但要实事求是。

（三）管理团队介绍

在评价创业企业价值，投资者最看重的就是创业企业管理团队的优势。如果管理团队不符合投资者的要求，大多数投资者会放弃下一步考察。本部分应该包括创业团队中每个核心创业成员的介绍，特别是管理团队、技术团队、营销团队的工作简历、取得的业绩，尤其是与目前从事工作有关的经历。同时，还要强调管理团队成功共事的经验。

在编写过程中，首先，必须对创业企业管理的主要情况作一个全面介绍，若公司已经拥有或计划拥有董事会，应该介绍创业企业的主要股东及他们的股权结构、董事和其他一些高级职员、关键的雇员以及创业企业管理人员的经历、个人背景、职权分配和薪金情况。其次，要介绍创业团队成员间的创业精神和互助合作经历。最后，还应对创业企业组织结构和专业服务机构进行简要介绍，包括创业企业的组织机构、创业企业的报酬体系，以及专业服务机构，如法律公司、咨询公司和会计公司等。

（四）技术产品（服务）介绍

本部分应该着重强调产品或服务的所有独特特征以及这些特征将如何创造或增加重大价值。一般来讲，技术产品（服务）介绍包括以下内容[①]：

第一，产品或服务的一般描述。包括产品或服务的名称、特征、功能、竞争对手提供的产品或服务、现有的替代产品或服务。

第二，产品或服务的价格描述。主要向投资家提供以下几个方面的信息：产品或服务的价格是在科学研究的基础上制定的，在逻辑上是合理的；价格在市场上是可以被接受的，而且有一定的竞争力；如果投资该产品或服务，是可以盈利的，且投资回报很好。

第三，产品或服务的独特性。为让投资家对企业充满信心，必须证明产品或服务具有一定创新性，一定要在某些细节上做出比较详细的解释。只有当一个新的产品或服务优于市场上已有的产品或服务时，它才可能受到顾客的青睐。因此需要清楚地解释产品或服务能完成的功能，并使顾客能够认清它的功能价值。在介绍企业产品或服务的优点和价值的同时，把它与竞争对象进行比较，解释它还具有哪些额外价值，并讨论它的发展步骤，列出初步开发它所需要的条件。

第四，技术与研发。并不是所有的创业计划都需要这部分内容，但如果是高技术产品或服务，这部分就不可缺少。这部分主要内容应包括以下几个方面：①从技术层面看，现有产品或服务的状况、存在的不足；产品技术的发展趋势；产品或服务的市场发展走向对现有技术改善或突破的要求。②展示企业的技术研发力量，可以列出本

---

① 刘畅. 创业基础［M］. 北京：化学工业出版社，2018.

企业所拥有的技术骨干的背景、经历、成果。③企业简介，企业 3~7 年的研发计划，包括项目、成本、时间及相应的技术更新升级计划。④企业在保护知识产权方面采取的措施。⑤在认真完成产品或服务功能的描述后，如果能做出一个样品，对证明产品或服务的可实现性无疑是很有意义的。

（五）产业、市场分析预测

此部分必须说明一个道理，即创业企业能在试图进入的产业中占有极大的市场份额，并能从容地应对竞争，必须采用丰富、可靠的数据进行市场预测和分析，如果预测结果不乐观或不可信，以投资者为代表的合作伙伴是不会冒风险进行合作的。另外，创业计划书的后续部分都是建立在市场调研和市场分析的基础上，所以此部分是创业计划书最重要，也是最难准备的一部分。

产业分析中应该包括产业的发展趋势及其重要特征，如产业发展中存在的问题、国家有关政策、市场容量、市场竞争情况、主要盈利模式和盈利潜力等。

市场分析主要包括客户、市场大小和趋势、竞争和竞争优势、市场份额和销售额估计：

①对于客户的分析，要讨论产品或服务的客户是谁，用数据分析每个细分市场上产品或服务的主要购买者是谁，在哪里，是否容易接触到？他们的消费行为是如何表现的？②市场大小和趋势分析主要集中在市场需求预测方面，通过对影响市场增长的因素分析，探讨市场是否存在对这种产品的需求？需求程度是否可以给企业带来所期望的利益？新的市场规模有多大？需求发展的未来趋向及其状态如何？③要现实地评估竞争者的优势和劣势，特别是当直接竞争对手不存在时，要合理评估产品和服务的替代品或代用品，才能对竞争情况进行客观分析。关注市场中主要的竞争者有哪些？是否存在有利于本企业产品的市场空当？本企业预计的市场占有率是多少？本企业进入市场会引起竞争者怎样的反应？这些反应对企业会有什么影响等？④根据创业企业的产品或服务优势、市场规模和趋势、客户、竞争对手及其产品以及前几年销售趋势的评估，估计未来至少三年的市场份额和销售额，为了保证估计数值的可信度，必须采用科学的预测手段和方法，并根据前提条件可能发生的变化对市场前景预测做出必要的调整。

（六）营销计划

创业企业的产品和盈利最终要由市场来检验，市场接受才能创造利润，因此，如何通过营销计划得到市场的认可决定了创业企业的命运。营销计划必须详细说明发掘商机和竞争优势的总体营销战略，包括：①对销售和服务政策的讨论；②营销机构和营销队伍的建立；③定价、分销、促销和广告战略；④市场渗透与开拓计划；⑤市场营销中意外情况的应急对策，等等。

创业者要在了解不同营销渠道利弊的基础上，明确营销计划的执行部门，熟悉合适的促销工具，促进营销计划目标的实现和有效控制具体经费的支出等。

对创业企业来说，由于产品和企业的知名度低，很难进入其他企业已经稳定的销售渠道中去，因此，创业企业除了暂时采取高成本低效益的营销战略，如上门推销、进行商品广告、向批发商和零售商让利，以及转给任何愿意经销的企业销售等传统方式之外，还要充分利用网络发展中自媒体带来的营销优势。

【延伸阅读】

市场营销计划中的关键问题[①]

第一组问题：

你的产品出厂价格是多少？

你希望最终的销售价格是多少？

你能控制最终价格吗？

定价的依据是什么？

在你的定价中，你的销售额是多少？利润是多少？

你的定价是合理的吗？为什么？

你的定价和市场营销计划是一致的吗？

如何应对市场价格混乱？

第二组问题：

目标客户中，哪些客户是最容易挖掘的？

你有多少条渠道？各渠道的优劣情况如何？

在哪里可以买到你的产品？

你会通过哪些分销渠道来分别接近各类目标客户？

你如何让你的目标客户注意到你的产品？

你如何与你的目标客户进行沟通？

你有能很好地聆听客户心声的渠道吗？

你如何争取第一批客户？

你如何在竞争对手之前迅速占领市场？

你如何控制渠道？

你如何管理一线推销员？

你有广告计划吗？

第三组问题：

一线推销员是如何体现企业形象的？

广告和企业理念是一致的吗？

产品设计反映了客户价值吗？

（七）生产运营计划

此部分主要是介绍企业的日常运营问题，如工厂选址、必需的设施类型、空间要

---

① 冯天亮，何煌．创新创业基础教程［M］．北京：电子工业出版社，2021．

求、资本设备要求和劳动力要求等。

首先，介绍创业企业的生产计划，如现有的生产技术能力，企业生产制造所需的厂房、设备和劳动力情况，需要说明哪些制造工序是由企业自己完成的，哪些工序算是对外分包的。

其次，要阐述物资需求计划及其保证措施，介绍企业制造产品或提供服务必需的供应商、业务伙伴和服务提供者等构成的网络。

最后，介绍一下创业企业的质量控制和改进能力，以及与创业企业运营有关的一切风险和法规，如环境保护事项和雇员权利及安全议题等。

（八）财务计划

通俗来讲，财务计划就是创业者说明筹集来的资金会用在哪里，什么时候、以什么样的方式来收回投资，效果如何。因此，该部分中创业企业要对过去三年的财务状况分析，并对今后三年的财务发展进行预测，以及制订出详细的投资计划。

（1）过去三年的财务状况，包括过去三年的现金流量表、资产负债表，以及损益表和每年度的财务总结报告书。如果创业企业刚刚成立，应该讲述创业者对财务管理重要性的认识。

（2）今后三年的发展预测。主要是明确说明财务预测的依据、前提假设和预测方法，然后给出创业企业未来三年的资产负债表、损益表、现金流量表以及营利性指标分析。

财务计划是投资者关注的焦点，财务预测的依据、前提假设建立在企业的运营计划、市场计划的各项分析和预测基础上，是投资者判断企业财务预测准确性和财务管理水平的依据。财务计划必须建立在现实预测的基础上，否则会令投资者怀疑企业管理者的诚信或财务分析、预测及管理能力。因此，财务分析需要创业者和专家顾问共同进行。

（九）融资计划

融资计划是财务计划的一个重要组成部分，主要展示未来双方合作投资于新的风险投资项目的问题。根据企业的经营计划创业者提出企业资金需求数量、融资的方式与工具，投资者的权益、财务收益及其资金安全保证，投资退出方式等。内容主要围绕以下问题展开：

（1）预计的融资数额是多少？其中，创业者期望从风险投资者那里获得多少投资？是以贷款、出售债券还是以出售普通股、优先股的形式实现？

（2）创业企业未来的筹资资本结构如何安排？创业企业的全部债务情况如何？

（3）创业企业融资所提供的抵押、担保文件，包括以什么物品进行抵押或者质押？什么人或者机构提供担保？

（4）投资收益和未来再投资的安排如何？

（5）投资后，双方对公司所有权比例安排以及创业企业的经营管理体制如何设计？

（6）投资资金如何运作？投资的预期回报？投资者如何监督、控制企业运作等？

（7）对于吸引风险投资的，风险投资的退出途径和方式是什么？是企业回购、股份转让还是企业上市？

（十）风险分析

创业的过程会发生各种不同的风险，理智地识别和应对这些风险会减轻合作者对创业企业的疑虑，此部分侧重分析创业企业可能面临的各种风险隐患、风险的大小以及创业者将采取何种措施来降低或防范风险、增加收益等。一般来说，创业项目计划中的风险及其对策分析应包括以下内容：市场风险、技术风险、经营风险、财务风险、人力资源风险及其他不可预见的风险等，并针对所提出的各种风险逐项进行风险应对分析。

对创业企业而言，充分的风险分析是向合伙人或投资人传达这样一种信息：创业者已经做好了充分的风险准备并具有了一定的风险应对能力。这样做的结果提高了投资人对创业企业的投资信心，以提高融资成功的可能性。风险分析也具有提醒创业者本人创业存在失败的可能，对此应有一定的心理准备。因此，分析风险时创业者要采取客观、实事求是的态度，不能因为其产生的可能性小而忽略不计，也不能为了增大获得投资的机会而故意缩小、隐瞒风险因素，应该对企业面临的各种风险都认真地分析，并针对每一种可能发生的风险做出相应的防范措施。

（十一）附录

不宜放入创业项目计划正文的所有材料都可以考虑放到附录中，尤其是对创业项目计划中涉及的问题细节和相关的证书、图表进行描述或证明的备查资料，如高层管理团队简历、企业的营业执照、创业企业章程、验资审计报告、税务登记证、高新技术企业（项目）证书、专利证书、鉴定报告、市场调查数据、主要供货商及经销商名单、主要客户名单、场地租用证明、创业企业及其产品的介绍、宣传等资料、工艺流程图、各种财务报表及财务预估表、专业术语说明等。应该注意的是附录不能过长，仅包括那些不宜放入正文而又十分重要的备查资料。

【延伸阅读】

撰写一份成功的创业计划书需要关注多个细节，以确保计划书的完整性和吸引力。表8-3是一些关键的细节。

表8-3 写好创业计划书需要关注的细节①

目标	细节
确保创业计划书具备说服力	①关注产品特色，一定与需求对位；②敢于竞争；③了解市场；④表明行动的方针；⑤展示管理队伍；⑥出色的计划摘要
确保创业计划书通俗易懂	①清楚明了；②简明扼要；③逻辑性强；④真实可信；⑤必要时辅以图表

① 张耀辉. 创业基础［M］. 重庆：重庆大学出版社，2018.

目标	细节
确保创业计划书清晰传递目的	①要第一时间让读者知道公司的业务类型，不可在最后一页才提及经营性质；②要声明公司的目标；③要阐述为达到目标所制定的策略与战术；④要陈述公司需要多少资金，用多久，怎么用；⑤要有一个清晰且逻辑合理的投资策略，来吸引投资者
其他方面	①要提交企业的经营风险；②要有具体资料，有根据和有针对性的数据必不可少；③要将企业计划书附上一个吸引人且得体的封面；④不要任由某一方面因素控制你的写作思维；⑤不要在创业计划书中使用过多让读者难以理解的技术信息和术语

三、创业计划书的展示

用最短的时间、用最准确的语言描述一个最清晰的商业规划，是创业者必须做好的事情。创业者在进行创业计划书展示时，需要经过几个阶段①：

（一）准备创业计划书演示材料

创业者必须熟悉创业计划书的内容，尤其是技术的创新性、市场的潜力和营销策略、管理团队的构成、盈利的空间和上市退出的可能性等。通过电子演示版 PPT 制作完成展示内容的准备，并在展示前进行演练，让一些非专业人士当听众，询问对展示的理解程度，让专业人士通过观摩提出进一步完善的意见。

【延伸阅读】

创业计划的口头展示②

要想成功吸引到风险投资，除了写好一份创业计划书，还要掌握向投资者陈述创业计划的技巧。创业者一般需要准备 10~15 张简洁鲜明的幻灯片，如果幻灯片过多，就不得不走马观花地陈述，从而忽略了重要内容，内容陈述要以预定的时间为限。如果投资者只给创业者一个小时的时间，口头陈述不应超过 30 分钟，其余 30 分钟为问答时间。

创业者应为会面做好准备，做到守时，自备视听设备等。陈述应避免花费太多时间纠缠于技术术语，重点阐述企业自身的情况。精心准备重要的材料，如专利及申请时间、产品等。陈述的关键点及技巧如下：

（1）公司：用一张幻灯片迅速说明企业概况和目标市场。

（2）机会：待解决的问题或未满足的需求是陈述的核心内容，应用 2~3 张幻灯片说明。

（3）解决方式：企业将如何解决问题或满足需求，需要 1~2 张幻灯片进行解释。

① 徐绪松，郑海滨，曹平. 商业计划书的编制技巧 [M]. 北京：民主与建设出版社，2002.
② 刘沁玲，陈文华. 创业学 [M]. 北京：北京大学出版社，2019.

（4）团队优势：可以用 1~2 张幻灯片简要介绍团队主要管理者的资格和优点。

（5）知识产权：用 1 张幻灯片介绍企业已有的获得批准的知识产权。

（6）产业、目标市场和竞争者：可以用 2~3 张幻灯片简要介绍即将进入的产业、目标市场及直接或间接的竞争者，详细介绍本企业将如何与目标市场中的企业竞争。

（7）财务：简要阐述财务问题，重点阐述企业何时能盈利，需要多少资本，何时现金流能够持平，可用 2~3 张幻灯片。

（8）需求、回购和退出战略：用 1 张幻灯片说明需要的资金数目和设想的退出战略。

（二）答辩陈词和反馈

准备 15~20 分钟的答辩以推销创业企业的创业机会。这是为了提供第一次（也许是最后一次）机会来向一群投资家推销创业企业。陈词应当强调创业企业的关键因素，但这并不是把创业计划的执行总结用口头方式表达出来。用看得见的一些东西来吸引听众，用简洁的市场分析和可靠的数据来给投资家留下深刻的印象，准备回答听众对计划的提问。

（三）其他注意事项

除了注意仪表礼仪，还应注意按时到达，并妥善处理与会谈人之间的关系，如本着建立长期合作伙伴关系的心态，熟悉会谈人的背景，尽量使展示气氛不要太压抑，语言表述清晰，语速不快不慢。答辩时要注意分寸，做到客观可信，既不回避问题，也不夸大其词。

【延伸阅读】

"挑战杯"大学生创业计划竞赛答辩注意事项[①]

1. 参加答辩的礼仪要求

仪容礼仪方面，男士一律应当理发、剃须、吹头发，不准蓬头乱发、不准留胡子或留大鬓角。女士应选择端正、素雅的发型，并且化淡妆。

仪表礼仪方面，答辩者应该穿正装。男士应穿深色西装和白衬衫，打素色或条纹式领带，配深色袜子和黑色制式皮鞋。女士则西装套裙或套装，配肉色丝袜和黑色高跟或半高跟皮鞋。

2. 答辩前的准备工作

（1）要清楚整个创业项目计划的执行概要。

（2）熟悉展示中的设备，如投影仪、幻灯片等设备。

（3）在展示中使用关键词、视频、图片等帮助想起例证或其他细节。

（4）通过预演把握时间的长短。

---

① https://www.tiaozhanbei.net/tzb.

（5）在展示前一天用所有的使用设备进行一次完整的演练。

（6）展示当天应提前到场，做好充足的准备工作。

3. 答辩过程中的注意事项

（1）准备问辩要围绕作品主题，对项目的基本思路、科学性、先进性和现实意义等几个环节充分准备，努力做到有问必答、有理有据。

（2）版面设计应简洁鲜明、吸引观众、文字宜少，内容宜精。

（3）口头陈述的开篇应开门见山，尽快切入主题并突出创新点以吸引评委。

（4）评委问辩重点主要考查创业团队对参赛项目的理解程度和参与情况，以及工作实际达到的水平。

（5）对评委提的问题要听清楚，回答必须扣题，切忌答非所问。

（6）反应敏捷，思路开阔，技巧性地解决意外问题的出现。

第三节　创业计划书的修订

创业计划书在送交相关合作者审阅之前，必须进行仔细、多次的修改，尤其是关注创业计划书的结构、内容是否完善，书写是否规范。如果创业计划书不完善或漏洞百出，很容易让投资者猜测企业本身也不完善，容易丧失合作机会。

创业计划书修改时，除了要求创业者和创业团队反复斟酌推敲，还要广泛征集专业人士的意见和建议，通过不断地沟通、协调并修改的创业计划书，可集结众人智慧，使创业方案更合理、更实际、更可行。另外，随着外部因素的改变，创业计划书的某些内容也应随之调整，如与投资者协商后关于融资部分的修改等。

一、创业计划书修订的程序

（一）自我询问

创业计划书的写作是一个循序渐进的过程，是一个思维总结的过程，表面看起来是由"构思到写作"的不断修改和调整文字的过程，事实上是在完善一个"可执行的计划"，不断地反思和归纳是很有好处的。

由于创业计划书需要创业团队自己完成，因此，在完成创业计划书后，撰写者必须重新检查其中的拼写和语法，并且确保不遗漏任何关键信息，因为把缺失重要信息的商业计划送给投资者的现象屡见不鲜，如重要的产业发展趋势、企业需要多少资金、资金的使用目的等。有位投资者说，他甚至收到一份没有注明创业者联系信息的创业计划书。显然，这位创业者因过分关注商业计划的内容，却没有在创业计划书中写明联系信息。

【延伸阅读】

创业计划书中的"危险信号",如表 8-4 所示。

表 8-4 创业计划书中的"危险信号"

危险信号	解释
创业者没有资金投入	如果创业者自己都没有资金投入,为什么别人应该投入
引注不明	创业计划书应该根据现实证据和周密调研,而不是臆测和想当然。所有一手资料和二手资料研究都要注明引用来源
市场规模界定过宽	市场界定过宽表明,真正的目标市场还没找到。例如,新创企业将每年 5500 亿元的医药行业视为目标市场,那是毫无意义的。市场机会需要更精细地界定。显然,新创业瞄准的是行业内的细分市场或某个特定市场
过于激进的财务数据	许多投资者会直接翻阅创业计划书的财务部分。推理不足或过于乐观的计划,会失去可信度。与此相反,基于合理研究与判断的冷静陈述,能很快得到信任
随处可见的疏忽	让读者艰难阅读文稿、审看不平衡的资产负债或面对随处可见的粗心失误,绝不是好事。这些错误被认为不注重细节,从而损害对创业者的可信度

资料来源:吴勇,李彬源,周勇军. 创新创业基础[M]. 上海:上海交通大学出版社,2017.

(二)咨询相关专业人士

尽管创业者在撰写创业计划书时也会站在合作者的角度进行,但是,很难避免带上自身价值观的浓重色彩,表露出对产品、市场和盈利的过于乐观的心态,同时自我利益取向在计划书中也会不自觉地流露出来。无论创业者和创业团队如何优秀,也可能忽略一些问题,并在处理与创业企业有关的问题时思路不清。所以,创业者在完成创业计划书之后,可以咨询相关专业人士,如律师、会计师、外部顾问等确保计划尽可能专业,为创业者提供一种外部的客观评价。①

【延伸阅读】

风险投资机构对创业计划书的关注点②

风险投资机构对创业计划书的关注点基本集中在五个方面。

①创业项目符合国家产业政策方向,技术方面具有核心竞争力,并且拥有完整的自主知识产权,具备持续开发的能力。②创业项目有足够大的市场空间和进入壁垒。对于市场容量有限的项目,投资者不会感兴趣,因为运作空间太窄,"蛋糕"做不大,没有利润空间。另外,市场竞争也会非常激烈,但如果项目的进入壁垒存在的话,就

---

① [美] 杰弗里·蒂蒙斯,小斯蒂芬·斯皮内利. 创业学[M]. 周伟民,吕长春,译. 北京:人民邮电出版社,2005.

② 王媚莎,陈飞飞. 创业指导[M]. 北京:人民邮电出版社,2017.

可以形成相对好的发展环境。③有清晰的商业模式和盈利模式。④股权结构不能太简单也不能太复杂。上市公司股东的数量是有限制和规定的。股权结构过于简单或者复杂的企业很难通过 IPO 申请。股权结构是风险投资机构重点关注的，也是纠纷容易爆发的地方。⑤创业团队的组成。创业团队完整，能在技术、管理、营销方面达到优势互补，同时，团队具有稳定性和良好的创业心态，核心创业者具备优秀的素质和才能。

二、创业计划书修订的内容

创业者进行创业计划书修订时，要围绕以下内容进行：

（1）创业计划书是否容易被不同背景审阅者所领会。创业计划书应该具备索引和目录，以便投资者可以较容易地查阅各个章节。此外，还应保证目录中的信息流是有逻辑的，并在修改后和正文保持一致。

（2）执行摘要是否写得引人入胜，从而保持审阅者的兴趣。

（3）创业计划书能否打消审阅者对产品（服务）的疑虑。可以通过产品模型、说明书、演示图等进行补充论述。

（4）创业计划书是否显示出创业企业已进行过完整的市场分析。必须借助科学有效的市场分析让投资者坚信创业项目计划中阐明的产品需求量是确实的。

（5）创业计划书是否显示出创业团队具有管理创业企业的经验。

（6）创业计划书是否显示出了创业企业有能力偿还借款。要保证给预期的投资者提供一份完整的比率分析。

（7）创业计划书是否在文法上全部正确。计划书的拼写错误和排印错误反映的是态度不认真，这个错误是不能容忍的。

【延伸阅读】

与创业计划书相关的重要文件①

1. 战略规划书

企业战略规划是指依据企业外部环境和内部资源状况及其变化，制定组织的长期发展目标、规划具体的实施战略。战略规划是一个动态的过程，在特定的时期，企业往往会根据之前战略规划的实施情况来调整战略，并制定新的战略规划。战略规划书是反映企业战略规划的文件。

清晰的战略规划决定着企业的发展方向、市场定位以及重大经营策略，是创业计划最终获得成功的重要基石。因此，可以将战略规划书单独列出来，为后期撰写创业计划书提供充分的依据。由于战略规划书的内容与创业计划书的内容有重叠部分，因此，其核心内容通常在创业计划书中突出体现。

① 高阳，张晓翔．创新创业基础［M］．长沙：中南大学出版社，2022．

2. 项目可行性分析报告

项目可行性分析报告通常是指在投资决策之前，对与拟实施项目相关的自然、社会、经济、技术等条件，进行调研、分析、比较，预测项目完成后的社会经济效益，并在此基础上科学地综合论证项目实施的必要性、财务的营利性、经济上的合理性、技术上的先进性以及实施的可能性和可行性，从而为投资决策提供科学依据。编制项目可行性分析报告是确定和实施项目之前具有决定性意义的工作。

项目可行性分析也是创业计划书撰写的前提，创业计划书的定义中明确指出，创业计划书是基于项目的科学调研分析形成的。因此，项目可行性分析报告是创业计划书衍生的重要内容之一。

3. 年度经营计划

年度经营计划是指企业为达到战略目标、实现企业长远发展而制订的下一年度的一系列目标、计划及行动方案。

由于年度经营计划是创业计划书初期工作计划落地实施的有力保障，因此，它也是创业计划书的重要补充内容之一。

4. 项目管理规划

项目管理规划是对项目管理的各项工作的综合性的、完整的总体计划。

我们可以将创业项目理解为一个整体项目，将创业过程中产生的一些项目理解为独立的子项目，这里主要指后期的一些项目管理规划。项目管理规划是确保创业计划书中各个子项目得以有效实施的重要方案，也是创业计划书的重要补充内容之一。

【延伸阅读】

"互联网+"大学生创新创业大赛"青年红色筑梦之旅"赛道公益组参赛项目的评审规则，如表 8-5 所示。

表 8-5　"青年红色筑梦之旅"赛道评审规则①

评审要点	评审内容	分值
教育维度	1. 项目应弘扬正确的价值观，厚植家国情怀，恪守伦理规范，有助于培育创新创业精神 2. 项目体现团队扎根中国大地，了解国情民情，遵循发现问题、分析问题、解决问题的基本规律，将所学专业知识、技能和方法应用于解决各类社会问题，展现创新创业教育对创业者基本素养和认知的塑造力，以及提升创业者综合能力的效力 3. 项目充分体现团队解决复杂问题的综合能力和高级思维；体现项目成长对团队成员创新创业精神、意识、能力的锻炼和提升作用 4. 项目充分体现院校在"三位一体"统筹推进教育、科技、人才工作，扎实推进新工科、新医科、新农科、新文科建设方面取得的成果；项目充分体现专业教育、思政教育、创新创业教育的有机融合；体现院校对项目培育、孵化等方面的支持情况	30 分

---

① https：//cy. ncss. cn/redactivity/index.

续表

评审要点	评审内容	分值
公益维度	1. 项目以社会价值为导向，以谋求公共利益为目的，以解决社会问题为使命，不以盈利为目标，有一定公益成果 2. 在公益服务领域具有较好的创意、产品或服务模式的创业计划和实践，追求社会效益的最大化	10分
团队维度	1. 团队的组成原则与过程是否科学合理；是否具有从事公益创业所需的知识、技术和经验；是否有明确的使命愿景 2. 团队内部的组织构架、人员配置、分工协作、能力结构、专业结构、激励制度的合理性情况；团队外部服务支撑体系完备（如志愿者团队等）、具有一定规模、实施有效管理使其发挥重要作用的情况 3. 团队与项目关系的真实性、紧密性情况；团队对项目的各项投入情况；团队的延续性或接替性情况 4. 支撑项目发展的合作伙伴等外部资源的使用及与项目关系的情况	20分
发展维度	1. 项目通过吸纳捐赠、获取政府资助、自营收等方式确保持续生存能力情况 2. 团队基于一定的产品、服务、模式，通过高效管理、资源整合、活动策划等运营手段，确保项目影响力与实效性 3. 项目在促进就业、教育、医疗、养老、环境保护与生态建设等方面的效果 4. 项目模式可复制、可推广，具有示范效应 5. 项目对带动大学生到农村、城乡社区从事社会服务就业创业的情况	20分
创新维度	1. 团队能够基于科学严谨的创新过程，遵循创新规律，运用各类创新的理念和范式，满足社会实际需求 2. 项目能够从产品创新、服务创新等方面着手开展公益创业实践，并产生一定数量和质量的创新成果 3. 鼓励将高校科研成果运用于公益创业，以解决相应的社会问题	20分

【案例讨论】

防丢音乐狗创业计划书①

21世纪，人们的物质生活水平提高了，GDP不断高涨，但是人们的生活节奏也不断加快，生活压力不断提升。这时候，人们总是忙中出错，丢三落四在所难免。当你睡眼惺忪地走出宿舍准备上课时，突然发现放在宿舍的饭卡找不到了，于是一早上的心情便被破坏了；当准备出门面试求职时，你的交通卡放在包里找不到了，面试的好状态便被打破了……这样的情况，你碰到过吗？据调查分析，29.5%的大学生以及中小学生存在丢失饭卡的现象，52.4%的大学生存在过饭卡明明就在身边却怎么也找不到的现象。各种卡片由于体积小，质地轻薄，很容易被遗漏在书本、床底、墙角等地方，是十分容易被遗漏的东西。大学生亟需一款能够帮助他们找到遗漏的饭卡的电子产品，来给他们的生活增加便利，同时丰富生活的情趣。于是，防丢音乐狗应运而生。防丢音乐狗有限责任公司是由南京审计学院6名学生共同筹资组建的一家创意电子产品公

---

① 王宏. 高校大学生创新创业能力培育研究［M］. 长春：吉林人民出版社，2017.

司。公司现阶段的主要产品是防丢音乐狗。这是一款帮助主人找到遗失在身边某处物品的一种创意微型电子产品。

防丢音乐狗适用于使用卡类产品，并且容易将各类卡遗漏的消费群体，主要针对在校大学生。防丢音乐狗的设计理念迎合了现代人的审美观、消费潮流和生活时尚，为人们提供了方便快捷的创意电子产品，同时为公司取得了良好的经济效益和社会效益。

一、目标市场分析

（一）目标市场的细分

为了开发学生消费市场，对大学生和中小学生最常丢失的物件情况进行了调查，在最常丢失的物件中，饭卡所占比例最高，高达总人数的1/3。

从总体上看，小学生虽受教育程度较低，但由于父母的经常提醒以及诸多外在工具的帮助，如将钥匙等物品统一放置在一个地方，并随身携带，所以物件丢失率略低于需随身携带物品较多、活动频繁的大学生，而由于饭卡在大学里使用普遍，基本每人一张，吃饭、借书甚至购物都可以通过饭卡解决，一旦饭卡丢失，里面的资金被人随意盗用，难免带来诸多麻烦。为能够及时找回遗失的饭卡，并缩短寻找时间，对大学生饭卡丢失情况做了进一步的调查，调查问卷统计数据显示，除自身原因，11.1%的大学生认为可通过技术手段，在饭卡上增加某种提醒装置；89.9%的大学生则认为，可通过技术手段，在饭卡上增加某种丢失寻找装置以达到目的。

（二）目标市场的选择

根据对宏观营销环境和问卷调查的分析，防丢音乐狗做出以下分析：

防丢音乐狗采用的是人口细分和心理细分，采取的细分变量是年龄和消费者的个性情况。根据年龄，把市场细分为中、小学生和大学生；根据消费者的个性，把市场细分为冲动型和稳定型。最终将市场细分为个性稳定的大学生、个性稳定的中小学生、个性冲动的大学生、个性冲动的中小学生。防丢音乐狗瞄准的目标市场是江苏省南京市的高校消费者市场，针对的目标顾客是个性冲动、丢失饭卡次数大于等于两次的大学生；创业的首选城市是江苏省南京市。选择南京市的具体原因有市场容量大、市场需求量大、消费能力强、创业氛围浓厚、人文环境优越。同时，团队成员全都在南京高校就读，有深厚的情愫和人脉基础。除了充分的地利人和，它还是中国科教第三城，其高校数量在全国名列前茅。

（三）目标市场分析

大学生生活方式的改变扩大了对外在辅助工具的需求。大学活动丰富，最直接的影响便是学生活动范围的扩大，而频繁的移动易造成物件的丢失，也增大了寻找物件的难度，因而不得不借助外在的工具，如相关组织的帮助等寻找工作。饭卡因其体积小、使用频繁最常被人遗漏。因此，为饭卡增加找寻装置是日益扩大的需求之一。饭卡找寻消费具有明显的"刚性需求"性质。

二、消费者行为分析

（一）购买需求分析

随着物质生活的日渐丰富，人们往往在不经意间会丢失一些东西。小到一串钥匙、钱包，大到手机、电脑等。很多丢失物由于本身的特性，不易发现，难以寻找，一旦丢失便再也难寻踪迹，给人们的生活带来麻烦，甚至是经济上的损失。所以对于一个可以方便自己寻找物品的防丢音乐狗，具有很大的需求。下面就以大学生丢失饭卡为例，对防丢音乐狗的购买需求进行分析。

大学生对校园卡的使用创造了广阔的市场需求。目前，大学校园基本实现了校园一卡通，"一卡在手，行遍全校"。校园卡方便了同学的日常生活，提供了各种便利，学生也习惯将其随身携带。校园卡外表千篇一律，不便于区分，因此，很多同学尤其是女生，都会给校园卡装上卡套，或贴上卡贴，或佩戴一个小挂饰，彰显个性和个人喜好的同时，又能一眼辨别，一举两得。这为防丢音乐狗提供了安身之所，因而开创了广阔的市场空间和需求。

特殊的人群消费提供了良好前景。正是因为随身携带、抽拿频繁，这样一张薄薄的卡片一不留神便会不知所踪。校园卡一般都是直接使用，不需要密码，所以一旦丢失可能会被人冒领，造成不必要的财产损失。即使没有被人捡到冒用，补办一张新的也会造成额外开支。长此以往，若一不小心多丢几次，学生在校园卡丢失问题上花费的开支会越来越多。同学希望有一种电子追踪器，帮助他们找回无意中遗失的饭卡。调查显示，一所大学的学生中，约50％的学生至少丢过一次饭卡，更有甚者，丢过2~3次。

大学生对新兴事物的接受能力较强。一旦有防丢音乐狗，只要条件允许，他们一般都会选择尝试一下这种新的技术。不仅满足了好奇心，也能够防止饭卡再一次丢失得无影无踪。

（二）消费者心理分析

减少了丢失校园卡的担心。一旦丢失校园卡，学生往往会很焦急。因为平时吃饭、打水、去超市，都需要用到校园卡。缺少了它，生活必然会有诸多不便。如果给校园卡安装上这个装置，不仅美观，还可以减少许多因为丢卡而带来的担心。

满足了追求新鲜事物的好奇心。给校园卡装一个追踪设备，从一定程度上可以满足目前学生对于新鲜事物的一种猎奇心理。毕竟在此之前，并没有人做出这样的东西。一张小小的饭卡也有如此奥秘，令人兴奋。

大学生对于该产品的实际需要。它美观便捷、便宜实惠，小小外壳，带来巨大的方便，极大满足了大学生丰富生活，减少寻找麻烦的需求。

不管对于大学生，还是其他年龄层次的人群，一个防丢音乐狗可以极大地方便人们的生活。一方面，减轻了丢失东西难以找寻的顾虑；另一方面，它外形美观独特，功能丰富多样，携带轻便简单，可以满足不同人多样化的需求。在市场上，具有广阔的需求前景。

三、完整产品说明

（一）产品功能概述

FINDER防丢音乐狗是一套设备，主要由两个主要的设备组成，一个是音乐录放设备，另一个是遥控设备。音乐录放设备在技术上支持音乐的发声，而在遥控技术的控制下，音乐设备就会发出之前消费者或者厂家设定的声音，这样就形成不是丢失者找丢失物，而是丢失物在"喊"丢失者来取它的状态。FINDER 防丢音乐狗子机的发声设备不是单独发声，而是在收到母机给的指令之后才会进行发声，这样的遥控技术在现在的科技背景下，很容易实现。现在在轿车上运用得比较多的"铁将军"技术，就是该技术的一种比较普遍的表现。而它实现的距离也在不断地扩大，一个在方圆 10 米范围就能够感受到信号的遥控设备，最简单的设备价格在 7~8 元。

随着电子电路技术、电路集成技术和遥控技术的发展，遥控器和音乐录放设备的体积越来越小。以音乐录放设备而言，现在民用的，价格在普通消费者能接受的范围之内的最小的音乐录放设备，就是普通的音乐贺卡中的音乐播放器，大小如小拇指的指甲盖，而遥控器的体积也大体相似。

在音乐录放设备的设计上，FINDER 防丢音乐狗有两个不同方向的设计，一种是不可擦写的，就是出厂时候设计录入的音乐，在整个设备的生命周期中是不可变更的，而这样的音乐也只是在丢失物的寻找上起到一个"用声音定位的作用"；另一种是可擦写的，也就是说录制的声音信息是根据消费者个人的喜好录入的，消费者可以在音乐设备中录入自己的姓名、联系方式等，这样就可以很好地解决 FINDER 防丢音乐狗因为遥控距离的限制，不能去寻找丢得比较远的丢失物的问题。有了这些信息，捡到丢失物的人可以按照上述的声音信息去寻找失主，就好像很多人捡到饭卡之后，会根据饭卡上的信息去寻找失主一样。

公司致力于寻找一条方便快捷的道路去找丢失物。寻找丢失物的过程，就好像失主去打开一扇扇门，而遥控器就像人们要去开的这些门的钥匙，只有把钥匙放在身边才有可能去打开这一扇扇门，然而钥匙也是有丢失的可能性。为了解决该问题，就用这"钥匙"一直"绑"住自己。于是用手链这一载体，将遥控器和人们真正融为一体，让找寻物的钥匙不再离开主人。

随着文化的不断开放，现在的消费者越来越多地想突出自身的个性。为了顺应这一潮流，FINDER 防丢音乐狗在电子内核设备的外接载体的设计上也充分考虑到这一趋势。音乐录放设备（如卡套卡贴）和遥控外部承载设备（手链）的图案或者款式，除厂家设计的以外，还可以直接接受消费者的图案或款式预订，可以为其单独定制。当然这样的定制服务的收费也是不一样的，会高于普通设备的价格。

（二）后续产品构想

在第一期的产品销量的前提下，按照消费者心理学的推理，大多数的消费者开始寻求更加便捷、可靠、智能的产品。消费者对于防丢音乐狗的要求也是如此，所以在后续产品的构想上面要更多地考虑到方便性和实用性。根据实际调查得出，很多人（普通大学生）都不习惯戴手链、手镯这类饰品，于是就以遥控设备的载体形式进行了改进。

1. 便携型遥控承载设备

每天带在身边的几样常见的东西里面，手机应该算是人们接触次数最多的物件了。而且手机因为其智能性，成为很多产品的遥控装置。很典型的有"物联网"，大到热水器的提前升温，小到走道灯光的开关，都可以通过手机软件实现远程直接控制。防丢音乐狗也可以采用这种形式，在有了这样的技术和资金支持的条件下，可以把机械化的电子控制系统变成软件化控制，这样就很好地解决了很多消费者不愿意购买和携带饰品的不足了。

2. 固定型遥控承载设备

通过调查发现，很多人会存在这样的疑问，既然防丢音乐狗的消费人群是粗心大意的人，那如何判定遥控器在他们的手上就不会被弄丢呢？原先的手链等承载设备其实已经能很好地解决该问题了，但是消费者的心理上接受起来还是比较困难。所以在遥控器的承载设备上，转变了设计思路，将便携型的设计思路转变成固定型的设计。将遥控器做得比较平整，在遥控器的背后附上一定的强力胶水，可以粘贴在消费者比较常出现的地方，如书房、起居室等地方的墙面上，或者冰箱的表面，这样的设计能够很好地解决两方面的问题：第一，防止遥控器丢失；第二，遥控器的体积问题。因为体积方面不再受到限制，所以在遥控器上就可以考虑科技含量更高的一对多式的遥控设备（一个遥控器可以控制多个音乐录放设备）的设计。

3. 组合型遥控承载设备

所谓组合型遥控承载设备，就是一种让遥控器"消失"的设计思路。现在在一户普通的家庭中会出现电视遥控器和空调遥控器等这些最普通的遥控器，FINDER 公司准备在做出一定规模的情况下，与电视机生产厂商和空调生产厂商进行联合，在其遥控板上多安一个或者多个键，作为丢失物寻找键。这样就能够避免寻找丢失物遥控器作为一个单独的物件出现，而是将其融合到其他日常生活必不可少的遥控器中。这样既减少了遥控器丢失的可能，也减少了所占空间。

四、生产流程

公司拥有防丢音乐狗的核心技术，并已向国家知识产权局专利局受理处申请专利。防丢音乐狗的具体生产通过外包模式——公司掌握核心技术，具体生产承包给其他厂商，负责各部分的生产、组装。防丢音乐狗的生产主要包括大规模生产和小规模定制两种形式。防丢音乐狗配件主要由音乐录放器和遥控器两部分构成，这两部分分别交付给两家厂商生产。卡套卡贴手链等装饰性物品则由工艺品制造商生产。最后，由代加工工厂负责产品的最终组装，将音乐录放器和遥控器与卡套卡贴手链等装饰物进行组装。大规模生产即为批量生产、固定形式，小规模定制则根据消费者的需求，与厂商联系，进行特殊定制生产。

音乐录放器交由录放器 A 生产厂商负责，并长期保持联系。为具体生产提供具体需求。

遥控器交由录放器 B 生产厂商负责。生产过程中注重产品的创新，在外形构造上不断创新，生产出多样化的遥控设备。

外包装饰交由录放器 C 生产厂商负责，外包装饰主要为卡贴、卡套、手链等小装饰物。在生产之前做好沟通工作，与厂商确定好产品设计图，生产出可以安置音乐录放器和遥控设备的外包装饰。

将 ABC 厂商生产的产品最终交由 D 厂商负责组装，将音乐播放器和遥控设备嵌入外包装饰中，产出最终的商品。

声音录入小规模定制。在提供固定的可选发声内容的基础上，本公司可以提供具体的发声内容。根据消费者的特殊需求，与 A 厂商进行实时交流，将消费者提供的发声内容，交由 A 厂商，如消费者提供的音乐、铃声、个性声音等。

外包装饰小规模定制。外包装饰拥有卡贴、卡套等形式。消费者可以提供自己喜欢的照片图案等，交由 C 厂商负责印制生产，然后将特制图片印在卡贴和卡套外观。

特别说明：由于小规模定制相较于大规模批量生产，成本较高，所以在统一销售价格的基础上，要适度加上部分特殊加工费，价格略有差别。

五、营销策划

（一）产品策略

防丢音乐狗是一款专为生活中丢三落四的人在短距离内寻找丢失的小物件的寻找设备。这样的设备并不仅仅是一个芯片和遥控器这么简单，在简简单单的电子电路的外板上有很大的文章可以做。在外包装上，可以有很多的形象和样式。在遥控器的主要配置上面，准备把一个微型的传感器放在一条手链或者钥匙扣上，以便人们能时时刻刻带在身边。而在附加产品的选择上，也可以有较多的选择余地。

（二）外观差异化

防丢音乐狗的音乐发声器大约只有一个指甲盖的大小，所以这样一个小小的东西可以镶嵌在任何一个外观产品中，这样的载体可以有很多的选择方向。公司在当前市场主流的载体中，详细分为以下两大类：第一大类是钥匙扣挂坠大类，第二大类是卡贴卡套大类。项目组认为钥匙扣挂坠大类里的音乐发声器偏向于立体型形态，而卡贴卡套类的音乐发声器主要是偏向于扁平的形态发展，主要是要避免在卡套中有异物感，放在口袋里应该是平顺的。

1. 钥匙扣挂坠类

钥匙扣挂坠类包括公仔类、金属质感类、水晶玻璃质感类以及其他。因为这样的外包装线是外包出去的，所以可以和相关的产品制造厂商取得联系，现今市面上有哪些挂坠类型，就能生产或者批发到哪些挂坠类型的防丢音乐狗。

2. 卡贴卡套类

卡贴卡套类包括多种主题。卡贴卡套类的制作工艺可以分成两种方式：一种是现有卡套粘贴模式，另一种是外包整体制作模式。第一种模式是直接购买现在市面上既有的卡贴，由人工贴在电子感应芯片上面，形成新的带有电子感应性质的卡贴。第二种模式就是直接把电子感应器镶嵌在卡套之中，整体生产。

（三）产品附加值设计

产品的附加值主要体现在微型遥控器载体的设计上。微型遥控器主要可以搭载在手链或者钥匙链以及其他一些人身体的挂件上，当然最主要的是手链。这样的设计是基于两方面的原因：第一，手链或者钥匙链携带方便。通过走访大量的学生消费者群体，询问随身携带的几件必备物品，手链、挂坠和钥匙链排名前三。第二，以这些物品为载体，很大程度上考虑了产品的附加值可以随之增长的可行性。智能化的防丢音乐狗，在某种意义上可以认为是一条有科技含量的手链。而这样的组合，即使对核心技术不进行改进，光进行外观的改进就能产生更新换代的效果。

（四）定价原则和依据

从当前的现状来看，小型民用寻物设备市场基本上是一片蓝海。在市场中唯一的竞争对手是音乐钥匙扣，可是音乐钥匙扣因为定位错误几乎没有任何市场。所以防丢音乐狗几乎没有任何成型的产品可以为其定价提供参考。作为一款新型的产品，公司准备以差别定价法为原则对该产品进行定价。

防丢音乐狗主要由以下几个部分组成：小型音乐录放设备、微型遥控器和接收设备、卡贴卡套或钥匙扣等音乐录放器承载设备、手链等遥控器承载设备。

整体产品成本导向定价法。按照最低的价格进行产品生产和销售，所有的部件基本上采用最廉价的设备，用直接累加法，可得最终的价格在17元左右。

产品形式差别定价法。即公司对于不同的型号或者形式的产品，分别制定不同的价格，但是不同型号或者形式的产品价格差额和成本费用之间没有明确的比例关系。例如，可以根据最近的流行趋势制定不同类型的音乐录放器承载设备，就可以产生区别定价。

讨论：

1. 该份创业计划书摘要的撰写是否符合计划书撰写的原则？
2. 该份创业计划书摘要的撰写具有哪些特色？哪些不足？
3. 请从摘要的内容中分析该创业项目实施的可行性。
4. 如果你是风险投资家，是否会投资该项目？为什么？

【思考题】

1. 撰写创业计划书的意义和作用是什么？
2. 创业计划书的基本格式是怎样的？
3. 撰写创业计划书的原则有哪些？
4. 创业计划书撰写技巧是什么？
5. 简述创业计划书修改的程序。

【实训练习】

1. 从网上收集旅游与服务业的创业计划书范本，然后根据本章介绍的内容对计划书进行评价，写出你的理由。

2. 以小组的方式组建团队，选取一项小组成员感兴趣的文旅产业内创业机会，根据本章介绍的内容撰写创业计划书。

第九章 新创企业的开办

【引入案例】

星巴克：精心准备成长[①]

1982 年，霍华德·舒尔茨在瑞典厨房用具厂商汉马普拉斯的美国分公司任副总裁。那时，位于西雅图地区的星巴克小型咖啡零售商是该公司的客户。它一直在大量购买人工煮咖啡壶，可这种设备只是一个简单的用具，当时多数销售商更愿意购买煮咖啡更快、更好的电咖啡渗滤壶。随着星巴克订单的不断增加，舒尔茨越来越好奇。

于是，舒尔茨到西雅图参观了星巴克公司。当他首次踏入星巴克咖啡店时，仿佛进入了咖啡的殿堂。在陈旧的木质柜台后面陈列着来自世界不同地区的咖啡，在另一堵墙上摆放着各种煮咖啡的设备，其中包括汉马普拉斯的产品。一名员工向舒尔茨现场展示了星巴克如何使用汉马普拉斯的产品煮咖啡，并向他说明公司采用手工煮制的原因在于"这个过程本身就能带来不少乐趣"。随后，舒尔茨提了很多问题，并被星巴克的咖啡销售和营销手段迷住了。没过多久，他就加盟了星巴克，成为其营销和零售部门的主管。

一年后，舒尔茨的一次意大利旅行使其改变了对星巴克的经营理念。在意大利，咖啡吧在人们生活中具有举足轻重的位置，他开始考虑星巴克能否融入美国消费者的日常生活，成为消费者享受轻松愉悦的好去处。但是，星巴克的所有者拒绝了舒尔茨的想法，这迫使他离开星巴克创办了 11 Giornale 咖啡吧。1987 年，舒尔茨听说星巴克的所有者打算出售公司，就筹集 400 万美元买下了它。1987 年末，霍华德·舒尔茨成为星巴克的首席执行官和最大股东。

自从舒尔茨执掌星巴克并着手实施他的计划后，星巴克的增长速度十分惊人。在刚接手时，星巴克仅在西雅图有 17 个分店。如今，它已在四大洲拥有近 7800 个分店，平均每天就会新增 3 家分店。舒尔茨和他的团队将星巴克的年销售收入从 5 亿美元提升到了 40 亿美元，这些年星巴克的年平均增长率超过 40%。同时，公司在财务上非常谨慎，没有长期负债，只有稳定增长的收入，财务运营相当稳健。

舒尔茨如何能实现这样的业绩？对创业企业应如何创建并管理成长而言，星巴克

[①] ［美］布鲁斯·R. 巴林格，杜安·R. 爱尔兰. 创业管理：成功创建新企业 ［M］. 张玉利，王伟毅，杨俊，译. 北京：机械工业出版社，2006.

成功的三个要素会让人耳目一新。每个要素都反映出如何通过周密计划、勤勉与谨慎来推动成长的精妙之意。

首先，在创业初期，舒尔茨就注重雇用高素质的员工和管理者。例如，舒尔茨雇用霍华德·贝哈来执掌公司的零售业务，他是一位资深管理者；聘请奥林·史密斯担任公司财务总监。史密斯是难得的关键员工，作为哈佛大学的 MBA，他拥有在德勒管理咨询公司的 13 年咨询经验，并为星巴克设计了丝毫不抑制公司创业精神的经营规则。舒尔茨还开发了对咖啡调配师的深度激励措施，以激励他们尽心为公司顾客提供满意服务。这些措施表现为：舒尔茨把本应该用来做广告的资金全部倾注于员工利益和培训。1988 年，星巴克成为第一家为兼职员工负担全额健康保障的公司；1991 年，它成为美国第一家提供"股票期权"的私营企业。善待员工为星巴克带来了收益。在公司为兼职员工提供健康保障后，平均每年的雇员流动率从 175% 下降到 65%。南加利福尼亚州的星巴克职员自发研制了法布吉诺系列瓶装咖啡，并取得巨大的成功。

其次，在企业快速成长的过程中，舒尔茨很好地维系了星巴克的核心价值和优势。公司执着的理念非常重要，即在舒适、安全和心仪的氛围下提供给消费者高品质的新鲜煮制咖啡。它不仅给公司建立了强有力的品牌形象，而且对消费者不变的优质承诺促使其成长。例如，星巴克多次拒绝如麦当劳等大卖场售卖咖啡，因为公司承诺优质服务，所以不会冒品牌廉价化的风险。公司也授权那些位于飞机场、写字楼和巴诺书店等专业零售商的卖主销售星巴克咖啡。但是，这些例外都被严格控制以保证星巴克的品质体验。这些经营哲学维护了星巴克的品牌形象，赢得了忠诚的顾客群，从而使其能通过规模化实现超高的边际收益。

最后，星巴克采用了多种战略来收获成长。其中主要采用了地理扩张战略。星巴克不通过特许经营扩张，事实上 90% 以上的分店都归公司所有，其余不到 10% 的商店才由经授权的经营者经营。1992 年，第 1 家国外分店在日本东京开张。如今，星巴克已经拥有了 1200 家国外分店。在大多数情况下，公司通过与那些了解当地社区、问题和文化的本地企业合伙进入国外市场。舒尔茨相信这个办法是星巴克实现灵活而有效的国际扩张的关键因素。

随着公司在零售店销售的产品和项目逐年增长，每家店的销售收入也随之上升。商店里销售浓香煮制咖啡、意大利功夫饮料、冰凉混配饮料、各类糕点糖果和与咖啡有关的机器和配件，还出售茶、果汁和苏打水等其他饮料。公司不断尝试通过新奇方式增加销售。例如，公司推出了"星巴克随行卡"，就像预付费的电话卡，允许顾客预付 10~100 美元的金额。这张卡允许消费者在星巴克网站上购物而无需使用信用卡，也可在星巴克商店随意购买而无现金之忧。

星巴克推动企业成长的第三种方式被称为"专业经营"。专业经营是通过广泛的渠道（如商业联盟、杂货店授权、仓储俱乐部客户）和其他激励方法在公司零售店之外推广星巴克品牌。北美咖啡合伙公司就是一例，百事公司和星巴克各占一半股份。该合资企业创办于 1994 年，致力于开发和销售速溶咖啡产品，如法布吉诺和冰摇系列产品。2000 年，该合资企业在美国和加拿大约 25 万个超级市场、便利店和药店中销售法布吉诺。与此类似，星巴克和干燥器公司共建了一个合资企业，旨在开发和销售星巴克的享青雪糕。同时，该合资企业在全美 21000 家超市销售各种各样的雪糕和产品。星巴克公司还与卡夫食品公司签订了授权协议，该协议要求卡夫公司生产星巴克的全豆咖啡和炒咖啡，并面向全美 19000 家杂货店和仓货俱乐部客户销售。

目前，星巴克面临的最大问题是公司价值标准能否在其持续成长过程中完整无缺，这也是多数成功创业企业迟早会面临的挑战。

舒尔茨真正担心的是，如果星巴克为了成长而丧失与自己人（消费者、雇员和商业伙伴）的独特关系，那么它将承担巨额损失的风险，而这些正是其成功的基石。

大多数企业，无论起步多么卑微，都有可能发展成为规模更大的企业。因此，创始人需要深思熟虑公司发展的每一步。特别是在创建新企业时，创业者应认真考虑并选择合适的企业组织形式，熟悉企业注册流程，编写企业相关文件，为企业选定合适的地址，并准确处理新企业在企业创立和运营过程中可能面临的法律与伦理问题。

第一节　成立新创企业

一、新创企业的组织形式

企业家如何组织公司，尤其是选择何种法律形态，将对公司的发展潜力产生决定性影响。企业的法律形态，即企业的组织形式，涉及企业财产及其在社会化大生产中的组织状态。这包括企业财产的构成、内部分工协作以及与外部社会经济的联系方式。企业组织形式主要涉及三个方面：资金来源、利润分配和风险承担、资金运用和决策行为。一般来说，企业可以根据自身特点和环境，选择不同的组织形式，如个人独资的业主制企业、多人合作的合伙制企业，或是以法人为代表的公司制企业。

2023 年 12 月 29 日，第十四届全国人民代表大会常务委员会第七次会议决定，对《中华人民共和国公司法》做出修订，至此，我国企业法律形式基本上与国际接轨。根据中外企业有关法律条款的规定，现代企业的组织形式基本有个人独资企业、合伙企业、公司制企业（包括有限责任公司和股份有限公司）。每种组织形式各有利弊，创业者需要结合这些优劣势进行科学分析，从而选择最适合新企业的组织形式。

（一）个人独资企业[①]

个人独资企业是在中国境内由一个自然人投资设立的经营实体，投资人以其个人财产对企业债务承担无限责任，且该财产完全归投资人所有。[②]

[①②]　《中华人民共和国个人独资企业法》。

1. 个人独资企业的特征①

（1）单一投资者：由一个自然人投资设立。

（2）法律要求：设立需符合法定的场所、人员、资金等条件。

（3）财务责任：个人财产与企业财产不分离，投资人对企业债务承担无限责任。

（4）非实体法人：个人独资企业不具备法人资格。

（5）企业事务管理：出资人可自行管理或委托聘用其他具有民事行为能力的人负责企业事务。

（6）规模与进出市场：通常规模较小，设立和市场退出程序简单、条件宽松。

2. 设立个人独资企业的条件

（1）投资人必须是自然人。

（2）有合法的企业名称。

（3）有投资人申报的出资。

（4）有固定的生产经营场所和必要的生产经营条件。

（5）有必要的从业人员。

个人独资企业的优势是简便且成本低的设立、转让和解散手续；创业者拥有对企业的绝对控制权；高度的经营灵活性，可迅速响应市场变化；利润完全归创业者所有；只需缴纳个人所得税；技术和经费易于保密。劣势在于创业者需要承担无限责任；外部融资难度大；企业可能因创业者的退出而消亡，延续性差；过度依赖创业者的个人能力；创业者投资的流动性低。

【延伸阅读】

个人独资企业与个体工商户的区别

个体工商户是指以个人或家庭的劳动和生产资料为基础，其劳动成果由劳动者个人或家庭占有和支配的市场经营主体。个人独资企业与个体工商户的主要区别如下：

（1）出资人不同。个人独资企业仅由一个自然人出资人设立；个体工商户可以由一个自然人或家庭共同出资设立。

（2）雇佣人数不同。个人独资企业通常雇佣8人及以上；个体工商户通常雇佣8人及以下。

（3）承担责任的财产范围不同。个人独资企业的出资人在一般情况下仅以其个人财产对企业债务承担无限责任，只是在企业设立登记时明确以家庭共有财产作为个人出资的才依法以家庭共有财产对企业债务承担无限责任；而根据《中华人民共和国民法通则》（以下简称《民法通则》）第29条的规定，个体工商户的债务如属个人经营的，以个人财产承担，属家庭经营的，则以家庭财产承担。

（4）适用的法律不同。个人独资企业依照《中华人民共和国个人独资企业法》设

---

① 《中华人民共和国个人独资企业法》。

立，个体工商户依照《民法通则》《城乡个体工商户管理暂行条例》的规定设立。

（5）法律地位不同。个人独资企业是具有企业法人资格的经营实体；个体工商户则不具备法人资格，不采用企业形式。区分二者的关键在于是否进行了独资企业登记，并领取了独资企业营业执照。

（二）合伙企业①

合伙企业是指依照《中华人民共和国合伙企业法》在境内设立的普通合伙企业和有限合伙企业，其设立主体包括自然人、法人或者其他组织。普通合伙企业由 2 人以上普通合伙人（没有上限规定）组成，合伙人对合伙企业债务承担无限连带责任。有限合伙企业由 2 人以上 50 人以下的普通合伙人和有限合伙人组成，其中普通合伙人至少有 1 人，当有限合伙企业只剩下普通合伙人时，应当转为普通合伙企业，如果只剩下有限合伙人时，应当解散。普通合伙人对合伙企业债务承担无限连带责任，有限合伙人以其认缴的出资额为限对合伙企业债务承担责任。

1. 合伙企业的特征

（1）合伙企业的设立主体包括自然人、法人和其他组织。

（2）合伙人承担连带责任，即所有的合伙人对合伙企业的债务负有责任向债权人偿还，不受合伙协议约定限制。若一名合伙人无法清偿债务，其他合伙人也需承担清偿责任。但当某一合伙人超额清偿债务时，有权向其他合伙人追偿。

（3）合伙人承担无限责任，即合伙人不仅以投入的资金为限，还以个人财产对债权人承担清偿责任。

（4）合伙企业有书面合伙协议，由全体合伙人共同商议一致并以书面形式订立。

2. 创建合伙企业的条件

（1）有两个以上依法承担无限责任的合伙人。

（2）有书面合伙协议。

（3）有各合伙人实际缴付的出资。

（4）有合伙企业的名称。

（5）有经营场所和从事合伙经营的必要条件。

合伙企业的优势在于设立简单、费用低；经营灵活性高；资金来源广泛、信用度高；拥有团队整合和互补能力。缺点在于合伙人需要承担无限责任；财产转让困难；融资能力有限、企业规模受限；会因关键合伙人的意外或退出而解散；在合伙人对企业经营有分歧时，决策成本高。

（三）公司制企业②

公司是依照《中华人民共和国公司法》在我国境内设立的有限责任公司和股份有限公司。

---

① 《中华人民共和国合伙企业法》。
② 《中华人民共和国公司法》。

1. 有限责任公司

有限责任公司是由一定数量的股东组成，股东仅以其出资额为限对公司承担责任，公司则以全部资产对债务承担责任。

（1）有限责任公司的特征。

1）有限责任公司是企业法人，有独立的法人资产，享有法人财产权。

2）限定的股东人数，股东人数不超过50人。

3）有限责任公司以其全部财产对公司债务承担责任。

4）有限责任公司的股东以其认缴的出资额为限对公司承担责任。

5）公司章程由股东共同制定。

（2）创立有限责任公司的条件。

1）股东符合法定人数。

2）有符合公司章程规定的全体股东认缴的出资额；有限责任公司的注册资本为在公司登记机关登记的全体股东认缴的出资额。法律、行政法规以及国务院决定对有限责任公司注册资本实缴、注册资本最低限额另有规定的，从其规定。

3）股东共同制定公司章程。

4）有公司名称，建立符合有限责任公司要求的组织机构。

5）有公司住所。

有限责任公司的优势在于股东承担有限责任，风险较小；公司具有独立寿命，易于存续；公司所有权和经营权分离，市场适应性强；多元化产权结构有利于科学决策；能够吸纳多个投资人，促进资本集中。劣势在于创立程序复杂、费用高；税收较重，双重纳税；无法公开发行股票，筹集资金的规模与渠道受限；产权流动性差，资产运作受限。

2. 股份有限责任公司

股份有限公司是由一定人数以上的股东组成，公司全部资本分为等额股份、股东以其认购股份为限对公司承担责任、公司以其全部资产对公司债务承担责任的公司。

（1）股份有限公司的特征。

1）股份有限公司是企业法人，有独立的法人财产和法人财产权。

2）限定发起人人数，股份有限公司的发起人应当在一人以上二百人以下。

3）股份有限公司以其全部财产对公司债务承担责任。

4）股份有限公司的股东以其认购的股份为限对公司承担责任。

5）股份有限公司股东共同制定公司章程。

6）股份有限公司的设立可以采取发起设立或者募集的方式。

（2）创立股份有限公司的条件。

1）发起人数符合法定人数。

2）有符合公司章程规定的全体发起人认购的股本总额或者募集的实收股本总额；股份有限公司采取发起设立方式设立的，注册资本为在公司登记机关登记的全体发起人认购的股本总额。在发起人认购的股份缴足前，不得向他人募集股份。股份有限公司采取募集方式设立的，注册资本为在公司登记机关登记的实收股本总额。法律、行政法规以及国务院决定对股份有限公司注册资本实缴、注册资本最低限额另有规定的，从其规定。

3）股份发行、筹办事项符合法律规定。

4）发起人制定公司章程，采用募集方式创立的由创立大会通过。

5）有公司名称，简历符合股份有限公司要求的组织机构。

6）有公司住所。

股份有限公司的优势在于股东仅承担有限责任，风险较小；筹资能力强；公司具有独立寿命，易于存续；职业经理人管理，管理水平高；公司产权可以股票形式充分流动。劣势在于公司创立程序复杂、费用高；税收较重，双重纳税；政府限制多，法规的要求严格；公司定期报告财务状况，导致相关事务难以严格保密。

（四）选择组织形式应考虑的主要因素

在具体的创业实践中，创业者应该综合考虑以下因素：

1. 创业者的资金成本

当资金较充裕时，可以选择有限责任公司；而当资金较为紧张时，可以选择个人独资企业或者合伙企业。

2. 创业者的数量和个人特质

如果创业者希望单独创办企业且具备领导能力，可以选择个人独资企业；如果是多人合作创办企业，且善于沟通和借势发展，可以选择合伙企业或者有限责任公司，当人数达到股份有限公司的要求时，可以考虑注册股份有限公司。

3. 创业者的企业经验

经验丰富的创业者适合选择个人独资企业；反之，最好选择合伙企业或者是有限责任公司，以避免企业经营出现重大问题。

4. 企业的赋税

在经营过程中，企业经常涉及纳税问题。由于企业规模和行业不同，税负会有很大差异。因此，在创办初期就应该选择合适的企业组织形式，并进行纳税规划。2001年1月1日，国家规定独资企业、合伙企业不必缴纳企业所得税，因为它们不算法律上的法人实体，但是其企业主和合伙人必须就其从企业盈余分配所得缴纳个人所得税。有限责任公司应根据其经营所得缴纳公司所得税，而公司股东从公司取得税后利润的收入时，还要分别就其收入缴纳所得税。在我国，不同的行业需要缴纳的税种也不同，如从事工业和商业活动，需要缴纳增值税；从事建筑安装、交通运输和社会服务，需要缴纳营业税等。

5. 企业设立的条件、程序和费用

企业设立的条件与程序一般受企业投资者的责任制约，投资者责任越轻，条件越严格，程序越复杂，费用也越高，如股份有限公司，现实生活中，由于股份有限公司注册资本高，一般不被创业者采用；相反，投资者责任越重，条件则相对宽松简单，费用较低，如个人独资企业、合伙企业，我国相关法律规定，个人独资企业、合伙企业注册资金实行申报制，没有最低限额要求。

6. 行业特点

制造型企业、贸易加工型企业等适合较大规模经营的行业，更适宜选择合伙制和有限责任公司，以弥补技术与管理的不足，扩大资金来源；而一般性服务行业，尤其是规模较小的，可以选择个人独资企业。

7. 创办企业所在地的环境和政策

创业者应当根据当地政府对不同企业的优惠政策，选择最有利于自我的组织形式。

除了以上因素，创业者还应全面考虑其他因素，如权利和义务等，以选择最合适自身的组织形式。

二、新创企业面临的法律及伦理问题

国家的法律法规是公民和企业都要遵守的强制性准则，因此，作为想创办企业的创业者，要自觉"学法、知法、懂法、用法"，既要履行法律规定的各项义务，又要善于用法律的武器保护自己。与新办企业直接有关的基本法律主要包括《中华人民共和国知识产权法》《中华人民共和国劳动合同法》《中华人民共和国合同法》《中华人民共和国税收征收管理法》等。同时，新办企业还应注意伦理问题，包括创业者与原雇主之间、创业团队成员之间、创业者和其他利益相关者之间的伦理问题等。遵纪守法的企业不仅能赢得消费者的信任、供应商的合作、员工的信赖和政府的支持，甚至还能赢得竞争对手的尊重，为企业营造一个良好的生存发展空间。

（一）新创企业面临的法律问题

作为创业者，并非需要了解所有的法律内容，只需了解哪些法律与新办企业有关即可。企业在创建阶段需要考虑的法律问题主要包括确定企业法律形式、起草合同、公司章程、专利申请、商标和版权保护等。在经营阶段，需要考虑更多的法律问题，主要包括劳动法规、安全法规、质量法规、财务和会计法规、市场竞争法规等。以下主要介绍几种常见的法律法规。

1. 《中华人民共和国知识产权法》（以下简称《知识产权法》）

知识产权是指人们对自己创造性的智力劳动成果所享有的民事权利，主要包括专利、商标、版权等，是企业的重要资产。《知识产权法》是调整知识产权的获取、利用和保护所设计的社会关系的法律规范的总称。创业者需要认识到这些无形资产的重要性、了解相关法规，既能保护自己的知识产权不受他人侵犯，同时也能避免无意中侵犯他人产权。

企业运营过程中，每个方面可能都涉及应该保护的知识产权，但是创业企业有时候难以决定哪些属于知识产权，是否应该运用法律保护，他们在知识产权方面存在的错误认知包括不能正确识别所有的知识产权、没有充分认识到知识产权的价值、没有采取法律手段保护知识产权、没有将知识产权作为整体成功计划的一部分。如图9-1所示，主要介绍与创业企业紧密关联的知识产权法规：《中华人民共和国专利法》《中华人民共和国商标法》《中华人民共和国著作权法》。

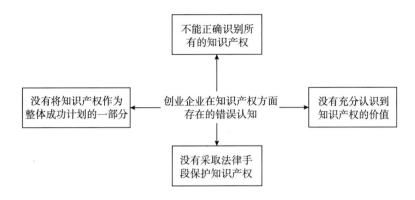

图 9-1 创业企业在知识产权方面存在的错误认知

资料来源：［美］布鲁斯·R. 巴林格，杜安·R. 爱尔兰. 创业管理：成功创建新企业［M］. 张玉利，王伟毅，杨俊，译. 北京：机械工业出版社，2006.

（1）《中华人民共和国专利法》与专利权。我国 1984 年 3 月 12 日颁布了《中华人民共和国专利法》（以下简称《专利法》），2020 年 10 月 17 日第十三届全国人民代表大会常务委员会第二十二次会议通过了第四次修订。

专利权是指权利人对其获得专利的发明创造（发明、实用新型或外观设计），在法定期限内所享有的独占权或专有权。专利所有者在一定时期内对专利拥有垄断权，这种权利具有独占的排他性。非专利权人要想使用他人的专利技术，必须依法征得专利权人的授权或许可，而《专利法》可以保护专利拥有者的权利。

我国专利的类型有发明专利、实用新型专利和外观设计专利。申请发明或者实用新型专利的，应当提交请求书、说明书及其摘要和权利要求书等文件；申请外观设计专利的，应当提交请求书、该外观设计的图片或者照片及对该外观设计的简要说明等文件。发明专利权的期限为 20 年，实用新型专利权的期限是 10 年，外观设计专利权的期限为 15 年，均自申请日起计算。

（2）《中华人民共和国商标法》与商标。我国 1982 年 8 月 23 日颁布了《中华人民共和国商标法》（以下简称《商标法》），2019 年 4 月 23 日第十三届全国人民代表大会常务委员会第十次会议进行了第四次修订。

《商标法》是调整企业在商标注册与使用中出现各种问题的行为规范。《商标法》规定，自然人、法人或者其他组织对其提供的产品或劳务，需要取得商标专用权的，应当向商标局申请商品商标注册。注册商标申请人，必须是依法成立的企业、事业单位、社会团体、个体工商户、个人合伙人以及符合《商标法》规定的外国人或者外国企业。

商标是用于识别和区分一方商品或服务来源的标志，由文字、图形、字母、数字、三维标志、声音、颜色组合，或上述要素的组合构成，并具有显著特征。企业使用商标旨在让人们立即辨识其产品，无需阅读公司名称，甚至无需思考。商标权仅归所有者所有，商标注册人享有依法支配其注册商标并禁止他人侵害的权利，包括商标注册人对其注册商标的排他使用权、收益权、处分权、续展权和禁止他人侵害的权利。

（3）《中华人民共和国著作权法》与著作权。我国于1990年9月7日颁布了《中华人民共和国著作权法》（以下简称《著作权法》），2020年11月11日，根据第十三届全国人民代表大会常务委员会第二十三次会议决定，对《著作权法》作出了第三次修订。

《著作权法》是指国家制定或认可的，调整由文学、艺术和科学作品产生的社会关系的法律规范的总和。《著作权法》既要保护著作权人的合法权利，又要维护社会公众对作品正当合理的使用，以鼓励优秀作品的创作和传播。

著作权也称版权，是指作者及其他权利人对文学、艺术和科学作品享有的人身权和财产权的总称。著作权包括发表权、署名权、修改权、保护作品完整权等17项权利。对著作权的保护是对作者原始工作的保护。作者的署名权、修改权、保护作品完整权的保护期不受限制，自然人的作品，其发表权的保护期为作者终生及其死亡后五十年，法人或者非法人组织的作品、著作权（署名权除外）由法人或者非法人组织享有的职务作品，其发表权的保护期为五十年。我国实行作品自动保护原则和资源登记原则，即作品一旦产生，作者便享有版权，登记与否都受法律保护；自愿登记起证据作用。

2.《中华人民共和国劳动法》（以下简称《劳动法》）

劳动关系是劳动者与用人单位在实现劳动的过程中建立起来的一种社会经济关系。《劳动法》是为了保护劳动者的合法权益，调整劳动关系，完善劳动合同制度，明确劳动合同双方当事人的权利和义务，构建和发展和谐稳定的劳动关系，根据宪法而制定和颁布的法律。

（1）劳动者的权利与义务。《劳动法》第3条明确规定，劳动者享有平等就业和选择职业的权利、取得劳动报酬的权利、休息休假的权利、获得劳动安全卫生保护的权利、接受职业技能培训的权利、享受社会保险和福利的权利、提请劳动争议处理的权利以及法律规定的其他劳动权利。劳动者应当完成劳动任务，提高职业技能，执行劳动安全卫生规程，遵守劳动纪律和职业道德。

（2）劳动者的工作时间和休息休假。《劳动法》第36条、第38条、第40条、第45条规定，劳动者每日工作时间不超过八小时，平均每周工作时间不超过四十四小时。用人单位应该保证劳动者每周至少休息一日。用人单位应当在法定节假日安排劳动者休假。劳动者连续工作一年以上的，享受带薪年休假。

（3）劳动者的工资、社会保险。《劳动法》第46条、第47条、第48条、第50条、第51条、第72条、第75条规定，工资分配应当遵循按劳分配原则，实行同工同酬。用人单位根据本单位的生产经营特点和经济效益，依法自主确定本单位的工资分配方式和工资水平。国家实行最低工资保障制度，最低工资的具体标准由省、自治区、直辖市人民政府规定，报国务院备案。用人单位支付劳动者的工资不低于当地最低工资标准。工资应当以货币形式按月支付给劳动者本人。不得克扣或者无故拖欠劳动者的工资。劳动者在法定休假日和婚丧假期间以及依法参加社会活动期间，用人单位应当依法支付工资。社会保险基金按照保险类型确定资金来源，逐步实行社会统筹。用人单位和劳动者必须依法参加社会保险，缴纳社会保险费。鼓励用人单位根据本单位实际情况为劳动者建立补充保险。

（4）劳动争议和法律责任。《劳动法》第 77 条、第 78 条、第 89 条规定，用人单位与劳动者发生劳动争议，当事人可以依法申请调解、仲裁、提起诉讼，也可以协商解决。调解原则适用于仲裁和诉讼程序。解决劳动争议，应当根据合法、公正、及时处理的原则，依法维护劳动争议当事人的合法权益。用人单位制定的劳动规章制度违反法律、法规规定的，由劳动行政部门给予警告，责令改正；对劳动者造成损害的，应当承担赔偿责任。

3. 《中华人民共和国反不正当竞争法》

不正当竞争最早出现在 1883 年的《保护工业产权巴黎公约》，主要是指在工商活动中违反诚实信用原则的竞争行为，这种行为损害了其他经营者的合法权益，扰乱了社会经济秩序。反不正当竞争法是禁止以违反诚实信用原则或其他公认的商业道德的手段从事市场竞争行为、维护公平竞争秩序，促进市场经济健康发展的一类法律规范的总称。

1993 年 9 月 2 日，第八届全国人民代表大会常务委员会第三次会议通过《中华人民共和国反不正当竞争法》；2017 年 11 月 4 日，第十二届全国人民代表大会常务委员会第三十次会议第一次修订；2019 年 4 月 23 日，第十三届全国人民代表大会常务委员会第十次会议第二次修订。不正当竞争行为的具体表现形式有以下 11 种：

（1）采用假冒或仿冒等混淆手段从事市场交易，损害竞争对手的行为。

（2）商业贿赂行为。

（3）虚假宣传行为。

（4）侵犯商业秘密的行为。

（5）不正当有奖销售行为。

（6）诋毁竞争对手商誉行为。

（7）经营者以排挤竞争对手为目的，以低于成本价格销售商品。

（8）附条件交易行为，如在销售商品或提供服务时，违背购买者的意愿，搭售其他商品或附加其他不合理的交易条件的行为。

（9）投标招标中的不正当竞争行为。

（10）公用企业或其他依法具有独占地位的经营者强制交易的行为。

（11）政府及其所属部门滥用行政权力限制竞争的行为。

（二）新创企业面临的伦理问题

1. 企业伦理的概念和作用

许多成功的创业者认为，道德高尚和正直是取得长期成功的重要条件。杰弗里·蒂蒙斯和霍华德·史蒂文森曾对 128 位总裁/创始人进行调查，当问及他们的企业获得成功关键的诀窍时，有 72% 的总裁认为高尚的伦理道德是成功的最重要的因素。因此，新创企业在遵守国家法律法规的同时，必须考虑企业伦理问题。

企业伦理又被称为商业伦理，是指组织处理内外部关系，处理组织内部成员之间权利和义务的规则，以及在决策过程中体现的人与人之间的关系和所应用的价值观念。

20 世纪 60 年代，美国许多企业在经营活动中大肆污染环境、销售不合格产品、忽视员工利益，被曝光后引起了公众的强烈谴责，呼吁企业承担起社会责任。这导致全社会引发了一场保护消费者权益的运动，从而使企业开始重视企业伦理问题。企业伦理反映的是企业"善与恶"的价值判断，是企业价值观的核心。只有重视和加强企业的伦理建设，严格遵循伦理规范，企业才能真正达到经营管理的理想境界，具备强大的竞争力。

2. 新创企业需要考虑的伦理问题

新创企业面临的伦理问题主要包括创业者与原雇主、创业者与创业团队、创业者与其他利益相关者之间的伦理问题。

（1）创业者与原雇主之间的伦理问题。创业者在创办新企业之前曾是另一家企业的管理团队成员，需要谨慎处理与原雇主的伦理关系。原雇主可能会视新企业为潜在竞争对手而百般阻挠，同时创业者可能会带走原雇主的各种资源，这些行为都违背商业伦理。因此，创业者应以合乎伦理的方式解决这些问题。

首先，创业者应适当表露离职意向，并在离职前完成本职工作。其次，若创业者是原企业的关键员工，并计划离职后在同一产业内创业，不应携带属于当前雇主的资料信息，并签署相关的保密协议和竞业禁止协议。当然，创业者最好选择与原雇主不完全相同的业务，在创新的基础上有所突破，避免纠纷，使企业具有独特的竞争优势，填补市场空缺，更好地占领市场。

（2）创业者与创业团队成员之间的伦理问题。若创业者组建创业团队，需妥善处理与团队成员之间的伦理问题。由于创业团队成员通常处于企业的高层管理位置，出现信任缺失、分工不明确、利益分配不清晰等纠纷将对企业造成重大影响，甚至危及企业存续。因此，创业者需在初期建立合理的股权结构、设计科学的激励方案、构建有效的沟通和决策机制、培养良好的企业文化、促进合作意识和团队精神，以有效解决创业团队冲突，推动团队的发展和壮大。

（3）创业者与其他利益相关者之间的伦理问题。其他利益相关者是与新企业经营决策有直接或间接关系的组织或个体，如员工、供应商、消费者、社区、竞争对手等。常见的伦理问题有性别歧视、虚假广告、偷税漏税等。这些行为不仅损害了他人的利益，也违背了公平竞争的原则。因此，创业者在与这些利益相关者合作时，必须本着互利共赢的原则。如按时履行所有合同义务，包括按协议及时偿付供应商和员工，同时按承诺准时交付商品或服务，即使无法按时履约，也要及时向受损当事人沟通解释，维持自己的诚信。此外，还可以建立企业文化，培养员工的伦理观念，为创业者和员工提供具体的行动准则。

总之，面对种种伦理问题，创业者应该树立正确的价值观，坚守道德底线，同时，创业者还应该与社会各界合作，共同推动创业环境的良性发展，为社会进步贡献力量。

三、新创企业的选址及登记注册流程

（一）选址的重要性及其影响因素

创业选址是指企业在开业前对经营地址进行讨论和决策的过程。由于成本以及移动已建企业的不现实性，选址决策的重要性被低估了。如果位置选择不佳，即使有充足的资金和优秀的管理才能，企业也无法发展。连锁公司会在建立新门店前会花费高价去仔细研究位置的可行性。特许经营吸引人的其中一个原因就在于特许权人通常会帮助创业者选址。

有利的位置对一些企业比对其他企业更重要。例如，时装店的位置必须给予顾客方便；相较而言，油漆厂的地理位置就不是很重要，因为顾客不会频繁地光顾那里。然而，油漆厂可能也要承受因选址失误而造成的苦果，因为一些社区比其他社区更愿意为保持财产的完美无缺而进行投资，因此能为油漆工作提供更多的机会。

创业者要充分认识到企业地址选择对企业经营发展的重要性，对影响企业选址的诸多因素进行科学分析，掌握企业选址的策略和技巧。选址的重要性，具体体现在以下几个方面：

（1）选址是企业的一项长期发展投资。无论是租赁的，还是购买的，一旦被确定下来，就需要大量的资金投入。当外部环境发生变化时，地址不能像人力、财力、物力等其他经营要素一样可以做相应的调整，它具有长期性、固定性特点。因此，对地址的选择要做深入的调查和周密的考虑，妥善规划。

（2）选址决定企业的成败。科学的选址会使企业与同行竞争时占据"地利"的优势。在同行企业之间，虽然企业的产品构成、管理水平、服务水平和营销手段基本相同，但由于地理位置不同，会导致效益有很大差异。尤其是对于与消费者直接接触的服务型企业，如连锁店，由于位置不同而导致运营状况有很大差异。

（3）选址制订经营战略及目标的重要依据。经营战略及目标的确定，首先要考虑所在区域的社会环境、地理环境、人口、交通状况及市政规划等因素。依据这些因素明确目标市场，按目标顾客的构成及需求特点，确定经营战略及目标，制定包括广告宣传、服务措施在内的各项促销策略。

（4）选址对提升企业竞争力意义深远。地址在某种程度上决定了客流量的多少、顾客购买力的大小、顾客的消费结构、新企业对潜在顾客的吸引程度以及竞争力的强弱等。选址适当，便占有了"地利"的优势，能吸引大量顾客，生意自然就会兴旺。

【阅读案例】

合适的店面选址成就西点大王①

与传统正餐相比，以经营蛋糕、面包、点心为主的西饼店正以其特色获得很多消

---

① 吴金秋．大学生创业管理"三个一"教程［M］．哈尔滨：黑龙江大学出版社，2012.

费者的青睐。对投资者而言，无论以哪种经营方式来运作西饼店，店铺位置的选择都尤为重要。俗话说"一步差三市"，即开店地址"差一步"，就有可能"差三成"的买卖。因此，不管是加盟连锁品牌还是自创品牌，选址是否合理是投资者首先考虑的重点。谈及市场上经营成功的西饼店，不能不提及好利来。这个1992年创办的企业已在全国70多个大中城市拥有900多家直营店铺，成为国内烘烤行业的龙头企业。

2009年，好利来加速在北京市场上的开店计划。屈宝良作为好利来专职的开发管理人员，讲述了连锁饼店在选址过程中遵循的规律。好利来在选址方面的经验将对投资者开店起到借鉴和指导作用。同时，开发商能了解这类业态在选址过程中的诉求。

在人口密集处开店。"好利来经营的产品属于休闲类食品，顾客是具备了一定消费能力的人群。因此，在选址时首先要对选定的地方进行人群调查分析，看是否满足开店的基本要求。"在屈宝良看来，对客流量和购买力的分析是开店的基础。

通常而言，在人口密集的地段开店，成功的概率往往比普通地段高出很多。好利来在选址之初会通过对人口密度、客流量、人口流动性的测算来预计人口密集的程度。例如，可以用每平方千米的人数或户数来确定一个地区的人口密度，人口密度越高，则进驻该区域的可能性越大。同时，在评估某具体项目时，应认真评定经过该地点行人的流量，这也就是未来商店的客流量。

经过以上的数据测算之后，好利来进驻的区域大致包含以下特征。首先，好利来会选择在城市的商业中心或者商务区开店。这些区域有大量的客流量，且面对的顾客多是白领阶层。如好利来在北京西直门、朝外等地开设的店铺。其次，在临近居民区的街道开店，面对的客群主要以当地居民为主，流动客群为辅。最后，在学校门口、人气旺盛的旅游景点、大型批发市场门口等地也是好利来考虑的区域。

此外，区域的购买力水平是好利来进驻与否的重要考核标准。也就是说，根据人流量来推算出店铺目标客户的数量。在客流量很大的城市商业中心或者商务区内，可以根据区域内写字楼和商场的档次来评定流动客群的购买水平。而如果在住宅区域内开店，则需要对小区内人口的收入水平进行随机抽样的调查，因为人口的消费水平是由其收入水平决定的。因此，以青年和中年顾客为主，有较多可支配收入的居住区将会被好利来优先选择。

(二) 影响创业选址的因素

贾斯汀·格朗内克提出企业选择有利位置的五个关键因素，如图9-2所示。包括顾客可进入性、企业经营环境、资源的可获得性、企业家个人偏好和位置便利条件与成本。他认为，在特殊情况下，某个因素可能比其他因素更具影响力，但每个因素通常都影响着最终的选址决策。

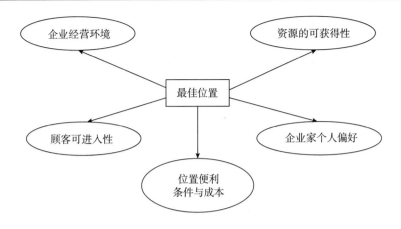

图 9-2 决定有利的企业位置的五个关键因素

资料来源：［美］贾斯汀·格朗内克，卡洛斯·穆尔，小威廉·佩蒂. 小企业管理——创业之门［M］. 郭武文，等译. 北京：人民邮电出版社，2006.

在选择门店选址时，企业需要综合考虑多个因素，总结起来，可以从七个方面进行分析：政治法律因素、经济因素、技术因素、社会文化因素、自然因素、人口因素和成本因素。

1. 政治法律因素

选址决策在很大程度上受到政治法律环境的影响。政治法律环境包括政治环境和法律环境。其中，政治环境包括党和政府各项路线、方针、政策的制定和调整，如优惠的政策可以帮助政府有效地吸引投资；法律环境包括法律、行政法规、地方性法规、规章、税收等，如税收的高低直接影响企业的收益。

尤其是一些跨境企业，在选址时考虑的首要因素是备选地区的政治法律环境。发达国家的政府都在干预零售业，从法律角度限制大店的开设；相比于国外严格的法律和监管环境，中国对零售业尚缺乏有效的监管和处罚措施，国际零售商因无须考虑对中国民族企业、中小企业、环境、交通、周边居民等所造成的影响，在中国的扩张得心应手，不过在商务部的推动之下，各级政府对商业网点开设的约束力在逐步加大。

2. 经济因素

与选址相关的经济因素包括市场规模、劳动力条件、基础设施、竞争情况、产业集聚等多个方面。市场规模是指通过分析区域内人口规模与密度、购买力情况等得出的市场需求情况，这一点在零售业选址中尤为重要。劳动力条件在企业选址中也是重要的考虑因素，包括劳动力的数量、质量、工资水平等。基础设施泛指生产场地、设备情况、交通状况、仓库等，影响着企业生产、运输、仓储的基础环境。其中，交通便利性是大多数企业选址的考虑因素，因为交通运输的便利与否直接影响着运输成本的高低。企业竞争也会制约选址。不同国家、不同城市、城市内部的各个区域的竞争水平相异，在某些空间存在着比其他空间更激烈的竞争，有更多更强的竞争对手。在我国，企业之间的竞争是复杂的，既有同业态企业之间的竞争，也有不同业态企业之间的竞争，更有内资和外资之间的竞争。因此，企业在区位分析时必须考虑竞争这个重要因素。产业集聚是指生产某种产品的多个企业及其配套的上下游企业和相关服务业高度聚集在一定的区域范围内。这种生产在地理上的集中，正是企业集聚带来收益递增的结果。

3. 科技因素

技术对于那些以科技研发与生产为项目方向的高科技新企业而言是至关重要的，尤其是在科技引领经济发展的时代，企业选址越来越受到科技水平和高科技人才资源的影响。高新技术产业作为经济增长和带动就业的关键因素，在企业选址时应得到充分考虑，这些企业可以考虑将企业建立在与自身相关的技术研发中心附近，或是建在技术信息更新传播快的地区，企业能在第一时间掌握最新技术的最前沿的应用，并考虑随之而来对自身和竞争者的影响，从而减少未来由技术带来的不确定性的影响。

4. 社会文化因素

选择新企业地址时，创业者应考虑新企业地址所在城市的影响力、所在地区的价值观和民族文化性格；分析新企业产品或服务目标消费群体的审美观念与消费心理。不同文化背景的消费者，由于生活态度与价值取向的差异，导致他们对健康、营养、安全与环境等的关注程度不同，会直接影响新企业产品或服务的市场需求与市场拓展。民族文化性格是跨国选址的一个重要考量指标，大度与兼容文化对外商投资有很大的吸引力。某一区域或某个集体的亚文化不仅与主文化相通，也有其自身独特的价值和观念。

5. 自然因素

创业者应该关注所选地址的地质状况、水资源的可用性、气候变化等自然因素是否符合新企业生产与经营的客观需要。同时，应考虑地理环境对选址是否有利，一是交通便利与畅通的程度，交通条件便利与否对新企业的营销有很大影响；二是所选地址周围的卫生与硬件设施情况及繁华程度，若新企业地址选在卫生环境好且位于车站附近、商业区或人口密度高的地区或同一行业集中的地区，将具有较大的优势。

6. 人口因素

创业者应该对可能成为新企业的消费群体有所了解。要重点了解该地区的人口结构、人口数量及人口稳定状况，以及消费者的职业与收入状况；还要了解消费者的购买习惯、消费能力等情况。人口因素往往反映该地区的市场需求及市场容量。一般情况下，新企业地址附近的人口越多、越密集，对新企业的经营发展就越好。

7. 成本因素

店铺资金流是创业者始终要考虑的事情。店面租金是服务行业，如餐饮店铺经营最大的一项开支。同一商场内，对比租金的情况会产生天然优势，直接影响着后续经营效益。投资回报率，主要是预计店铺的运营情况，投资需要多长时间可以收回成本。物业费用包括日常的水电、煤气和停车场费用也是一项重大支出，这是一项长期开销，直接与经营成本挂钩。

（三）选址的步骤

科学有效的选址对新企业而言至关重要。具体步骤如下：

1. 确定选址目标

明确定义选址目标，确定评价指标，如企业的生产纲领、人力物力等资源条件、相关的经济技术指标，从而根据企业类型大体规划选择区域目标。在这个过程中，创业者首先要确定企业应对的消费群体，不同的消费群体需要不同的商圈选择。

2. 调查研究

开展调研，收集相关数据，并分析各种影响因素，对各因素进行主次排列，权衡取舍，拟定初步的候选方案，得出若干个选址。

3. 综合评估

对初步候选方案进行详细的分析，可以采用多因素综合评价方法来评价选址，先给不同的因素赋予权重，再给不同选择下的各因素打分，最后求出各方案的加权平均值得出最优的几个方案。

4. 确定最终方案

创业者自身分析的结果并不是最终结果，对可供选择的方案需要进一步咨询与听取多方意见，征求外部专家和其他利益相关者的意见，制定详细的备选地址优势与劣势对比表，再综合运用选址评估方法，最终做出新企业的选址决策。

（四）企业登记注册流程

按照国家法律规定，创办企业从事经营活动，需要到工商行政部门办理登记手续，领取营业执照，如果从事特定行业的经营活动，还需要事先得到相关主管部门的批准文件。新企业登记注册流程一般包括以下步骤：

1. 预先核准企业名称

申请企业名称预先核准时，创业者需要准备好五个以上企业名称，同时提供有限责任公司的全体股东或者股份有限公司的全体发起人签署的公司名称预先核准申请书；全体股东或发起人指定代表或者共同委托代理人的证明；国家工商行政管理总局规定要求提交的其他文件。到当地工商行政管理部门进行名称查重，防止出现重名情况。

2. 工商注册

新企业按照国家工商行政管理总局制定的申请书格式文本提交登记申请书，并按照企业登记法律、行政法规和国家工商行政管理总局规章的规定提交有关材料。

3. 缴纳出资

所有股东带着自己入股的资金、公司章程、工商局法定核名通知、法人代表的私章、身份证、用于验资的费用、空白询证函表格，到银行开立公司账户。开立公司账户后，各股东按自己出资额向公司账户中存入相应的金额。银行会发给每个股东缴款单，并在询证函上盖银行的章。根据《公司法》规定，注册公司时，股东必须在五年内缴足资本，既可以是货币形式，也可以是用实物、知识产权、土地使用权等可以用货币估价并可以依法转让的非货币财产形式。

4. 出具验资报告

新企业携带银行出具的股东缴款单、银行盖章后的询证函，以及公司章程、核名通知、房租合同、房产证复印件，到会计师事务所办理验资报告。

5. 颁发营业执照

整理资料到工商局办理营业执照。

6. 办理印章

新企业凭营业执照到公安机关审核登记，持公安机关发给的《刻制印章通知单》到公安局指定的刻章社，刻企业公章、企业财务专用章、企业合同专用章。

7. 代码登记

新企业凭营业执照到当地技术监督局办理组织机构代码证书，需要提交相关材料：企业单位提交企业法人营业执照或者营业执照及复印件；法定代表人、负责人身份证件及复印件；经办人身份证件及复印件，组织机构授权经办人办理登记的证明。

8. 办国税证

整理资料到国税局办证处办理国税证。

9. 办地税证

整理资料到地税局办证处办理地税。

10. 开设银行账户

新企业到开立验资户的银行或其他银行开设公司基本账户。需要填写开户申请书，提供基本存款账户的企业同意其附属的非独立核算单位开户的证明等证件，送交盖有企业印章的卡片，经银行审核同意后开立账户。

11. 办理税务登记

新企业自领取营业执照之日起 30 日内，持有关证件，向税务机构申报办理税务登记，需要提供营业执照，有关合同、章程、协议书，银行账号证明，居民身份证、护照或其他合法证件，以及税务机关要求提供的其他有关证件、资料。税务机关应当自收到申报之日起 30 日内审核并发给税务登记证件。

12. 办理社会保险

根据《中华人民共和国社会保险法》，创业企业注册后还必须办理社会保险。用人单位应当自成立之日起 30 日内凭营业执照、登记证书或者单位印章，向当地社会保险经办机构申请办理社会保险登记。

【阅读案例】

旅行社注册条件和程序①

一、旅行社的设立条件

旅行社的设立，既要遵守企业法的一般规定，又要遵守《中华人民共和国旅游法》（以下简称《旅游法》）、《旅行社条例》的特殊规定。《旅游法》第二十八条规定，设立旅行社，招徕、组织、接待旅游者，为其提供旅游服务，应当具备下列条件，取得旅游主管部门的许可，依法办理工商登记：有固定的营业场所；有必要的营业设施；

---

① 李文汇，朱华. 旅游政策与法律法规［M］. 北京：北京大学出版社，2020.

有符合规定的注册资本；有必要的经营管理人员和导游；法律、行政法规规定的其他条件。

1. 有固定的营业场所

（1）申请者拥有产权的营业用房，或者申请者租用的、租期不少于一年的营业用房。

（2）营业用房应当满足申请者业务经营的需要。

2. 有必要的营业设施

（1）两部以上的直线固定电话。

（2）传真机、复印机。

（3）具备与旅游行政管理部门及其他旅游经营者联网条件的计算机。

3. 有符合规定的注册资本

国内旅行社注册资本不得少于 30 万元，国际旅行社注册资本不得少于 150 万元。经营国内旅游业务和入境旅游业务的旅行社，应当存入质量保证金 20 万元；经营出境旅游业务的旅行社，应当增存质量保证金 120 万元。

4. 有必要的经营管理人员和导游

5. 法律、行政法规规定的其他条件

二、设立旅行社的审批材料

为了能够顺利地办理设立旅行社的申办手续，申办人应当准备好申办过程所需的各种文件和证明材料。这些文件包括设立申请书、法定代表人履历表及身份证明、企业章程、依法设立的验资机构出具的验资证明、营业场所的证明、营业设施的证明或者说明、工商行政管理部门出具的"企业法人营业执照"。

1. 设立申请书

内容包括申请设立的旅行社的中英文名称及英文缩写、设立地地址、企业形式、投资人、投资额和出资方式、申请人、受理申请部门的全称、申请书名称和申请的时间。

2. 法定代表人履历表及身份证明

申办人在申请设立旅行社时，应当将法定代表人的履历表及身份证明报送受理申请的旅游行政管理部门。

3. 企业章程

旅行社章程由申办人起草，是旅行社运营的基本制度。旅行社章程应阐明旅行社的经营宗旨、运行方式和经济实力，规定旅行社在各方面应遵循的原则。

4. 依法设立的验资机构出具的验资证明

为了对申请设立的旅行社注册资本和质量保证金进行验审，以检验其资本金是否真实，国家通过法定的验资机构对旅行社进行验资。在我国，法定的验资机构包括经国务院金融主管部门审批设立的各商业银行和该主管部门认定的会计师事务所、审计师事务所或律师事务所。验资完毕，申办人将验资证明或验资报告送交受理申请的旅游行政管理部门。

5. 营业场所的证明

为确保业务经营活动的顺利进行，旅行社应当拥有独立的营业场所。旅行社的营业场所有自有资产和租用他人资产两种类型。如果营业场所属于申办人自有资产，申办人应当向旅游行政管理部门出具产权证明或者使用证明；如果营业场所是申办人租用他人资产，申办人应向旅游行政管理部门出具不短于一年的租房协议。

6. 营业设施的证明或者说明

营业设施是旅行社开展旅游业务经营活动的必备设施，必须是旅行社的自有财产。按照文化和旅游部的有关规定，凡设立旅行社，申办人应当提交传真机、直线电话机、电子计算机等营业设施的证明。营业设施的证明包括投资部门出具的营业设施使用证明和商业部门开具的具有申办人或该旅行社名称的发票和收据。

7. 工商行政管理部门出具的"企业法人营业执照"

申办人应到所在地的工商行政管理部门进行名称预核，取得工商行政管理部门出具的"企业法人营业执照"。

三、设立旅行社的申办程序

1. 申请设立经营国内旅游业务和入境旅游业务旅行社的程序

申请设立旅行社经营国内旅游业务和入境旅游业务的，应当向所在地省、自治区、直辖市旅游行政管理部门或者其委托的设区的市级旅游行政管理部门提出申请，并提交符合《旅行社条例》第六条规定的相关证明文件。受理申请的旅游行政管理部门应当自受理申请之日起 20 个工作日内作出许可或者不予许可的决定。予以许可的，向申请人颁发旅行社业务经营许可证，申请人持旅行社业务经营许可证向工商行政管理部门办理设立登记；不予许可的，书面通知申请人并说明理由。

2. 申请经营出境旅游业务旅行社的程序

申请经营出境旅游业务的，应当向国务院旅游行政主管部门或者其委托的省、自治区、直辖市旅游行政管理部门提出申请，受理申请的旅游行政管理部门应当自受理申请之日起 20 个工作日内作出许可或者不予许可的决定。予以许可的，向申请人换发旅行社业务经营许可证，旅行社应当持换发的旅行社业务经营许可证到工商行政管理部门办理变更登记；不予许可的，书面通知申请人并说明理由。

旅行社申请出境旅游业务的，应当向国务院旅游行政主管部门提交经营旅行社业务满两年且连续两年未因侵害旅游者合法权益受到行政机关罚款以上处罚的承诺书和经工商行政管理部门变更经营范围的"企业法人营业执照"。

国务院旅游行政主管部门可以委托省级旅游行政管理部门受理旅行社经营出境旅游业务的申请，并作出许可或者不予许可的决定。

旅行社申请经营边境旅游业务的，应适用《边境旅游暂行管理办法》的规定。

旅行社申请经营赴中国台湾旅游业务的，应根据《大陆居民赴台湾地区旅游管理办法》的规定进行。

第二节 新创企业生存管理

一、新进入缺陷及生存期管理的特点

（一）新进入缺陷

创业活动的首要任务是确保企业生存，进而谋求发展。然而，受新进入缺陷制约，新创企业面临着较高的倒闭率。新进入缺陷指的是新企业从无到有的运营过程，包括建立内部流程和获得外界认可。在这一过程中，任何环节都可能带来难以预料的问题，因此新企业比已有企业更容易面临失败。Stinchcombe[①] 于 1965 年最早提出了这一概念，他认为新企业缺乏行业经验、稳定客户关系、投资者信任关系以及成熟组织结构，这些因素限制了新企业的生存能力，导致更高的风险和失败率。哈佛商学院的一项研究发现，75%的初创公司都会失败。

（二）新进入缺陷产生的原因

Stinchcombe 认为，导致新创企业缺陷的原因包括以下四个方面：

（1）学习成本高。新创企业，尤其是新型企业，需要明确定位和培训员工，以完成新的组织角色。在角色确定和任务执行过程中，新创企业可能会犯错，尤其创新性强的企业可能缺乏可借鉴的经验，因此需要承担较高的学习成本。

（2）稳定性低。新创企业需要花费大量精力和时间来界定角色、建立关系和制定薪酬体系，以获取最佳绩效。这可能导致冲突和暂时的低效问题，尤其是对于创造新岗位和运营方式的新创企业，可能受到现有资源的限制，影响绩效的稳定性。

（3）交易成本高。新创企业需要依赖新人（主要是陌生人），因此成员之间的信任基础较为薄弱，会影响组织社会化的过程。同时，新创企业与其他组织打交道时，可能缺乏双方都接受的认知模式和信息结构，导致高昂的交易成本。

（4）社会联系弱。新创企业刚开始运营时，尚未建立稳定的与顾客、供货商和其他利益相关者的关系，也更不易与已拥有固定资源关系的既有企业展开竞争。

"新进入缺陷"概念具有普适性，不受时间、地点和组织类型差异的影响，即不同的时间和地点形成不同类型的组织，都可能面临新进入缺陷问题。

（三）初创企业的管理特征

创业初期的企业常处于最脆弱的阶段，内外部的不确定性可能随时威胁它们的生存。因此，初期管理的首要目标是确保企业生存。伊查克·艾迪斯将企业生命周期的婴儿期和学步期视为创业初期，他认为新创企业灵活性强、可控性差，面临的首要任

---

① Stinchcombe A L. Organizations and Social Structure ［A］//March J G. In Handbook of Organizations ［C］. Chicago：Rand-McNally，1965：153-193.

务是在市场中生存下来。①

1. 创业初期的首要目标是生存

新创企业的首要任务是从无到有，包括从零开始，建立内部系统、外部联系，推广产品或服务，提升知名度，找到立足之地确保生存。在竞争激烈的市场中，生存至关重要，企业必须赢得利益相关者（内外部）的信任，让消费者认识并接受企业的产品和服务。为了企业的第一桶金，整个团队必须积极销售产品，注重结果导向，关注行动而非想法。然而，在这一过程中，企业可能缺乏明确的政策和方向，以及财务监督体系，创业者往往高度集权，导致产生片面的观点以及难以全面认知企业的优势和劣势。

2. 新创企业管理主要依靠自有资金创造自由现金流

新创企业由于缺乏信用记录，往往面临融资困难，银行不易放贷，因此，必须依靠自有资金创造自由现金流来运营，管理难度较大。自由现金流指的是不包括融资、资本支出、税收和利息支出的经营现金流，直接反映企业盈利能力。若现金流出现赤字，企业可能陷入偿债危机，甚至破产。因此，创业者必须随时掌握现金流的进出，持续审查现金余额和应收账款状况，同时须增加收入、减少支出，有效运用资金。在创业初期，现金流可视为企业生存的命脉。

3. 新创企业管理是充分调动"所有人做所有事"的群体管理

新创企业常出现"所有人做所有事"的群体管理局面。尽管设立了正式的部门结构，但运作往往不按常规方式进行。员工之间职责不明确，等级不分，不计得失，不受权力约束，根据需求灵活调配，企业内部凝聚力强，人际关系和谐，每位员工清楚地了解企业发展目标和个人责任。这种看似"混乱"实则是高度"有序"的运作状态。新创企业拥有各具特色的员工，如何整合他们的技能、能力和知识，充分发挥每个人的优势，强化员工间的团队协作，是创业初期重要任务。

4. 新创企业管理是"创业者亲自深入运作细节"阶段

"创业者亲自深入运作细节"是指在新创企业创立初期经营过程中，创业者直接向顾客推销产品、与供应商谈判、追踪订单、处理财务事务、制订工资计划、策划新产品方案等或是直面消费者的斥责和经销商的欺骗。通过亲身经历经营全过程，创业者能更深入了解企业，促进企业成长。随着企业发展，创业者无法事事亲力亲为，必须委托他人。然而，若企业缺乏规范制度，创业者容易失去对企业的控制，从而重新走向集权，如此反复，创业者的管理会逐渐专业化，以促进企业长远发展。

总之，新创企业运作的每个环节都面临巨大风险，因此必须建立应急机制，将风险控制在可承受范围内。在初创阶段，企业应将生存置于首位，其次是创造自由现金流。创业初期，新创企业常面临资金短缺、制度不完善和人力资源紧缺等挑战。创业者必须了解企业的独特性，把握促进企业成长的因素，掌握成长管理技巧，以降低创业风险，实现长期发展。

---

① ［美］伊查克·艾迪斯．企业生命周期［M］．王玥，译．北京：中国人民大学出版社，2017．

【阅读案例】

为何旅游初创企业大多撑不过创业早期？①

对于旅游业初创企业来说，虽然其在获得资金方面往往面临诸多挑战，但依然达成了相当多的交易。知名数据公司 CB Insights 称，2017 年旅游业共达成 244 笔融资，比 2013 年和 2014 年旅游技术融资总数还要多。

虽然 2017 年旅游初创企业的融资很强劲，但通常情况下，初创企业很难超越早期阶段的融资。CB Insights 发现，在过去的 4 年里，旅游初创企业早期阶段融资占总交易量的 60%。

Amadeus for Startups 是全球知名的旅游分销系统供应商 Amadeus 设立的初创企业支持项目，该项目为旅游初创企业提供最先进的技术、最专业的知识、最直接的行业联系以及最有用的咨询服务。近期，Skift 受 Amadeus for Startups 委托进行了一项针对旅游业初创企业的研究，这项研究调查了 177 名在旅游初创企业工作的员工，研究结果表明，旅游初创企业往往很难走出创业早期阶段。以下为部分调查结果：

- 大约 64% 的人是自筹资金，另有 20% 的人完成了 A 轮融资。
- 仅有 5% 的受访者称完成了 B 轮或更高轮的融资。
- 在筹集资金的人中，近 39% 融资金额不到 100 万美元。只有不到 20% 的人筹集了 100 万~1000 万美元资金。

目前尚不清楚旅游初创企业是否是因为没有足够的资金或者因为没有能力吸引投资者而导致很少走出创业的早期阶段。不管怎样，可以肯定的是创业早期、中期和后期在资金获取方面依然存在差距。这就意味着那些想要有所建树的旅游初创企业必须找到走出创业早期的办法。

1. 旅游创业企业面临的挑战

（1）资金来源问题。个人现金充足或者家人、朋友的经济支持很容易让人开始经营一家初创公司。但最终，那些有发展前景的旅游公司会发现，在竞争激烈的旅游行业，想要增长和扩大规模就必须获得金融机构或者风险投资公司的支持。幸运的是，创业基金、天使基金等为初创公司提供了良好的经济开端。因为这些资金往往可以凭借初创公司创始人的潜力以及独特的创意、想法来获得。

但对于银行或风险投资公司来说，情况就有所不同了。与天使投资人或者家人朋友不同，银行和风险投资公司必须为股东负责。对于他们来说，创业公司的价值在于它所经营的业务和所处的行业。风险投资公司和银行不会仅凭创始人的才能或想法就进行投资，他们往往投资有明显潜力的行业和部门。而相对发展成熟的旅游行业来说，投资那些规模小、资源少的公司，势必要冒更大的风险。

① 为何旅游初创企业大多撑不过创业早期？［EB/OL］．［2017-12-01］．https：//www．lvjie．com．cn/research/2017/1201/4708．html．

（2）竞争问题。旅游初创企业很难与大企业进行竞争。像 Priceline 和 Expedia 这样实力雄厚的旅游企业，即使相对较少的营销预算也能轻易超过竞争对手，牢牢抓住市场份额。此外，旅游行业不稳定的消费习惯也增加了预测收益的难度。更别提那些未经验证的产品和服务了。尽管有这样那样的障碍，旅游技术初创公司也必须规划出一条清晰的发展路径，以增加其营利性和可扩展性。

此外，旅游行业的初创企业不只是在行业内争夺风险资本，还有可能与其他技术初创企业进行竞争。技术型企业往往扩张速度快，对风险投资家也就更有吸引力，其获得快速增长的机会也就更多。与此同时，技术驱动型旅游企业有管理费用和其他针对旅游业基础运营设施的需求。例如，与国内外市场上旅游供应商的关系，可以影响旅游初创企业收入模式的盈利能力。因此，旅游企业可能会需要更长时间来达到一定的规模，以吸引 B 轮或者更高轮的投资者。

（3）产品选择问题。旅游初创企业经常忽略的另一个挑战是，对于大多数人来说，每年出游的次数较少。因此，打造一种可能只在这些偶然情况下使用的产品，对于风险投资家和银行来说是很难看到其价值的。尤其是在如今已经略显拥挤的旅游市场上。

2. 如何应对挑战取得长远发展

（1）尽早展示收入模式及可发展性。对于处于创业早期的旅游企业来说，其越早展示一个有效的收入模型和可发展性，越能更好地在资本竞争中获得优势。早期的估值通常设定了基础，并能够影响资本的获取以及后期更多轮的融资。因为联合创始人即使在建立了一些有形的价值之后，在中期和后期寻找资金时也会有诸多困难。

（2）尽早建立战略伙伴关系。尽早与投资者和其他合适的合作伙伴建立战略合作关系也会对企业发展有所帮助。看起来，像优步、Airbnb 这样的行业巨头似乎吸引了旅游领域所有投资者的注意。但实际上，很多像捷蓝航空、万豪酒店集团这样的老牌企业公司正在尝试创业孵化器，或战略性投资初创公司。加入上述孵化器或如 Amadeus for startup 这样的创业支持项目，能够尽早进入投资者生态圈，以及获得引导融资蓝图的主要工具。但是，旅游业初创企业并不总能利用这些优势，51% 的初创企业从未参加过支持启动、增长和融资的项目。

很明显，在创业初期，企业应该以长远的眼光为未来成功提供持续的资金支持。企业应该学会选择并利用投资机会。

二、新创企业的人力资源管理

（一）人力资源的重要性

创业者在企业成长过程中面临的重大挑战是人力资源管理。人力资源是新创企业发展最重要、最基础性的资源。从提升核心竞争力角度来思考人力资源战略管理问题，是"软件"管理中最"硬"的部分，也是必须着力认真解决的问题。

美国著名管理学者托马斯·彼得斯认为，企业或事业唯一真正的资源是人，管理就是充分开发人力资源以做好工作。人力资源是任何企业中最宝贵的资源，经济学家也称为"第一资源"。与成熟企业人力资源管理相比，初创企业虽然缺乏成熟的人力资源管理体系，但为了企业的长远发展，必须建立科学合理的人力资源管理体系。拥有人才，才能拥有未来，因此所有创业者必须积极参与到新创企业的人力资源管理中。

（二）创业初期人力资源的特点

创业初期人力资源具有一定优势：创业初期的企业规模较小，组织结构简单明了，决策过程简洁高效，创业者掌握决策权，能够确保决策迅速执行；由于组织层级少，执行决策果断，企业能够快速响应市场变化；创业企业在用人机制上具有较大的自主权，能够吸引大量的人才加入。

与上述优势相比，初创企业的人力资源方面的劣势也很明显，主要有：

（1）过度集权。创业者容易以自我为中心，权力高度集中，导致决策过程中缺乏员工的意见反馈。此外，提拔人才时可能偏向于选择熟悉的人，这可能导致企业内部关系庸俗化，不利于科学决策和管理。

（2）人力资源水平低。人员招聘随意性大，缺乏完整的人力资源规划，且对员工的培训不足。薪酬管理只注重与当期绩效挂钩，忽略了长期激励，同时缺乏科学的员工职业生涯规划，导致员工缺乏长远发展的动力。

（3）权力分配不均。过度集权而忽视了对人才的培养，过分追求利益最大化，忽视了员工精神需求，这可能导致人才流失。

（三）创业初期人力资源管理的内容

1. 制作岗位说明书

人力资源的常规工作是将岗位的工作职责制成岗位说明书。岗位说明书不仅可以让员工明确企业需要他们承担的工作内容，还可以用于评价员工的工作绩效。岗位说明书的基本内容包括岗位名称、工作职责描述、上下级关系以及员工所需具备的素质和技能等。

2. 招聘员工

在招聘员工时，新企业需考虑以下几个方面：哪些岗位需要招聘员工；招聘的员工需要具备哪些技能和其他要求；各岗位需招聘的具体人数；招聘员工的薪酬待遇。招聘应遵循因事择人、公平、公开、公正、效率优先的原则，首先制订招聘计划，选择外部和内部招聘渠道，进行人员筛选，最终确定录用。筛选过程中不仅要考虑员工的专业技能，还需评估其素质和品行。

3. 员工的激励与管理

美国的经济学家认为，西方工业化是"三分靠技术，七分靠管理"，尤其是人力资源管理对企业发展至关重要。新企业的员工管理可从以下几个方面着手：①向每位员工详细介绍企业情况，明确工作任务。②提供符合工作表现的薪酬和奖金。③努力提供稳定的工作环境和良好的工作条件。④促使员工融入企业团队，建立对企业和团队的归属感。⑤进行必要的绩效考评，并根据考评结果实施奖惩。⑥尽力为员工提供培训和学习机会，促使其在企业内部的职业发展和晋升。

三、新创企业的市场营销

【阅读案例】

麦当劳的"QSCV"的营销管理模式①

1955 年，52 岁的克劳克以 270 万美元买下了理查兄弟经营的 7 家麦当劳快餐连锁店及其店名，开始了他的麦当劳汉堡包的经营生涯。经过多年的努力，麦当劳快餐店取得了惊人的成就。麦当劳快餐店已遍布世界大多数国家和地区，成为一种全球商品，几乎无所不在。麦当劳金色的"M"标志，在世界市场上已成为不用翻译即为人熟知的大众文化，正如美国密执安大学的一位教授说的："有人哪一天看不到麦当劳餐厅的金色拱顶，会感到这一天真难以打发，因为它还象征着安全。"

麦当劳公司是怎样取得如此令人瞩目的成就的呢？这要归功于公司的市场营销理念。公司创始人克劳克知道，一个好的企业国际形象将对企业市场营销产生巨大作用，所以麦当劳在努力树立产品形象的同时，更着重于树立良好的企业形象。当时市场上可买到的汉堡包比较多，但是绝大多数汉堡包质量较差、供应顾客的速度很慢、服务态度不好、卫生条件差、餐厅的气氛嘈杂，消费者很是不满。针对这种情况，麦当劳公司提出了著名的 QSCV 经管理念，Q 代表产品质量（Quality），S 代表服务（Service），C 代表清洁（Cleanness），V 代表价值（Value）。麦当劳知道向顾客提供适当的产品和服务，并不断满足不断变化的顾客需要，是树立企业良好形象的重要途径。

麦当劳公司为了保证其产品的质量，对生产汉堡包的每一环节都有详细、具体的规定和说明，从管理经营到具体产品的选料、加工等，甚至包括多长时间必须清洗一次厕所，煎土豆片的油应有多热等，可谓应有尽有。因此，所有麦当劳快餐店出售的汉堡都严格执行规定的质量和配料。以炸薯条为例，用作原料的马铃薯是专门培植并经精心挑选的，再通过适当的储存时间调整一下淀粉和盐的含量，放入可以调温的炸锅中油炸，然后立即供应给顾客，薯条炸好后 7 分钟内如果尚未售出，就将报废不再供应顾客，这就保证了炸薯条的质量。同时由于到麦当劳快餐店就餐的顾客来自不同的阶层，他们年龄、性别和爱好均不同，因此麦当劳菜谱的多种多样也迎合不同的口味和要求。这些措施使公司的产品博得了人们的赞叹并经久不衰，树立了良好的企业产品形象，良好的企业产品形象又为树立良好的企业国际形象打下了坚实的基础。

麦当劳的配套设施和服务也是一流的，它的座位舒适、宽敞，服务效率非常高。麦当劳快餐店总是在人们需要就餐的地方出现，特别是在高速公路两旁，上面写着"10 米远就有麦当劳快餐服务"，并标明食品名称和价格。由顾客带走在车上吃的食品，不但事先包装妥当，而且还备有塑料刀、叉、匙、吸管和餐巾纸等，饮料杯盖则预先划开十字口，以便顾客插入吸管如此周详的服务，更为公司的形象加了多彩的

① 付永生，何鹏. 大学生创新创业基础［M］. 北京：北京理工大学出版社，2017.

一笔。

麦当劳公司在公众中树起优质产品、优质服务形象的同时，意识到清洁卫生对一个食品公司的重要性，假如没有一个清洁卫生的形象，公司是无法一直保持良好形象的，当然也就无法保证良好的营销效果。所以麦当劳快餐店制定了严格的卫生标准，顾客一走就必须擦净桌面，落在地上的纸片，必须马上捡起来，使快餐店始终保持窗明几净。顾客无论什么时候走进麦当劳快餐店，都可以感受到清洁和舒适，从而对该公司产生信赖。

由于麦当劳快餐店在服务、质量、清洁三个方面的杰出表现，顾客感到在麦当劳就餐是一种真正的享受，花钱也是值得的。这种感受会促使顾客再次走进麦当劳快餐店，走进那带金色"M"标志的餐厅。

麦当劳公司就是这样通过 OSCV 的营销管理模式，树立了良好的国际形象。良好的国际形象给企业的市场营销带来了巨大效益。同时，良好的市场营销又进一步巩固了企业的国际形象。

营销涵盖众多方面，从促销策略到目标市场的选择，再到分销渠道的管理，此处将专注于新创企业亟须解决的营销问题。

（一）目标市场定位

对于新创企业而言，确定目标市场是企业营销的首要任务。这意味着要识别出最可能欣赏其产品或服务的消费群体。首先，企业需要研究其即将进入的行业，寻找尚未被开发的潜在市场，这一过程称为市场细分；其次，企业需要从众多细分市场中选择一个作为其目标市场，因为资源有限，无法满足所有细分市场的需求；最后，选择细分市场中的某一个利基市场后，企业要做的便是宣布其市场定位，并明确与竞争对手的差异。

1. 细分市场

新创企业通常面临复杂的市场环境和资源限制，无法满足市场上所有需求。因此，为了有效竞争，企业必须进行市场细分，甚至在更为细分的基础上寻找目标市场。企业根据市场需求的多样性和消费者购买行为的差异性，将市场划分为若干个具有相似特征的顾客群体，并选择最具盈利潜力的细分市场。这样可以集中资源，制定有效的竞争策略，以取得和增强竞争优势。在市场细分过程中，新创企业需要充分考虑地理、人口、消费者心理和行为等多种因素，并努力实现以下几个重要目标：

（1）市场细分过程应在打算进入的产业中，根据购买者的需要和需求识别出一个或多个相对同质的预期购买群体。

（2）确保所选细分市场在目标群体中具有明显的区别性。

（3）创建一个独特的市场定位，使消费者能够轻易识别出企业与竞争对手的不同。

（4）明确细分市场的未来发展规模。

2. 选择目标市场

新创企业市场细分后，下一步就是选择目标市场。新创企业可以根据产品特点、用途、客户利益和类型来确定自己的目标市场。为避免与强大竞争对手的正面冲突，新创企业往往会选取被大企业忽略的、需求尚未完全满足、力量薄弱的、有获利基础的小市场作为其目标市场的营销战略。在选择目标市场时，创业者需要考虑市场的吸引力和差异性。市场的吸引力指的是市场的规模和盈利潜力，而差异性涉及提供独特的产品质量和服务，其关键在于产品和服务的属性必须使公司区别于其他竞争对手。创业者可以通过 SWOT 分析和迈克尔·波特的五力模型来评估目标市场的吸引力。

（二）新创企业的营销策略

在掌握了顾客和竞争对手的信息后，企业应开始实施营销活动，通过协调一致的产品、价格、渠道和促销策略，向顾客提供满意的商品和服务。即使两个相似的企业，在营销组合的选择中也会存在显著差异。每个企业都有独特的营销组合，而企业的营销计划应与其整体战略和商业模式保持一致，因为企业是静态的，但创业者是动态的。

1. 4P

4P 营销策略组合是最常见的营销策略，包括产品（Product）、价格（Price）、渠道（Place）和促销（Promotion）。这一策略组合在市场营销理论中占据重要地位，为企业实现营销目标提供了最优手段。基于 4P，后续发展出了 6P 和 7P。6P 在 4P 的基础上增加了政治（Politics）和公共关系（Public Relations）。7P 则在 4P 的基础上增加了三个"服务性的 P"，即人员（People）、流程（Process）、环境（Physical Evidence），通常 7P 理论更适用于服务行业。

2. 4C

随着消费者为中心的时代到来，消费者需求的个性化和差异化日益增强，劳特朗提出了以顾客为导向的 4C 策略，包括顾客（Customer）、成本（Cost）、沟通（Communication）、便利（Convenience）。此外，还有扩展的 6C，增加了机会（Chance）和市场变化（Market Change）。这种策略强调首先应将顾客满意放在第一位，产品必须满足顾客的需求。主要有以下特征：不仅仅销售产品，而是提供满足消费者需求的解决方案；不依赖于竞争对手的定价策略，而是通过测试了解消费者的支付意愿；关注消费者购买的便利性，而非单纯的销售点布置；通过与消费者的互动沟通，而非仅通过媒体传播来提升销量。

（三）新创企业的品牌建设

对于新创企业，品牌初期更多是一个标识而非成熟的品牌。品牌的真正价值在于口碑，即三"口"为品，通过众口相传形成良好的品牌形象。因此，新企业的产品和服务必须获得客户的高度认可甚至感动，从而建立真正的品牌。品牌建设需要从整体上设计品牌元素，如品牌名称、标识、图标、包装、广告语、网址等，并保持一致的品牌形象进行传播。新企业还可以通过与其他知名品牌的联合，如原产地品牌、渠道品牌、代言人、有影响力的活动项目等，来提升自身的知名度和声誉。

【案例讨论】

海尔集团的成长与发展[1]

海尔集团发展至今，跟其顺应时代潮流，不断进行科技创新、调整企业战略的发展理念息息相关。在海尔发展的六个战略阶段，"人的价值最大化"一直贯穿其中。

1. 名牌战略（1984~1991年）

此阶段正值改革开放的浪潮，市场经济繁荣，只要赚钱的项目，企业就蜂拥而至，海尔专心致志做冰箱，并提出"名牌战略"的口号，当时很多商家只重数量不顾质量，张瑞敏依然坚持质量的高起点，甚至在当时企业极其困难的情况下，毅然让员工砸毁了76台存在质量瑕疵的冰箱，至此强化了职工的质量意识，因为张瑞敏认为，人是质量的关键，抓质量应该首先从人抓起。海尔凭借着新技术、高质量赢得了竞争优势，在管理、技术、人才、资金、企业文化方面也有了可以移植的模式。

2. 多元化战略（1991~1998年）

在国家鼓励兼并重组的大环境下，海尔先后兼并了18家亏损企业，从只做冰箱一种产品发展到多元化产品，包括洗衣机、空调、热水器等。从白色家电进入黑色家电领域，以"吃休克鱼"的方式进行资本运营，即在兼并的过程中不投入资金和技术，而是输入管理理念和企业文化，以无形资产盘活有形资产，从而在最短的时间里以最低的成本把规模做大，使企业进入了一个更广阔的发展空间。此时的海尔也实行新的管理模式，OEC管理法，即每人每天对每件事进行全方位的控制和清理，目的是"日事日毕，日清日高"。

3. 国际化战略（1998~2005年）

在中国加入WTO的大背景下，政府号召企业走出国门，海尔全面实施国际化战略，提出"走出去、走进去、走上去"的"三步走"战略，以"先难后易"的思路，首先进入发达国家创名牌，再以高屋建瓴之势进入发展中国家，逐渐在海外建立起设计、制造、营销的"三位一体"本土化模式。海尔开始在国际市场上，留下自己的脚印。此时的海尔产品已经销往全球主要经济区域市场，并拥有自己的海外经销商网络与售后服务网络。

4. 全球化品牌战略（2005~2012年）

为了适应全球经济一体化的形势，运作全球范围的品牌，海尔进入第四个发展战略创新阶段：全球化品牌战略阶段。国际化战略阶段是以中国为基地，向全世界辐射，全球化品牌战略则是在每一个国家的市场创造本土化的海尔品牌。所以此时的海尔必须要提升产品的竞争力和企业运营的竞争力。张瑞敏还提出，海尔在全球市场上取得胜利的竞争模式是"人单合一"，即人与市场结合为一体，每个人都有它的定单（市场），都要为定单负责，而每一张定单都有人对它负责，"一"就是争第一的竞争力。

---

[1]　https：//www.haier.com/about-haier/history/？spm=net.CEO_pad.header_128848_20200630.4.

5. 网络化战略（2012~2019年）

此阶段，海尔要把自己打造成互联网时代的平台型企业，互联网时代的到来颠覆了传统经济的发展模式，新模式的基础和运行则体现在网络化上，市场和企业更多地呈现出网络化特征。在海尔看来，网络化企业发展战略的实施路径主要体现在三个方面：企业无边界、管理无领导、供应链无尺度。所以，海尔集团首先携手淘宝商城天猫进军C2B市场。

6. 生态品牌战略（2019年至今）

2019年12月，海尔正式提出进入生态品牌战略阶段，敲定了品牌转型大方向；在物联网时代，品牌的进化趋势应该是以生态价值为基础进化成生态品牌，让生态系统中的每个攸关方都能以用户需求、用户体验为同一目标进行价值创造，并且能够从中实现自我价值。"链群合约生态图"是海尔向物联网时代转型的战略框架图。创造性破坏、创造性重组和创造性引领"三位一体"，共同构建适应物联网时代的管理新模式，海尔从传统的商品交易转型成为与客户之间的价值共创，以客户的需求为中心，通过针对客户需求提供进一步的商品与服务，增加客户对企业的黏性，成为企业的终身用户。

讨论：

1. 海尔的初期管理是怎样的？
2. 海尔是如何获得快速发展的？

【思考题】

1. 假如你要创办一个文旅企业，你将选择哪种组织形式？分析可行性。
2. 假如你要创办一个文旅企业，你将如何选址？分析可行性。
3. 新创企业创业初期最需要关注的问题是什么？新创企业的管理特点是什么？
4. 新创企业在管理和营销过程中需要注意什么问题？

【实训练习】

走访身边1~2家旅游与服务创业企业，要求：①了解其采用的法律形式及其采用该法律形式的原因。②企业在创办和运营过程中遇到的关键事件，讨论其行动策略及其对后续发展的影响，形成一份访谈报告。